Wolf Jobst Siedler
Der Verlust des alten Europa

Wolf Jobst Siedler

# Der Verlust des alten Europa

ANSICHTEN ZUR GESCHICHTE UND GEGENWART

Deutsche Verlags-Anstalt
Stuttgart

Die Deutsche Bibliothek – CIP-Einheitsaufnahme

*Siedler, Wolf Jobst:*
Der Verlust des alten Europa : Ansichten zur Geschichte
und Gegenwart / Wolf Jobst Siedler. –
Stuttgart : Deutsche Verlags-Anstalt, 1996
ISBN 3-421-05047-3

© 1996 Deutsche Verlags-Anstalt GmbH, Stuttgart
Alle Rechte vorbehalten
Satz: Dörlemann Satz, Lemförde
Druck- und Bindearbeiten: Graphischer Großbetrieb
Pößneck GmbH, Pößneck
Printed in Germany
ISBN 3-421-05047-3

# Inhalt

Zeit der Zusammenbrüche ........................ 7
Einleitung: Nachdenken in der Zeit der Wende ....... 9

### DER ZUG NACH WESTEN

Moskau hat das Gesicht Deutschlands gewaltsam nach
Westen gedreht .................................. 21
Die Westverschiebung Europas ................... 29
Was wirklich auf der Tagesordnung steht ............ 39

### TRÄUME UND ALPTRÄUME

Zwei kranke Männer und ein Massenmörder;
Gläserklirren, Trinksprüche, kaukasische Scherze ..... 49
Die kurzlebigen Großreiche ..................... 58
Der lange Abschied der Deutschen von Hitler ........ 71
Reich ohne Idee ................................ 81

### LAUTER ABSCHIEDE

Die vergessene Tradition ........................ 89
Am Ende der Utopie ........................... 101
Die Schuld der Schuldlosen ..................... 109
Unberühmte Architekturen ..................... 118

## ARCHÄOLOGIE DES GESTERN

Die Sehnsuchtsarchitektur der Hohenzollern ........ 131
Bürgerliche Straßen in unbürgerlicher Welt .......... 162
Berlin im Biedermeier ............................ 183
Triumph der Vergänglichkeit ...................... 191

## ZWEI JAHRHUNDERTGESTALTEN

Liebe als Erkenntnismittel ........................ 203
Der große Unzeitgemäße ......................... 218

## DER FLUSS DER GESCHICHTE

Des Stromes und der Geschichte Wellen ............ 229
Die Bilder, die lang man vergessen geglaubt ........ 250
Das Land zwischen Elbe und Oder ist alles, was von Preußen geblieben ist ............................. 267
Brandenburg tanzte nur einen Sommer ............. 275

Quellenhinweis .................................. 287

*Zeit der Zusammenbrüche*

Dies ist ein Jahrhundert der Umbrüche. Wer lange genug ausgehalten hat, ist von einer Zeitenwende zur anderen gestürzt. An seinem Anfang stand das Ende all der für die Dauer gegründeten Kaiserreiche. Dann kam der Untergang der demokratischen Ordnungen, in Italien wie in Spanien und Deutschland. Der Zusammenbruch der Gewaltherrschaften brachte eine Erschütterung ganz Europas und eine Veränderung seiner Landkarte. Aber auch die Zweiteilung der Welt war nicht von Dauer. Ohne Krieg und Bürgerkrieg brach das Weltsystem zusammen, das beanspruchte, an seinem Ende werde das Ziel aller Geschichte erreicht sein.

Die Beiträge, die in diesem Band versammelt sind, entstanden in jenem Jahrzehnt zwischen 1986 und 1996, in dessen Mitte das letzte große Beben stattfand. Sie werden hier in jener Form gegeben, in der sie damals geschrieben wurden. Es muß sich zeigen, ob sie ihrerseits dem Wandel der Zeit und der Stimmung unterlagen, oder ob es ihnen gelang, einen Standpunkt außerhalb der wechselnden Zuversichten einzunehmen.

WJS

# Einleitung:
# Nachdenken in der Zeit der Wende

Besichtigt man von Zeit zu Zeit, was man im zurückliegenden Jahrzehnt geschrieben hat, so wird der eruptive Charakter alles Geschichtlichen deutlich. Die Nachkriegszeit stand im Zeichen einer nationalen Katastrophe, die nicht nur den Untergang des Deutschen Reiches brachte, sondern auch einen Substanzverlust aller Nationalstaaten Europas. Der Kontinent ordnete sich jenen Blöcken ein, die dem Weltgegensatz folgten. Es waren Jahrzehnte, die durch die Heraufkunft zweier Weltmächte bestimmt waren, die man auch Supermächte nannte. Würde heute noch jemand zu dieser Vokabel greifen, wenn er von Rußland und Amerika spricht?

Zugleich galt es, Abschied zu nehmen von vielem Vertrauten – Formen des Zusammenlebens in der Familie und in der Gesellschaft, des Geborgenseins in der unbezweifelten Geschichte des eigenen Landes, das man gestern noch Vaterland nannte, und selbst im Umgang mit der Natur, wie nicht nur der verwüstete Baikalsee zeigt, sondern auch das ruinierte Erzgebirge. »Abschied von der bisherigen Geschichte« nannte Alfred Weber gleich nach dem Krieg sein Resümee der historischen Erfahrung. Das schien in der Tat ein Schlüsselwort der Epoche zu sein.

In der Mitte Europas zog sich wie so oft alles besonders kraß zusammen. Schon beim Flug über den Kontinent zeigt der Blick aus der Vogelperspektive, daß dies nicht mehr das alte Deutschland ist. Manche Regionen kennen gar keine Städte mehr, sondern sind zu »Ballungsräumen« zusammengewachsen. Fährt man etwa von Frankfurt am Main über Darmstadt und Mannheim nach Heidelberg und Karlsruhe, wo noch nach diesem Krieg Obstkulturen, Weinberge und dörfliche Kleinstädte einander ablösten, so ist alles ein Siedlungsraum geworden, der weder Stadt ist noch Land. Diese Verwandlung des Landes in der Zeit seiner Teilung mobilisierte Empfindungen und Gedanken des Autors im vergangenen Jahrzehnt. Zugleich wurde immer deutlich gesehen, daß die Zeit der Trennung das Land diesseits und jenseits der Barriere gleich tief prägte, wenn sie auch verschiedene Form hatte. Hier gab man sich der Verheißung der *brave new world* hin, dort dem Traum von einer egalitären Zukunftswelt, der klassenlosen Gesellschaft.

In dieser Nachkriegszeit fand sich Deutschland, das in der Form eines »Reiches« immer mehr hatte sein wollen als ein bloßer Nationalstaat, gleich in zwei Staaten wieder, wobei der eine beanspruchte, eine neue Form von Gesellschaft geschaffen zu haben, die »sozialistische Nation«. Zuerst war die Barriere, die mitten durch das Land ging, Willkür der Besatzungsmächte; mit den Jahrzehnten entwickelten jedoch die beiden Teilstaaten ein eigenes Staatsbewußtsein und akzeptierten die Ordnungen des Momentanen, wie sich an den Phantomschmerzen der anderen Deutschen jenseits der Elbe noch heute erkennen läßt. Gemeinsames Schicksal überwindet offensichtlich, für die Benachteiligten zumindest zeitweise, die gemeinsame Vergangenheit, und niemanden kümmert es mehr, daß Mecklenburg, Brandenburg und Sachsen nie sonderliche Sympathien füreinander hatten. Jetzt sind sie alle »neue Bundesländer«, und das Gefühl des Zukurzgekommenseins triumphiert über historische Scheidungen, die sich aber sehr bald zur Geltung bringen werden.

Im Lauf der Jahrzehnte entwickelten die meist willkürlich geschaffenen Bundesländer eine überraschende Lebenszähigkeit. Im Osten fand das seine Entsprechung, als die Menschen nach der Abschüttelung der sozialistischen Gliederung in »Bezirke« das Uralte hervorholten; sie wollten zuerst einmal Sachsen oder Brandenburger sein und dann erst Deutsche. Im Westen aber scheiterten alle Versuche, zu einer inneren Neugliederung der Bundesrepublik zu kommen, an dem Beharrungsvermögen des einmal Bestehenden. Selbst offensichtliche Unsinnigkeiten, wie die Existenz von lebensunfähigen Kleinstländern, werden bis heute gegen jeden Zusammenschluß zu größeren Einheiten verteidigt, wie zuletzt noch die gescheiterte Vereinigung von Brandenburg und Berlin illustrierte.

Die Herausbildung zweier Teilstaaten, die wenig mehr gemeinsam hatten als ihre Sprache und ihre Vergangenheit, nahmen die Realisten in den siebziger und achtziger Jahren als die Hegelsche Vernunft des Bestehenden. Zugleich war manchen Intellektuellen die Geschichte das moralische Weltgericht; die Zerschlagung eines einheitlichen Deutschland wurde als Konsequenz eines geschichtlichen Versagens verstanden, das in der Tat keinen Vergleich hat. Deutschland habe für alle Zukunft jedes Recht auf nationalen Zusammenhang verwirkt, und seine Teilung sei die Beruhigung Europas.

Die Kontrolle dessen, was man in Zeiten des zweimaligen Umbruchs gedacht und geschrieben hat, muß Zeugnis ablegen, ob man selber auch den wechselnden Stimmungen der Zeit folgte. Nun, nach dem Verschwinden der scheinbar endgültigen Nachkriegsordnung, muß sich zeigen, ob es einem gelang, einen unabhängigen Standpunkt jenseits des Zeitklimas einzunehmen.

Genau vor einem Jahrzehnt, drei Jahre vor dem Zusammenbruch all der Satrapenregime Moskaus, veröffentlichte der Autor 1986 seinen Band »Wanderungen zwischen Oder und Nirgendwo«. Er besichtigte die Restbestände dessen, was einmal Deutschland war und nun zwei verschiedenen Allianzen angehörte. War es wirklich so, daß die Gemeinsamkeiten im Laufe der Jahrzehnte geschwunden waren und Ostdeutschland und Westdeutschland auch im Gefühl der Menschen schon weniger miteinander zu tun hatten als Deutschland mit Österreich oder mit der Schweiz?

»Dies ist gemeinsames Land; wer sagt, daß beide Teile schon nichts mehr miteinander zu tun haben, sich fremd geworden sind, sprachlose Verwandtschaft? Thüringen würde uns plötzlich nicht mehr gehören, wo es doch dem Gefühl so nah ist wie jene anderen Landschaften im Südosten und im Südwesten? Alles doch deutsche Herzländer, immer wieder Klassik, im 12. wie im 18. Jahrhundert. Was unterschied den Hof der Babenberger in Wien von dem Hermanns auf der Wartburg, was das Tübinger Stift von jenem Jena, wo Fichte lehrte, bis er Rektor in Berlin wurde, dort Unter den Linden?

Es war nur aus dem Gedächtnis gekommen, jetzt zeigt es der Augenschein den Besuchern: Es gibt Gemeinsamkeiten, die von der Zeit nur vorübergehend zugedeckt werden. Dann reden die Realisten davon, daß die Scheidung endgültig ist, obwohl sie doch in der Geschichte der Völker nur einen Lidschlag dauert. Nur eine kurze Strecke noch, und ununterscheidbar stehen Rostock und Stralsund neben Lübeck und Bremen. Mächtig zieht dann auf einmal die Geschichte herauf und nimmt Besitz vom Bewußtsein.

Kratzt nur am Sowjetmenschen, hatte Pasternak, ein altes Wort abwandelnd, gesagt, schon kommt ein Russe zum Vorschein. Wenige Tage schon genügen im anderen Land, um dem Reisenden vor Augen zu führen, daß es hier dasselbe ist. Nicht die Verwandten, die Fremden sind dem Gast mit einem Mal gut bekannt; was für ein Unfug war es, daß man sich inzwischen in Carcassonne mehr daheim fühle als in Quedlinburg. Die dergleichen herausfordernd sagen, sind nur an beiden Plätzen gleich wenig zu Hause. Fährt man aus Ballenstedt, dem Stammsitz der Askanier, herüber zum ottonischen Goslar, so springt es in die Augen, daß Ostharz und Westharz einander näher sind als Dithmarschen und Baden.«

Zehn Jahre später hat die Wirklichkeit dem Gefühl Recht gegeben. Was für alle Zeiten geteilt schien, ist inzwischen wieder ein Land, mag das Zusammenwachsen des so lange Getrennten auch eher Jahrzehnte als Jahre dauern. Der Euphorie des Umschwungs aber galt stets Skepsis. Der Vision einer wiedergeborenen Weltstadt Berlin, die aus dem Umbruch als Metropole Mitteleuropas hervorgehen werde, verkannte die Realität. Es wird noch Jahrzehnte auf sich warten lassen, bis Warschau, Prag und Budapest gleichen Ranges neben Brüssel, Stockholm und Mailand stehen werden, was sie übrigens immer nur in Grenzen taten. Waren Belgrad, Bukarest und Sofia jemals ein Teil Mitteleuropas?

Im Enthusiasmus des Augenblicks glaubten gleicherweise Politik, Wirtschaft und Kultur, daß die Wiederherstellung des alten Europa sehr schnell kommen werde; aber das waren Illusionen, die sich über alle Erfahrungen der Geschichte hinwegsetzten. Wie lange hat es für Schlesien nach dem Siebenjährigen Krieg gedauert, bis die Bewohner sich nicht mehr der Krone Böhmens oder der Habsburgs verbunden fühlten, sondern der Preußens? Wie wurde das welfische Hannover ein Teil des Norddeutschen Bundes, und wann akzeptierten es die Kurhessen oder Altbayern, in das deutsche Kaiserreich eingegliedert worden zu sein? Geschichte ist nicht kurzatmig, und wer ihr folgt, bedarf eines langen Atems. Ihm sei nicht bange, hatte Bismarck in vergleichbarer Lage etwa gesagt, daß das neugeschaffene Reich sich in Europa zurechtfinde: »Setzt Deutschland nur in den Sattel, reiten wird es schon können.« So wird es auch diesmal sein.

Zugleich aber wird sich erweisen, daß das alte Deutschland verspielt ist; auch Staaten steigen nicht zweimal in denselben Fluß. Das Alte ist abgetan, und keine Sehnsucht bringt es zurück. Wie die deutschen Provinzen im Osten, Pommern, Schlesien und Ostpreußen, im slawischen Meer versunken sind, so sind auch alle Träume von einem »Zwischeneuropa« eine Schimäre. Jenes Ostmitteleuropa, das gleichen Abstand hielt zu Paris wie zu St. Petersburg, gehört der Vergangenheit an, so sehr bei der Fahrt durch diese Welt zwischen Triest, Lemberg, Posen und Reval das Habsburgische, Preußische oder die Welt des alten Hansebundes auch auf Schritt und Tritt greifbar werden.

Auch jene Hoffnungen oder Sorgen, Deutschland werde nach der Wiedervereinigung preußischer und protestantischer werden, waren so illusionär wie die Befürchtung im Elysée-Palast oder in der Downing Street, daß das geeinte Land sich dem Osten zuwenden und die Bündnisse verlassen werde, die das Land zum erstenmal in seiner Geschichte in die westliche Welt eingebunden hatten. Margaret Thatcher war so ahnungslos wie Günter Grass. Der Osten ist längst keine Verlockung mehr, und sehnsüchtig blicken Polen, Tschechen und Ungarn auf den Westen. Die atlantische Weltzivilisation drängt überall in die freien Räume, die eben noch das sozialistische Lager waren.

Winston Churchill hatte, als die deutschen Armeen noch weit im Osten standen, mit Stalin von der notwendigen »Westverschiebung« Deutschlands gesprochen und damit die Abtrennung der östlichen Provinzen gemeint, die am Ende des Ringens russisch, polnisch oder tschechisch werden würden. Es gibt aber eine Westverschiebung, die viel tiefer geht und die nicht auf Deutschland, sondern auf Europa bezogen ist. Es war Stalin, der, als er das Gewicht des Ostens ins bisher nicht Dagewesene steigerte, das Gesicht Deutschlands gewaltsam nach Westen wendete. Nach dem Ersten Weltkrieg hatte Lenin die Gemeinsamkeit der Interessen der beiden großen Verlierer des Weltkrieges beschworen; nach dem Zweiten aber wollte Stalin nicht mehr die Sympathien Deutschlands, sondern seine Provinzen. Nun, ein halbes Jahrhundert später, nach dem Zerfall der Ordnung, die der Ausgang des Krieges Europa aufgeprägt hatte, zeigt sich, daß auch die Westverschiebung Europas unumkehrbar ist. Das waren die Beobachtungen und

Überlegungen, die den Autor in dem vergangenen Jahrzehnt bewegten. Sie werden hier in jener Form gegeben, in der sie damals geschrieben wurden.

Was wird am Ende jener Veränderungen stehen, die der Gegenwart ihren Stempel aufprägen? Deutschland ist nach Europa zurückgekehrt, aber dieses Europa wendet sich seinem Westen zu. Moskau, nach Rom und Konstantinopel so lange das Ziel neuer weltlicher Gläubigkeit, hat sein Bedrohliches, aber auch sein Verlockendes eingebüßt. Das Schwinden der geistigen Faszination des Ostens ist tiefgreifender noch als der Verlust seines politischen Gewichts. Es gibt Zäsuren, von denen man sich nicht erholt, und alles spricht dafür, daß Deutschland wie Rußland mit der Überspannung ihrer Möglichkeiten ihre kurzlebige Rolle als Führungsmächte des Kontinents ausgespielt haben. Spanien hat sich von dem Untergang der Armada nie wieder erholt, Frankreich hat an der Beresina seine europäische Mission eingebüßt, und Großbritannien verlor mit dem Empire seine Rolle in der Geschichte. Sollte es so sein, daß die weltgeschichtliche Stunde Europas in dem Moment ausgespielt ist, da es sich scheinbar wiederherstellt?

Zuweilen hat man eine Ahnung, daß die zweieinhalb Jahrtausende, in denen die Dinge erst von Griechenland, dann von Rom und schließlich von wechselnden europäischen Führungsmächten bestimmt wurden, dem Ende zugehen. Das Pendel der Zeit, schrieb Ernst Niekisch 1944 im Zuchthaus von Brandenburg in jenem erstaunlichen Buch »Deutsche Daseinsverfehlung«, schwinge vom Pol der Freiheit zum Pol der Ordnung zurück; die Weltstunde, die von dem europäischen Gedanken der Freiheit bestimmt wurde, gehe dem Ende zu. Es könnte sein, daß wir eben jetzt die Erfüllung dieser Prognose erleben. Das Gewicht, das Ostasien zur Zeit gewinnt, ist vielleicht nur das erste Signal eines weltgeschichtlichen Wandels. China, das Reich der Mitte, wird in wenigen Jahrzehnten anderthalb Milliarden Menschen haben, und auch Indien nähert sich der Milliardengrenze. Hongkong, Singapur und Taipeh haben einen ersten Begriff von der technischen Zivilisation gegeben, die auf Europa zukommt. Jetzt tritt China selber auf den Plan, und wessen es fähig ist, zeigt die jüngste Entwicklung in Shanghai, wo eben jetzt einhundertsechzig Wolkenkratzer entstehen. Der Potsdamer Platz mag die größte Baustelle Europas sein, in Ostasien würde er gar nicht auffallen.

Es zeichnet sich die Heraufkunft einer neuen Form von Weltmächten ab, nämlich Weltwirtschaftsmächten, neben denen sich Europa als Juniorpartner ausnimmt und selbst Amerika Mühe hat, sich zu behaupten. Napoleon hatte in seiner berühmten Replik die Politik das Schicksal genannt. Vielleicht ist diese Epoche abgelaufen, und Wirtschaft und Technik sind heute das Schicksal. Rußland ist bereits als Supermacht abgetreten. Wird in fünfzig oder einhundert Jahren Amerika noch die unbestrittene Weltordnungsmacht sein, nach der von allen Beteiligten gerufen wird, wenn irgendwo die Entwicklung einer Krise zutreibt?

Zugleich verschieben sich innerhalb der beiden ehemaligen Giganten die Gewichte. Wie sich der Südwesten der Vereinigten Staaten dem pazifischen Raum zuwendet, so wird sein Südosten immer stärker vom Iberoamerikanischen geprägt. Schon gibt es im Süden der Vereinigten Staaten einzelne Städte wie ganze Regionen, in denen mehr Spanisch als Englisch gesprochen wird. Immer weitere amerikanische Großstädte des Nordens und Ostens werden von »Nonwhites« regiert, und der Zeitpunkt ist nicht fern, da die Amerikaner europäischer Herkunft in den Vereinigten Staaten ebenso eine Minderheit sein werden wie die Russen im Süden der ehemaligen Sowjetunion, die unter dem Ansturm der islamischen Welt stehen. Der Kampf um die Vorherrschaft in den Räumen zwischen dem Kaukasus und dem Pamir wird bereits heute nicht mehr von Moskau bestimmt, sondern zwischen Ankara, Teheran und Karatschi ausgefochten. Längst ist der Mufti an die Stelle des Kommissars getreten.

Das Staunen des Autors galt in den zurückliegenden Jahren den Glasperlenspielen, mit denen die Deutschen sich beschäftigten, den immer erneuerten Historikerstreitigkeiten, die so unhistorisch waren und gar nicht zu sehen schienen, was wirklich auf der Tagesordnung steht. Auf die Marokkokrise von 1911 zurückblickend, sagte Ernst Jünger vor einem halben Jahrhundert, daß es um das Besitzrecht von Häusern gegangen sei, die inzwischen längst vom Erdbeben zerstört seien. Es könnte sein, daß die deutschen Sorgen des Tages nur Gekräusel auf der Oberfläche sind.

# Der Zug nach Westen

## Moskau hat das Gesicht Deutschlands gewaltsam nach Westen gedreht

Die Herausforderung, der sich Berlin nach der Wiederherstellung Deutschlands gegenübersieht, ist grundsätzlich anders als alle Veränderungen seiner Lage, mit denen sich die Stadt bisher in der Geschichte konfrontiert sah. Der Dreißigjährige Krieg hatte zwar Brandenburg verwüstet wie kein anderes deutsches Territorium; es blieb doch Brandenburg. Seine Städte waren niedergebrannt, die Einwohnerschaft dezimiert, in einigen Teilen des Landes hatte nur ein Drittel der Bevölkerung den Krieg – der die Frist einer ganzen Generation gedauert hatte – überlebt; aber der Boden war geblieben, und als man Frieden machte, war alles fast wie zuvor.

Aus Bauernland freilich war Gutsland geworden, denn die Felder waren über weite Strecken menschenleer, und in die freien Räume drängte der Adel. Überliefert ist die Weisung des Landesherrn an den Schulzen von Schmargendorf, der Nachbargemeinde Wilmersdorf einen Bauern zu überstellen; nur Greise, Kinder und Frauen hatten dort die letzte Brandschatzung überlebt, und so sah es in vielen Dörfern aus.

Fährt man heute durch die alte Mark, so fällt auf den ersten Blick in die Augen, daß nicht nur vierzig Jahre des Sozialismus dieses Land von Niedersachsen oder Hessen unterscheiden. Seit Jahrhunderten schon fehlen die weitläufigen Gehöfte, die Dithmarschen, Westfalen oder Bayern ausmachen. Katen sind es mehr als Höfe, die das Land zwischen Neuruppin und Havelberg bestimmen, weshalb denn dem Adel in der Mark eine Rolle zukam, die er im anderen Deutschland selten gehabt hat. Auch das klang in dem Wort »Ostelbien« mit, das achtungsvoll und geringschätzig zugleich gemeint war. Die Bauernkultur Brandenburgs wurde nach dem Dreißigjährigen Krieg niemals wiederhergestellt, und insofern haben die Ereignisse, die mit Namen wie Tilly, Gustav Adolf und Wallenstein verbunden sind, Preußen und Brandenburg über die Jahrhunderte geprägt.

Sonst aber vollzog sich der wirtschaftliche Aufstieg an der Wende zum neuen Jahrhundert schnell. Ziemlich genau fünfzig Jahre dauert es nach den Verwüstungen der vorausgegangenen Epoche, bis das Kurfürstentum wieder auf die Beine kommt. Im Grunde entsteht erst danach aus der Mark das alte Brandenburg, dann das junge Preußen, und mit dem Großen Kurfürsten und dem großen König betritt das Land die europäische Bühne.

Nicht nur, daß jetzt, nach der Wende des 17. zum 18. Jahrhundert, im Abstand weniger Jahrzehnte Leuthen auf Fehrbellin folgt; dann kommt auch schon Belle-Alliance, die europäische Entscheidungsschlacht. Berlin hatte Jahrhunderte hindurch am Rand der Geschichte gestanden, so daß man sich wundert, daß Peter der Große tatsächlich in dem kleinen Caputh sich mit dem Kurfürsten traf – man kann noch heute das Haus besichtigen, wo die beiden Herrscher, der des riesigen Rußland und der des geringen Brandenburg, ihre Interessen absteckten. Nach Friedrich dem Großen nehmen die Dinge dann wirklich eine Wendung ins Große; erst in der Epoche Napoleons und später zur Zeit Bismarcks, aber hinterher weiß man nicht, ob das ein Glück war. Berlin ist selber eine Stadt der Geschichte geworden, während sich doch vorher Geschichte an ihm bestenfalls vollzog.

Berlin war für die Hohenzollern immer das Zentrum der deutschen Dinge gewesen, weshalb man im 17. Jahrhundert von der »Mitte der Monarchie« sprach, wenn man auf den Oderdeichen stand. Weiter ging es von da eher nach Memel als nach Aachen, und Tilsit lag dem Herzen näher als Kleve. Jetzt aber, zum erstenmal in seiner Geschichte, ist Berlin Grenzstadt, so nahe an der slawischen Welt wie Bonn an der romanischen. Jenseits der Oder, sechsundfünfzig Kilometer von den letzten Häusern der Stadt, beginnt unabsehbar die slawische Welt.

Aber empfindet der Westen den Verlust, weiß er, was da verloren ging? Längst hat man es sich in den Weinländern des Westens und Südens ja heimisch gemacht. Der Streit um die Hauptstadt, den man außerhalb Deutschlands gar nicht verstand, in Paris so wenig wie in Moskau, hat vor Augen geführt, wie sehr die Deutschen sich als Teil des Westens empfinden. Wäre es mehrheitlich nach den beiden großen Parteien gegangen, dann wäre die Kleinstadt am Rhein für alle Zeiten Deutschlands Mittelpunkt geblieben.

Doch war es nicht immer so? Was jenseits der Elbe im Osten lag, war einem an Rhein und Donau ja immer fremd gewesen; Weichsel und Nogat lagen einem im Grunde so fern wie der Bug. Gleichwohl soll man gerecht sein und die Dinge auch in umgekehrter Perspektive sehen: Hatte denn einer in der Prignitz Verwandte an der Lahn, und ist vor der Epoche des Tourismus einer vom Müggelsee zum Bodensee gefahren?

Westdeutschland und Ostdeutschland waren stets verschiedene Welten, lange bevor es den Sozialismus gab. Es hatte schon seinen Sinn, wenn man danach von den drei Zonen sprach, in die Deutschland eingeteilt sei - das Weinland im Westen, das Bierland in der Mitte und das Schnapsland im Osten; jenseits der deutschen Grenzen kam dann in Polen wie in Rußland der Wodka. Auch mit seinem eigenen Boden war das Land, das so viele Gegensätze in sich vereinigte - Kurisches Haff und Loreley-Felsen, Riesengebirge und Emsland -, in seinen Provinzen jenseits von Oder und Weichsel ein Teil der osteuropäischen Welt, und es fühlte sich so. Hier sangen die Schnitter andere Lieder als die Bauern am Rhein. Die polnischen Landarbeiter, die zur Ernte kamen, waren von den ostpreußischen Instleuten fast nicht zu unterscheiden, nur daß sie gewissenhafter den Arbeitsrhythmus einhielten, schon weil die heimische Not sie dazu zwang.

Die Teilhabe Deutschlands am Osten ist verlorengegangen und wird nie wiedergewonnen werden. Auch das zählt zu den Verlusten, die mit der Abtrennung der Provinzen im Osten verbunden waren. Das Land hat damit mehr verloren als die Wälder, Felder und Seen des Riesengebirges oder Masurens. Denn aus dem Osten kamen nicht nur das ostpreußische Korn und die schlesische Kohle; Deutschland hatte durch seinen eigenen Osten an der östlichen Welt auch in seelischer Hinsicht teil, an Religiosität, Mentalität und Lebensgefühl.

Einst hatte man die Mystik aus den Klöstern des alten Karolingerlandes von der Schlesiens geschieden, die im »Cherubinischen Wandersmann« des Breslauer Mystikers Johann Scheffler, genannt Angelus Silesius, Gestalt annahm. Nun, an der Wende zum 20. Jahrhundert, unterschied Hofmannsthal die östliche von der westlichen Romantik, die heitere Lyrik Brentanos von der Todessehnsucht Hardenbergs, der sich Novalis nannte. Nie hätte man an den Rebenhängen der Mosel »Hymnen an die Nacht« gedichtet; das war die andere Welt der märkischen Dichter. Es gibt eine Poesie, die nur zwischen Rüben und Kartoffeln gedeiht.

Die Krautjunker waren die eine Seite Ostelbiens, die Offiziere der Garderegimenter und der Linie, die Preußen in eine Kaserne verwandelten. Aber es gab auch Gutsherren wie Rahel Varnhagens Marwitz, die in den Häusern jüdischer Bankierstöchter verkehrten. Es war Rahels literarischer Salon, wo sich der märkische Adel einer dunklen Sehnsucht hingab, von der er selber nicht zu sagen wußte, wem dieses Sehnen eigentlich galt.

In Königsberg in der Neumark saßen die Humboldts, bevor sie geadelt wurden, in Kunersdorf die Pfuels. Achim von Arnim stammte aus Wiepersdorf und Friedrich de la Motte-Fouqué aus Nennhausen, während die Schwerins, deren Bibliothek weithin berühmt war, gleich jenseits der Oder saßen, in dem alten Gutshaus Tamsel. Alle aber kamen sie aus der Mark, die eine der spätesten, aber kostbarsten Provinzen des deutschen Geistes ist. Brandenburg schlug nicht nur die Schlachten der Kurfürsten und der Könige, sondern ritt ein Jahrhundert lang auch in der Philosophie und in der Poesie an der Tête.

Aber die deutsche Dichtung jenseits der Oder war nicht nur eine nach Osten versetzte Dichtung des Westens, wie es etwa bei Thomas Mann gar nicht unterscheidbar ist, ob er die »Buddenbrooks« zum wesentlichen Teil in Palestrina und den »Zauberberg« in München schrieb. Die Dichter Brandenburgs, Ostpreußens und Schlesiens waren östliche Dichter, und das eigentlich Staunenswerte ist, daß dies über Nacht so gänzlich in Vergessenheit geraten konnte. Selbst die Sprachmelodie des Landes ist versunken, die ostpreußische wie die schlesische; niemand hört es mehr, keiner kann es mehr sprechen.

Wer kann Max Halbe noch spielen und wer Hermann Sudermann sprechen? Die Theater haben ja schon Mühe, wenn sie die Besetzung für Hauptmanns »Weber« oder »Rose Bernd« zusammensuchen. Vieles ist unspielbar geworden, weil eine Sprachfärbung, die ein dreiviertel Jahrtausend überdauerte, nicht das halbe Jahrhundert der Trennung vom angestammten Boden überlebte.

Deutschland ist mit dem letzten Krieg tatsächlich ein paar hundert Kilometer nach Westen versetzt worden. Der schwermütige Reiz des östlichen Landes, in den man sich so schwer hineinfindet und dem man sich dann kaum wieder entziehen kann, ist fern und fremd geworden. War es das, was Churchill meinte, als er Stalin im Winter 1942 eine »Westverschiebung« Deutschlands vorschlug, woran man ursprünglich im Kreml gar nicht gedacht hatte?

Doch verloren ist auch, was hinter dem deutschen Osten lag und neben Bedrohung stets auch Verlockung bedeutet hatte.

Immer, schon zu Zeiten Tolstois und Dostojewskis, hatte Rußland die deutsche Seele zu gewinnen gesucht, und nach der Revolution schickte man aus Moskau Emissäre des neuen Glaubens in die deutschen Städte, um den anderen großen Verlierer des Weltkrieges für die gemeinsame Sache zu begeistern. Stammte denn die Idee der Weltrevolution nicht aus deutschen Professorenstuben?

Nach dem zweiten Kriege wollte man Deutschlands Provinzen, nicht seine Seele, und doch muß sich erst zeigen, wer den größeren Verlust daraus hat: Deutschland, weil es nicht mehr den Osten besitzt, oder Rußland, weil im Westen nun kaum noch jemand verlangend nach Osten blickt? Stalin hat das Gesicht Deutschlands gewaltsam nach Westen gedreht, was niemals mehr rückgängig gemacht werden kann.

Europa hat den Vorteil davon, denn nun fühlt sich das rätselhafte Land in seiner Mitte zum erstenmal rückhaltlos an den Westen gebunden. Seit jeher stand Deutschland zwischen Paris und St. Petersburg, und es gab Zeiten genug, da es sich mehr zu den Russen als zu den Franzosen gezogen fühlte. Immer wieder hat Rußland Preußen gerettet, obschon durchaus nicht immer im eigenen Sinn, und ohne den rechtzeitig auf den Thron gelangten Zaren Peter III. wäre Friedrich wohl kaum mit heiler Haut aus dem Siebenjährigen Krieg gekommen. Einige Jahrzehnte darauf traf sich Alexander I. auf einem Floß in der Memel mit Napoleon, und nur auf Bitten des Zaren ließ der Korse das Königreich Preußen bestehen, wenn auch lediglich in seinen östlichen Provinzen. Verdankte nicht auch Bismarck seinen St. Petersburger Verbindungen die siegreichen Kriege gegen Österreich und Frankreich, als Deutschland einen günstigen Moment nutzte, sich zum Reich zusammenzuschließen? Rußland blieb das stets geheimnisvolle, stets unheimliche Land im Osten, und das Heilsversprechen des »Dritten Rom« bewährte sich auch damals wieder.

Durch die Revoluton der Bolschewiki war Rußland später noch einmal die Quelle aller Verheißung. Voller Angst, aber auch voller Sehnsucht blickte die westliche Welt auf die Stadt der tausend Zwiebeltürme. Gestern war sie der Mittelpunkt des Johanneischen Christentums gewesen; nun wurde sie zum Zentrum ganz anderer Verkündigungen, an die man jedoch nicht weniger inbrünstig glaubte. Pilgern gleich zogen die Gläubigen aus Europa und Amerika in das Mekka der Weltrevolution. Zehn Jahre nach dem Sturm auf den Winterpalast schrieb Stalin einen Wettbewerb für den »Palast des Obersten Sowjet« aus, und mitten in der Zeit der großen Säuberungen – die Hälfte der alten Genossen Lenins war schon hingerichtet, die anderen, Radek, Bucharin und Sinowjew, sollten kurz darauf vor dem Peloton stehen – folgten alle dem Ruf aus dem Kreml, Le Corbusier und Perret, Gropius und Mendelsohn. Mehr als fünfzig Begründer der Moderne kamen in das Reich eines Mannes, der längst nur noch Schrecken verbreitete. Es ist der Glaube, der die Wirklichkeit bestimmt, nicht das Wissen und seine Tatsachen.

All das ist Geschichte; nicht nur die Gefahr, die davon ausging, gehört der Vergangenheit an. Denn was den Osten heute erschüttert, ist weit mehr als eine wirtschaftliche Krise, von der man sich wieder erholen könnte. Der Osten hat sein Drohendes, aber auch seine Verlockung verloren, und es ist schwer denkbar, daß er je wieder jene Macht gewinnt, die er über die Gemüter des Westens besaß und die unheimlicher noch als seine Waffen war. Das Erstaunlichste ist, daß er westlich und gar nichts anderes sein will. Der Traum von der großen Alternative ist ausgeträumt, in Europa wie in Rußland.

Nun möchte Warschau ein zweites Paris sein, und Budapest hat den Ehrgeiz, möglichst bald ununterscheidbar von Wien zu werden. Aber auch in Kiew und in Minsk, in der Ukraine und in Weißrußland und im unabsehbaren Rußland selber steht es nicht viel anders. Die Städte legen die fremden Namen ab, die ihnen aufgezwungen worden waren; mehr und mehr blättert die sowjetische Tünche ab. Dem Apostel, dem sie ihren Namen verdankt, fühlt sich die Stadt an der Newa jetzt wieder enger verbunden als dem Stifter der verblaßten neuen Religion, und es ist nur eine Frage der Zeit, bis das Jahrhundert der Irrungen und Wirrungen kaum mehr als ein düsterer Schatten sein wird. Aber auch das Zarenreich, von dem Solschenizyn mitunter zu träumen scheint, besitzt keine Anziehungskraft mehr; New York und Paris sind die Städte, die bei Umfragen genannt werden, wenn man von Orten des Verlangens spricht.

Die atlantische Weltzivilisation, die den Westen Europas seit langem in der Tiefe formte, hat nun auch vom Osten Besitz ergriffen. Am Ende dieses Jahrhunderts der Weltbürgerkriege öffnet sich dort eine Landschaft, die von vertrauten Sehnsüchten erfüllt ist. Wie der Jeans-Shop längst im Schatten der Zwiebeltürme Platz gefunden hat, so steht man in Kiew vor McDonalds an. Warum ist das Auge beleidigt, wenn es in Weimar Pizzerien sieht und in Potsdam Burger King? Es könnte sein, daß sich darin mehr von der Zukunft zu erkennen gibt als in den Abkommen zur Raketenbegrenzung und den Stationierungsregeln für Panzerverbände, die von den Großmächten ausgehandelt werden.

All das bestimmt die neue Lage Berlins, Deutschlands und Europas. Die Sorgen des Tages, von denen die zusammenwachsende Stadt jetzt bedrängt wird, sind demgegenüber nicht mehr als Gekräusel auf dem Fluß der Zeiten.

## Die Westverschiebung Europas

Mit Melancholie tauchen die Nachgeborenen in die Welt Joseph Roths ein. Schon die Namen rufen untergegangene Regionen herauf, bezeichnen mehr Provinzen der Erinnerung als solche der Geographie. Gibt es eigentlich Maghrebinien auf der Landkarte, oder muß man seinen Ort nicht in der Wirklichkeit, sondern im Reich der Phantasie, die auch die Welt der Dichtung ist, suchen? Den Maghreb gibt es, aber der nordafrikanische Küstenstreifen liegt Tausende von Kilometern von jenem Land entfernt, das als Maghrebinien in die Literatur eingegangen und von Rezzori als »östliches Kronland Österreichs« beschrieben worden ist. Vielleicht verhält es sich mit Maghrebinien ähnlich wie mit Musils Kakanien, wo auch Elemente der Wirklichkeit zu Chiffren werden, die für imaginierte Realität stehen.

Joseph Roth aus Brody stammte ebenso wie Gregor von Rezzori aus diesem Galizien, nämlich aus Czernowitz; Roths »Radetzkymarsch« wie Rezzoris »Ein Hermelin aus Tschernopol« sind Heraufrufungen dieser östlichen Welt Habsburgs, in der das Polnische, Ukrainische, Ostjüdische und Deutsche eine unvergleichliche Verbindung eingegangen waren. Istrien hat es natürlich in der Wirklichkeit gegeben, aber wo waren seine Grenzen? Schlägt man in Geschichtsbüchern nach, verändert es alle paar Jahrhunderte seinen Ort. Dalmatien läßt sich zwischen Friaul, dem Veneto und Slowenien wohl irgendwo finden, aber auf keinem politischen Atlas ist es noch verzeichnet. Lange ist es her, daß es ein eigenes Königreich war, noch länger, daß Dalmatien, Slowenien und Istrien ein gemeinsames Fürstentum bildeten. Aus vielen Erzählungen steigt die Welt Altösterreichs auf, das so weit in den Osten hineinragte, ein unverwechselbarer Teil von ihm war, daß sie sogar zusammen und beide aneinander untergingen. In der Wirklichkeit war es allerdings oft genug eine Strafversetzung, wenn man an die Grenze Galiziens und nach Wolhynien kommandiert wurde. Viel gab es da nicht zu sehen und erleben, weder an Landschaft noch an Historie. Die Literatur verklärt das Versunkene, und das Wissen des Nie-mehr gibt seinen Abbildern in der Literatur eine Stimmung des Abschieds.

Altösterreich war voller solcher Grenzregionen im Schnittpunkt von einem halben Dutzend Kulturen. Aber sehr im Unterschied zum britischen Empire, das auch, wo es Mitte eines Weltreichs war, Großbritannien blieb, gingen hier das Böhmische, Ungarische und auch das Dalmatinische in den Vielvölkerstaat ein, wurden ein Bestandteil von ihm. Die großen Familien Böhmens wie die Waldsteins, die später zu Wallensteins wurden, und die Schwarzenbergs, die Ungarn Esterhazy und Batthyány und die Aristokraten italienischen Ursprungs wie die Pallavicinis gehörten zur österreichischen Nobilität, bekleideten hohe Ämter bei Hofe, im Staat und in der Armee. Die Esterhazys hatten eine solche Nähe zum Herrscher, daß sie sogar über einen eigenen Zugang zum Monarchen verfügten, die Esterhazy-Stiege, die noch heute in der Hofburg zu besichtigen ist.

Erst im nachhinein wird einem die Merkwürdigkeit bewußt, daß die österreichischen Admiräle, an die sich der verblassende Marineruhm des Alpenlandes heftete, der Sieger von Lissa Wilhelm von Tegethoff, der aus einem kleinen Ort an der Drau stammte, und der letzte Oberbefehlshaber der k.u.k. Flotte und spätere »Reichsverweser« Horthy von Nagybánya, nicht dem Kernland der Monarchie entstammten; keiner von ihnen war in der Steiermark, Kärnten oder Tirol geboren. Aber war denn Prinz Eugen von Savoyen, einer von Wiens Türkenbefreiern, ein Österreicher? Österreich war bis in den Untergang hinein ein Staat über den Nationen, wie sich noch ganz zuletzt zeigte, als alle zusammen vier Jahre lang unter der Fahne Habsburgs kämpften. Nicht nur in St. Petersburg, auch in Paris war man im August 1914 davon ausgegangen, daß der Kriegsbeginn zur Sprengung des »Völkergefängnisses« führen würde. Aber Tschechen, Slowaken, Ruthenen, Juden, Ungarn, Slowenen, Kroaten und sogar Bosnier blieben während der Schlachten beieinander. Nach dem Verlust des Krieges und des Reiches stellten französische und englische Militärhistoriker fest, daß Massendesertionen während des viereinhalbjährigen Ringens praktisch keine Rolle gespielt hatten, wie jüngst noch der britische Historiker Alan Sked konstatierte. Vielleicht war es die gebrechliche Gestalt des neunzigjährigen Herrschers gewesen, die das Auseinanderstrebende zusammengebunden hatte.

Aus dem Zusammenbruch der Mittelmächte ging eine Fülle von Nationalstaaten hervor, die sich im Lauf der nächsten Jahrzehnte sehr bald ihrerseits teilten. Die Tschechoslowakei blieb so wenig beieinander wie das »Königreich der Slowenen, Kroaten und Serben«, und inzwischen sind neue Territorien auf dem Plan erschienen, die nach staatlicher Unabhängigkeit verlangen. Aber Ordnung hat dieser Raum Ostmitteleuropas nicht mehr gewonnen, oder nur durch Ideologien, die ihm von außen aufgezwungen wurden, sozialistische oder faschistische Träume, die bald Alpträume wurden. Selbst der Panslawismus war eine Schimäre gewesen, der Griechisch-Orthodoxes und Römisch-Katholisches nicht dauerhaft binden konnte. Die russischen und deutschen Systeme haben sich von Anfang an als sehr brüchig erwiesen, wenn Gewalt ihnen nicht Festigkeit gab. Seit dem Untergang der Dynastien der Romanows, der Habsburger und der Hohenzollern ist die östliche Welt – Mittelosteuropa in der Terminologie der Historiker – wie schuldhaft auch immer in den Konvulsionen dieses Jahrhunderts untergegangen.

Auch hier wieder bewahrt einzig die Literatur eine Ahnung von der Welt, die das alles zusammenhielt. In Böhmen wußten Kafka und Werfel und Urzidil oft nicht genau zu sagen, welcher Nationalität sie eigentlich angehörten. Waren sie Österreicher, Böhmen, Tschechen oder Deutsche? Das kurzlebige deutsche »Protektorat« wollte nichts von ihnen wissen, da sie eben Juden waren; aber auch in der Volksrepublik waren sie nicht zu Hause, denn sie hatten ja in deutscher Sprache geschrieben, selbst wo sie in Prag heimisch waren. Wohin gehörten Ödön von Horvath, der in Fiume ums Leben kam, Elias Canetti, zwar jüdisch-spanischen Herkommens, aber überall und nirgends zu Hause, und Claudio Magris aus Triest, der noch heute die Erinnerung wachhält, was das Genie der Mischung dieser Völkervielfalt verdankt? Die Literatur ist die große Totengräberin; das Abschiednehmen mobilisiert das Schreiben, bis hin zur »Blechtrommel« von Grass und Bobrowskis »Litauischen Klavieren«. Nicht wenn die Dämmerung kommt, sondern wenn die Nacht schon eingefallen ist, erhebt sich die Eule der Minerva zu einem letzten Flug.

Heute sind das alles archäologische Unternehmungen. Kein Trotta aus dem »Radetzkymarsch« sucht noch Vergessen vor seinen vertanen Gefühlen an der galizischen Grenze, und kein Leutnant Melzer aus der »Strudlhofstiege« fährt über die Semmering-Viadukte zur Bärenjagd nach Bosnien. Nicht nur die Wirklichkeit ist untergegangen, sondern auch ihr Bild in der Literatur. Sehr bezeichnend, daß man in dem Restdeutschland von 1945 eine »Stunde Null« proklamierte, die Bindungen nach rückwärts verleugnete, von der alten Welt auch im Medium der Dichtung nichts mehr wissen wollte.

Nicht nur Joseph Roth und Gregor von Rezzori waren Außenseiter in dieser Nachkriegsliteratur; fast waren sie verdächtig wie auch die Balten Werner Bergengruen und Eduard von Keyserling und die Wiener Hugo von Hofmansthal und Heimito von Doderer. Zwei der größten Romane dieser habsburgischen Hinterlassenschaft, Martina Wieds »Geschichte des reichen Jünglings« und Maria Dombrowskas Krakauer Abgesang »Nächte und Tage«, wurden in dieser Atmosphäre, die selbst Wert darauf legte, eine »Literatur des Kahlschlags« zu sein, kaum zur Kenntnis genommen; die Nossack, Andersch, Böll und Hans Werner Richter beherrschten die Szene. Die »Gruppe 47«, die aus dem Gegensatz zum Staat Adenauers zu leben meinte, war die loyale Dienerin von dessen Westbindung.

Wenn die Politiker der Bindung an das atlantische Bündnis wegen von der anderen Hälfte Europas keine Kenntnis nahmen, so blickte die Literatur in dieselbe Richtung. Weder St. Petersburg noch Preßburg oder Györ, das in der Zeit Habsburgs Gran gewesen war, bedeuteten der Nachkriegsliteratur etwas. Als Europa in zwei Blöcke zerfiel, hatte die Literatur diese Scheidung bereits vollzogen. Die kleine Alpenrepublik, auf welche die große Doppelmonarchie reduziert wurde, ist wohlhabend geworden und leidlich glücklich, und darin hat sie manche Ähnlichkeit mit jenem Rumpfdeutschland, das aus dem Chaos auftauchte. Aber das ins Große reichende des alten Österreich und jenes Preußen, das man, wie König Wilhelm ahnte, mit der Gründung des Kaiserreiches beerdigte, fehlt ihr. Wie eine stehengebliebene Kulisse wirkt heute das Halbrund der Hofburg, und die Stettiner und Schlesischen Bahnhöfe gibt es gar nicht mehr.

Preußen griff nie so weit ins Fremde aus wie jenes Österreich, zu dem zuletzt Prag, Lemberg, Budapest und Triest gehörten – auch Sarajewo, wo verwirrte serbische Studenten jenen Franz Ferdinand ermordeten, der aus Habsburg ein anderes Commonwealth machen wollte. Aber genug Außerdeutsches vereinigte auch Preußen, nicht nur der alte Ordensstaat hinter der Weichsel, sondern auch jenes Preußen, das sich nach den Polnischen Teilungen anschickte, ein Zweinationenstaat zu werden. War Preußen Ende des 18. Jahrhunderts dabei, dem Schemen »Ostmitteleuropa« staatliche Gestalt zu geben? Damals wurden Neu-Ostpreußen gewonnen und Südpreußen. Selbst als die territorialen Gewinne nach wenigen Jahren schon zerronnen waren, gehörte mit Westpreußen und der Provinz Posen genug Fremdes zu diesem Preußen.

»Preußen hätten wir vielleicht werden können, Deutsche nie«; der Satz eines dieser Magnaten aus dem Osten ruft in Erinnerung, daß dieses Preußen im Gegensatz zu dem neuen deutschen Reich eben kein deutscher Nationalstaat war, seine Klammer nicht in der Nation, sondern in der Dynastie hatte. Die Fürsten Potocki saßen im Preußischen Herrenhaus wie auch die Grafen Raczinsky, die ihr Palais auf dem Königsplatz in Berlin – dem heutigen Platz der Republik – dem neuen Kaiserreich verkauften, damit das dort seinen Reichstag bauen konnte. Der preußische König machte den polnischen Fürsten Radziwill zum preußischen Gouverneur der neuen Provinz Posen, und fast hätte sein Sohn die bezaubernde Elisa Radziwill geheiratet. Viel fehlte nicht, daß eine polnische Prinzessin preußische Königin wurde.

Das Denken in Nationalitäten war dieser mitteleuropäischen Welt fremd, der österreichischen wie der altpreußischen. Beide Staaten waren wirklich »Mittelmächte«, als die sie in den Weltkrieg gingen, wo sie gegen die Flügelmächte Rußland und Frankreich standen; und so sahen sie sich selber. Waren die neuen Ordnungen, die der Ausgang des Krieges brachte, wirklich ein Fortschritt? Zumindest hat das neue System, das in Versailles und Potsdam etabliert wurde, kürzer vorgehalten als alle Friedensschlüsse zuvor, die von Münster und Osnabrück nach dem Dreißigjährigen Krieg oder der Wiener Kongreß, der die Napoleonischen Kriege abschloß. Europa hatte nicht verlernt, Kriege zu führen; aber es verstand nicht mehr, Frieden zu machen.

Als Winston Churchill in dem bedrohten Moskau Stalin aufsuchte, wurde im Kreml das erste Mal die Vokabel von der »Westverschiebung« Deutschlands gebraucht. Der englische Premier schickte sich nach manchem Zögern darein, daß Polen mit der Abtrennung der deutschen Ostprovinzen für den Verlust Ostpolens entschädigt wurde, das Hitler 1939 der Sowjetunion zugesprochen, der britische Außenminister Lord Curzon aber schon 1920 dem Kreml konzediert hatte. Stalin wird darin die erste Station des Vorrückens Rußlands in das Herz Europas gesehen haben; die Westverschiebung Österreichs hatte schon drei Jahrzehnte zuvor im Frieden von St. Germain stattgefunden. Schritt für Schritt griff der Osten in den Westen aus. Ein halbes Jahrhundert später hat sich herausgestellt, daß nicht nur Deutschland, sondern ganz Europa nach Westen verschoben worden ist. Wahrscheinlich ist es dies, was die weltgeschichtliche Veränderung der Lage heute in höherem Maße ausmacht als alle Grenzverschiebungen im Politischen oder Militärischen. Aber der Sieg Moskaus auf der Landkarte sollte sich als Niederlage in der geistigen Geographie Europas erweisen.

Jetzt blickt niemand mehr von Prag aus voller Sehnsucht auf ein heiliges Moskau, das nach Konstantinopel als »drittes Rom« so lange eine geistige Verlockung Mitteleuropas gewesen ist. Polen hatte stets ein zwiespältiges Verhältnis zur slawischen Brudernation im Osten gehabt, und Ungarn hat auf seinen magyarischen Ursprüngen bestanden; das unbändige Freiheitsverlangen der Polen und Ungarn brach sich immer wieder in Aufständen Bahn. Aber im Zeichen des Kreuzes fanden sich Moskau, Warschau, Prag und Budapest dennoch zusammen, und noch Walter Schubart beschwor das johanneische Christentum als die Verheißung des Ostens gegenüber dem glaubenslosen Westen; diese russische Seele, die die Romantiker auch russische Tiefe nannten, werde den Sieg über das paulinische Christentum des Westens davontragen.

Aber dieses heilige Rußland ist im zwanzigsten Jahrhundert bis in den Grund hinein entchristianisiert worden, und das Wiedererscheinen von Metropoliten und Patriarchen bei staatlichen Zeremonien Moskaus macht nicht vergessen, daß die wieder ins Leben gerufene östliche Kirche nur staatliche Dekoration ist. Die Zwiebelkirchen zwischen Nischnij Nowgorod und Kiew sind im postsowjetischen Rußland genauso nur von alten Mütterchen besetzt wie in dem einstigen Riesenreich der Sowjetunion.

Was hätte der Kreml sonst noch zu bieten, da die Verkündigung des wissenschaftlichen Marxismus für all die kommunistischen Parteien zwischen der Spree und der Moskwa nur noch eine Verlegenheit ist? Mit Rührung fast vergewissert man sich des Enthusiasmus, der von den zwanziger bis zu den sechziger Jahren dem Aufbau einer neuen Welt galt, all den »Ingenieuren der Seele«, die nicht nur den Staat, sondern auch die Gefühle der Menschen in den großen Aufbruch einbringen wollten. Walter Schubarts Vision »Europa und die Seele des Ostens« ist ein romantischer Traum geblieben, war es wahrscheinlich immer. Zwischen Weichsel, Moldau und Donau richten sich die Blicke über Deutschland hinweg auf Paris, auf London, vor allem auf New York. Die antlantische Weltzivilisation zieht unaufhaltsam herauf, und die Rhythmen, Bilder und Kostüme der Neuen Welt sind die Wirklichkeit des alten Kontinents.

»Das Jahrhundert des amerikanischen Romans« nannte man schon vor einem halben Jahrhundert die Literatur, die mit Dreiser, Dos Passos, Hemingway, Faulkner und Scott Fitzgerald heraufzog. Wer zweifelte nach dem letzten Kriege, daß Amerika nun auch in der Malerei die Herrschaft ergriffen hatte, als erst mit Pollock, dann mit Vasarely und schließlich mit Warhol die Neue Welt auch in der Kunst ihren Siegeszug antrat? Europäische Künstler waren nur dann endgültig avanciert, wenn sie im Museum of Modern Art oder im Guggenheim etabliert waren; was zählten das Musée d'Art Moderne und die National Gallery dagegen? Es ist bald ein Jahrhundert her, daß mit Le Corbusier, Gropius und Mies van der Rohe zum letztenmal das Revolutionäre im Bauen aus Europa kam; jetzt ist es die letzte Stufe zum Ruhm, wenn europäische Architekten in Amerika reüssieren, in Los Angeles oder in

Chicago bauen. Die Schriftsteller, Maler, Musiker, Architekten streben nach der Anerkennung der amerikanischen Elite. Der Lebenszuschnitt Europas ist sowieso amerikanisch. Wenn das nicht die Jeans-Shops und Fast-Food-Geschäfte auf dem Roten Platz vor Augen führten, machten das die Plakatwände auf den Champs-Élysées oder auf dem Kurfürstendamm deutlich, die für Musicals mit dem Slogan werben: Der Serienerfolg auf dem Broadway. Gestern machte noch die »Dreigroschenoper« Berlins in New York Furore, und neben Maurice Chevalier verkörperte die Mistinguett die Melodie von Paris, und vorgestern verschaffte der Cancan der Fifth Avenue den angenehmen Schauder des Verruchten. All das ist vorbei.

Als die Metropolen Osteuropas sich all der Quisling-Regime entledigten, sah man das alte Europa wiederkehren, und überall wurde von der Wiederherstellung jener Welt geträumt, die vor dem großen Beben von 1914 bestanden hatte. Nun würde die andere Hälfte des Kontinents wiedererstehen, Paris, Brüssel und Kopenhagen ihr Gegenstück in Warschau, Prag und Budapest erhalten. Die goldenen zwanziger Jahre würden neu heraufziehen. Schemenhaft stieg der Traum Friedrich Naumanns von einem Europa auf, das gleich weit von Paris wie von St. Petersburg war. Alle verlockenden oder schockierenden Phantasien von einem »Zwischeneuropa« wurden für einen Augenblick wieder lebendig, jene Visionen, die noch Seeckt beflügelten, als er die Zusammenarbeit zwischen der Reichswehr und der Roten Armee ins Auge faßte.

Inzwischen will der Osten Europas gar kein Osten sein. Man muß nur einmal die Menschen auf Prags Wenzelsplatz oder vor dem Warschauer Schloß erlebt haben, um die Sehnsüchte zu erfahren, die nach der Abwerfung des russischen Jochs die Empfindungen der Menschen beflügeln. Der sowjetische Schrecken gehört wie die russische Verheißung der Vergangenheit an. Tellermütze wie Knobelbecher erwecken nur noch Gefühle des Mitleids; es scheint Zeitalter her, daß ein gemeinsamer Panslawismus die Menschen aneinander band. Nun träumen die Studenten im Osten von Princeton, Oxford oder der Sorbonne. Die russische Karte ist seit 1917, spätestens seit 1945 ausgespielt worden, aber sie hat nicht gestochen. Die Verlage bringen zehn Übersetzungen aus westlichen Sprachen für eine aus der russischen Literatur. Die politische Niederlage, die aus der Überspannung der Kräfte folgte, ist auch eine solche der geistigen Ermattung. Die Spielpläne der Theater zeigen, wonach die Intellektuellen verlangen, und es ist diese Niederlage, unter der die russische Seele fast noch mehr leidet als unter dem politischen Debakel.

Europa ist wiedergewonnen, aber dieses Europa blickt nach Westen. Es ist diese Westverschiebung Europas, die den Kontinent nach der großen Zäsur in der Tiefe prägt. Die atlantische Weltzivilisation, so lange ein Wort der politischen Terminologie, bestimmt das Denken, Fühlen und Leben der Menschen, und insofern kann sagen, wer aus dem großen Umbruch aufgetaucht ist: Von hier und heute geht eine neue Epoche aus.

## Was wirklich auf der Tagesordnung steht

Sollte man sich im nächsten Jahrhundert mit den deutschen Aufgeregtheiten dieser Zeit beschäftigen, wird man es zu den Merkwürdigkeiten zählen, daß die Deutschen sich vor dem Hintergrund des Zerfalls eines Weltsystems einen Historikerstreit leisteten. Anfang der achtziger Jahre begann das vorläufig letzte der großen Imperien Auflösungserscheinungen zu zeigen. Die Wissenschaftler analysierten damals von der Yale University bis zur London School of Economics die Überspannung der sowjetischen Kräfte, jene ökonomische und territoriale *overextension*, die Paul Kennedy schon 1987 so scharfsinnig konstatiert hat. In dem Afghanistan-Rückzug wurde sie deutlich und in den immer dramatischer werdenden internen Versorgungsengpässen der Sowjetunion zum Schluß unübersehbar.

Aber in eben diesen Jahren kam die deutsche Auseinandersetzung, ob Auschwitz mit dem Archipel Gulag vergleichbar sei, auf ihren Höhepunkt und verdeckte den Intellektuellen, daß sie Zeugen des Untergangs einer Doktrin waren, die das Jahrhundert in seinen Bann geschlagen hatte. 1984 sprach der Moskauer Generalstabschef Marschall Ogarkow von den »entsetzlichen Konsequenzen«, wenn die Sowjetunion versagen sollte, mit der westlichen Hochtechnologie Schritt zu halten, und seine Sorge mobilisierte Gorbatschow.

Aber die Autoren des Sammelbandes über den »Historikerstreit« nannten es in eben diesen Jahren das eigentliche

Ereignis dieses Jahrzehnts, daß sich die deutschen Rechten wieder zu Wort meldeten und die Vergangenheit zu »entschulden« suchten. Die deutsche Diskussion begann nicht nur weltfremd zu werden, sondern sie lief auch unverbunden neben der europäischen Debatte her.

Allerdings muß man einräumen, daß dieser Streit nur innerhalb der intellektuellen Klasse stattfand. Die Historiker selber waren daran trotz des Begriffs kaum beteiligt, so wenig wie die Öffentlichkeit, die eher erstaunt zusah, wie Philosophen, Politikwissenschaftler und Schriftsteller mit Erbitterung und wechselseitigen Verdächtigungen Fragen erörterten, die fern dessen lagen, was die Wirklichkeit unter der Oberfläche bestimmte und bald auch die politische Landkarte verändern sollte.

Selbst als sich das Erdbeben in Moskau immer deutlicher ankündigte und die Hilflosigkeit des Kreml in der Wahl von immer neuen kurzlebigen Generalsekretären tektonische Verschiebungen im Machtzentrum der kommunistischen Weltordnung signalisierte, fand nichts davon – abgesehen von Späßen über die Moskauer Gerontokratie – Eingang in die deutsche Diskussion. Warschau und Budapest gehörten immer erkennbarer – auch in der Zusammensetzung der Politbüros – schon nicht mehr zu dem, was man vierzig Jahre lang das sozialistische Weltlager genannt hatte, und waren auf jeden Fall keine verläßlichen Mitglieder des Warschauer Pakts mehr; alles Zeichen der Auflösung. Aber in Deutschland galt die Leidenschaft noch immer der Frage, ob die sowjetischen und die nationalsozialistischen Lager vergleichbar seien und ob die eine Gewaltherrschaft nur eine Replik auf die andere gewesen war.

Von einer solchen Ahnungslosigkeit gegenüber dem, was wirklich auf der Tagesordnung steht, war man selten gewesen. Lange bevor die Bastille gestürmt wurde, war die Revolution im Gedanken dagewesen, und auch die anderen großen Zeitenwenden waren vor den Ereignissen gedacht worden. Während des Sommers 1914 hatte ganz Europa die dunkle Empfindung einer heraufziehenden Weltkatastrophe gehabt, und an der Jahreswende 1932 zu 1933 war das Beben, das die demokratische Welt binnen kurzem an den Rand des Abgrunds bringen sollte, von links bis rechts gesehen und von so verschiedenartigen Köpfen wie Ernst Niekisch, Karl Jaspers, Carl Schmitt, Martin Heidegger, Stefan George, Gottfried Benn und Ernst Robert Curtius formuliert worden. Daher kam die Berechtigung des Staunens von Ernst Jünger, daß man nach den Beben auf die Seismographen einschlüge. Nichts davon jetzt.

Die liberalen und linksliberalen Intellektuellen hatten jahrzehntelang leidenschaftlich darauf bestanden, daß die Oktoberrevolution gleich der Französischen Revolution ein Jahrhundertereignis gewesen sei, weshalb sie ihnen denn bis zum Schluß die *Große Revolution* blieb. Aber deren Ende nahmen sie nicht einmal wahr, und selbst nachträglich beschäftigt sie alles mögliche, nur nicht die Möglichkeit, daß sie einer Schimäre aufgesessen waren. Wo sind diesmal die Seismographen gewesen, die jene Erschütterungen anzeigten, die in wenigen Jahren alles auf den Kopf stellen sollten? Selten sind die Intellektuellen den Ereignissen so hinterhergelaufen wie diesmal; es ist fast peinlich, sich heute mit den geistigen Lagebestimmungen aus der Zeit vor dem Umsturz zu beschäftigen. Einzig die Abneigung gegen denunziatorische Rechthaberei macht die Bücher unangenehm, in denen jetzt vergangene Irrtümer aufgerechnet werden.

Aber auch die gegenwärtige Auseinandersetzung, was denn »links« und was »rechts« sei, steht merkwürdig neben den Ereignissen. Niemand kümmert sich ja in Wirklichkeit darum, ob die Konservativen durch den Umsturz aller Dinge ein spätes Recht bekommen haben und ob die Linken sich um ihre historische Niederlage herumreden oder aber eine späte Rehabilitierung erfahren werden. Wen kümmert das alles, es sind ja ganz andere Fragen, die von der Geschichte aufgeworfen worden sind, und wieder einmal hat die Welt Anlaß, über die *querelles allemandes* den Kopf zu schütteln.

Was also bewegt die Nation, die sich plötzlich in der Mitte des Kontinents sieht und die wider Erwarten – und gegen die eigene Neigung – in ihre historische Rolle eingesetzt worden ist? Walter Jens, der Präsident der Berliner Akademie der Künste, war tief beunruhigt, als der Sarkophag eines vor zweihundert Jahren gestorbenen Königs von Hechingen nach Potsdam überführt wurde. Die Welt, die unter dem deutschen Militarismus so oft gelitten habe, werde von dieser sozusagen leiblichen Rückkehr des Geistes von Potsdam schockiert sein. Das Ereignis wurde aber natürlich im Ausland gar nicht zur Kenntnis genommen, und die Zeitungen von New York, Paris und London plazierten ihre Meldungen irgendwo im Mittelteil des Blattes.

Der Vorgang ist symptomatisch für den Wirklichkeitsverlust, der das intellektuelle Klima in diesem Lande charakterisiert. Selbst die Begriffe »rechts« und »konservativ« – und entsprechend die »linken« Rubrizierungen – gehen heillos durcheinander. Die deutsche Rechte hatte in der Vergangenheit fast ausnahmslos für die östliche, die russische Allianz votiert, was zuletzt noch bei der Schwarzen Reichswehr, oder, in Kategorien der Publizistik gesprochen, beim »Tat«-Kreis und im »Widerstands«-Kreis deutlich wurde. Aber seit der Gründung der Bundesrepublik hat die bürgerliche Mehrheit mit Adenauer für die Westintegration plädiert, was die Linke wiederum als Verrat an der deutschen Mittlerposition zwischen Ost und West geißelte. Folgerichtig haben alle linken Parteiungen die ersten Schritte auf dem Weg nach Europa zu blockieren gesucht.

Diese auch geistige Westwendung der deutschen Konservativen hat in den fünfziger Jahren die Fronten vollkommen verkehrt, weil es nun das fortschrittliche Lager war, das sich dem amerikanisch dominierten Bündnis von EWG und NATO nicht ausliefern wollte. Das war, von Schumacher bis zu Erler, ein hochachtbares Beharren auf der Einheit der Nation, wenn auch zunehmend illusionäre Züge deutlich wurden, weil man sich zuletzt noch mit dem sozialistischen Lager zu arrangieren suchte, als dieses in Wirklichkeit längst vor der Auflösung stand.

Was war »rechts« in dieser Lage und was »links«? Tatsächlich handelt es sich bei dem Skandalon jenes Nolteschen Buches nicht um Konservativismus, sondern um eigenbrötlerische Rechthaberei, die die wirkliche Rechte eher in Verlegenheit setzt. Aber auch die theoriegesättigten Linken sind durch entlaufene Literaten ersetzt worden, die von der Anstrengung des Begriffs nichts mehr wissen. Die alten Lager und deren Scheidungen gehören einer anderen Zeit an.

Ist es wirklich nur Amüsement, mit dem man den neuerlichen Frontenwechsel der Linken beobachtet, die nun plötzlich mit Habermas in der Einbindung der Bundesrepublik in die westliche Wertewelt die eigentliche Leistung der Adenauer-Ära sehen, obwohl sie doch von Adorno über Horkheimer bis zu Marcuse in der Westorientierung stets die Auslieferung Deutschlands an den kapitalistischen Westen attackiert hatten? Die Konfusion ist vollständig, und es tut nichts zur Sache, daß diese Argumentation von ihrer eigenen Verdrehtheit offensichtlich nichts weiß.

Denn die Frage, vor der die Mitte Europas und damit Deutschland steht, ist längst entschieden. Es waren die Siegermächte von 1945, die für die Deutschen die Entscheidung trafen, und die Sowjetunion hatte damit zumindest so viel zu tun wie der Westen. Stalin gab den Ausschlag, als er, anfangs widerstrebend, Churchills Vorschlag einer »Westverschiebung« Deutschlands zustimmte und zuerst die östlichen Provinzen Deutschlands der Sowjetunion oder Polen zuschlug und dann die Sowjetisierung Mitteldeutschlands vorantrieb, mitunter allerdings, wie neue Aktenfunde zu zeigen scheinen, von Pieck und Ulbricht getrieben. Damit hatte das westliche Rumpfdeutschland keine Wahl mehr, und so war es Moskau, welches das Gesicht Deutschlands und gerade seiner bürgerlichen Schichten gewaltsam nach Westen drehte. Nun blieb den deutschen Konservativen nichts übrig, als gegen ihre Tradition die innere Westwendung zu vollziehen.

Nach dem Ersten Weltkrieg spekulierte Lenin zusammen mit deutschen Sympathisanten über eine Allianz der Mitte Europas für den Sozialismus. Wie weit solche Stimmungen ins bürgerliche Lager reichten, wird an Thomas Manns Tagebüchern der Jahre 1919 und 1920 deutlich, in denen er immer wieder mit einer kommunistischen Option der deutschen Rechten spielt, wobei seine tiefe Abneigung gegen Wilson und Clemenceau – und natürlich im Hintergrund gegen seinen Bruder, den Zivilisationsliteraten – im Spiel gewesen sein mag.

Nach dem zweiten Krieg schlugen die Russen solche Optionen auch denen aus der Hand, die – wie Außenseiter sowohl in der SPD als auch in der CDU – sich nicht von vornherein und auf keinen Fall bedingungslos für den Westen aussprechen wollten. Tatsächlich bleibt es ein Rätsel, das auch durch die neuen Ost-Berliner und Moskauer Archivfunde nicht geklärt wurde, weshalb der Kreml die deutsche Karte aus der Hand legte. Warum setzte Moskau nicht mehr wie die Volkskommissare der ersten Stunde auf die Sympathien Deutschlands? Wollte Moskau damit ein für alle Mal die deutsche Gefahr entmachten, oder stand dahinter Skepsis, ob sich Deutschland jemals für die Sowjetunion gewinnen ließe? Auf jeden Fall waren damit die Würfel gefallen, und Deutschland blieb zu seinem Glück nichts anderes übrig, als selber ein Teil des Westens zu werden.

Wie sehr es das geworden ist, lehrt ein einziger Blick auf die deutsche Landschaft. Von den Jeans-Shops im Schatten des Naumburger Doms über die Rock-Kultur in Leipzig bis zu dem Siegeszug des amerikanischen Musicals ist Deutschland unwiderrufbar ein Teil, zum Ärger de Gaulles wie Mitterrands sogar eine Vorhut des Westens geworden – zu seinem seelischen Frieden und zur Besänftigung von Europa. All die Diskussionen über eine durch die Auflösung des sowjetischen Weltreiches wiedergewonnene russische Option macht nur deutlich, wie fern man der Wirklichkeit steht. Die ganze Diskussion »What is right?« und »What is left?« ist nur ein archäologisches Unternehmen.

Die atlantische Zivilisation ist das Schicksal ganz Europas, und die Frage, die auf der Tagesordnung steht, gilt lediglich der östlichen Grenze dieses Europas. Daß Warschau, Prag und Budapest ein Teil dieses Europas sind, steht außer Frage. Aber Minsk, Kiew und Moskau? Wie definiert sich das neue Europa nach dem Zerfall des nationenübergreifenden Imperiums im Osten, und was ist unter Gorbatschows »Europäischem Haus« zu verstehen? Ein Europa, das im Sinne de Gaulles vom Atlantik bis zum Ural reicht – oder der katholisch oder protestantisch geprägte Kontinent, hinter dem jene byzantinisch-orthodoxe Welt beginnt, die unter den Trümmern des marxistischen Systems wieder sichtbar wird? Auf jeden Fall wird das die Frage sein, um die es in den nächsten Jahren und Jahrzehnten geht und hinter der die heimischen Querelen um »Rechte« und »Linke« zur Belanglosigkeit werden. In dem Drängen Moskaus nach Mitgliedschaft in der Europäischen Union und in der NATO wird die politische Dimension dieses Verlangens deutlich.

Der Osten hat, vorläufig, seinen Schrecken verloren, jenes dunkel Drohende, das selbst während des Siebenjährigen Krieges Friedrich immer bewußt war und das seinen Schatten auch über die Bismarcksche Zarenpolitik warf. Aber die Türme des Kreml haben inzwischen so wenig Bedrohliches wie Verheißendes. Rußland bezahlte sein sozialistisches Experiment mit dem Verlust jener Magie, von der Walter Schubart in seinem im Schatten der Katastrophe im Baltikum geschriebenen Werk »Europa und die Seele des Ostens« sprach – wie Deutschland seinen Ausbruch in den Weltmachtwahn mit dem Verlust seiner Mittlerrolle als »Herzmacht« Europas.

Immer hatte die slawische Welt eine eigentümliche Verlockung für Deutschland gehabt, das ja in seinen östlichen Provinzen selber in diese Welt ragte. Es ist nicht ausgemacht, ob die

Amputation des alten Deutschland die Faszination, die so lange von der russischen »Tiefe« auf das deutsche »Gemüt« ausging, an ihr Ende gebracht hat. Hat der Zivilisationsliterat Heinrich Mann am Ende doch über den »unpolitischen« Bruder gesiegt? Die französische Clarté hätte so über alle Vorstellungen von einem Zwischeneuropa triumphiert, jene Vision, die einst so verschiedenartige Köpfe wie Naumann, Heuss, Zehrer und selbst Seeckt faszinierte.

Das sind die Fragen, die das übrige Europa bewegen. Timothy Gardon Ash hat sie gerade in einem gedankenreichen Essay hin und her gewendet. Die hiesige Aufgeregtheit über eine Wiedergeburt des Konservativismus bewegt wirklich nur die deutsche Provinz.

# Träume und Alpträume

## Zwei kranke Männer und ein Massenmörder; Gläserklirren, Trinksprüche, kaukasische Scherze

Ziemlich genau zwei Jahrzehnte nach dem Ende des Krieges versammelte sich in Berlin ein Kreis, um alten Erinnerungen nachzuhängen. Bis tief in die Nacht saß man zusammen: Ernst Jünger, der gerade seinen siebzigsten Geburtstag hinter sich gebracht hatte, Karl Silex, einer der alten Journalisten, die aus der Epoche Stresemanns über die Zeit Hitlers in die Ära Adenauer hineinragten, dann der aus dem Exil heimgekehrte Ernst Josef Aufricht, der legendäre Chef des Schiffbauerdamm-Theaters und in mancher Hinsicht der Entdecker Brechts, sowie einige Freunde.

In vorgerückter Stunde erzählte Silex von der Zeit, die er mit Jünger zusammen in einem amerikanischen Internierungslager verbracht hatte. »Wissen Sie noch«, fragte er Jünger, »wie alle entrüstet die Zumutung ablehnten, sich freiwillig einem Intelligenztest zu unterziehen? Wir beide waren die einzigen, die bereitwillig darauf eingingen.« Dann berichtete er, wie Jünger dazu bemerkt habe, nun erfahre er wenigstens einmal, wie es mit seinem Scharfsinn bestellt sei.

Jünger hatte die Einzelheiten der Begebenheit vergessen und hörte eher überrascht zu, als Silex von den Reden erzählte, die sie am Ende des Tests aus dem Stegreif hatten halten müssen. Jünger war die Aufgabe gestellt worden, sich in die Lage eines deutschen Offiziers zu versetzen, der in den letzten Tagen des Krieges seiner Truppe mitzuteilen hat, daß die Wehrmacht kapituliert habe und der Krieg zu Ende sei; die Einheit gehe –

zwar entwaffnet, aber unter dem Kommando ihrer Offiziere – geordnet in die Gefangenschaft. Der amerikanische Militärpsychologe hatte Jünger eine Bedenkzeit von einer Minute gegeben, dann mußte er die fiktive Ansprache halten.

»Dazu brauche ich keine Minute«, habe Jünger geantwortet und unverzüglich angehoben: »Kameraden! Das Reich ist besiegt, Hitler ist tot. Das Oberkommando der Wehrmacht hat bedingungslos kapituliert. Der Krieg ist zu Ende.« Doch dann habe er fortgefahren, daß dies kein Augenblick der Verzweiflung sein dürfe, denn mit der Niederlage sei auch die Gewaltherrschaft von der Bühne abgetreten. Andererseits sei das Ende des Krieges aber auch kein Anlaß zur Freude. Mit dem Zerbrechen des Regimes sei auch das alte Deutschland untergegangen, und nie werde es wiederkehren; Erleichterung und Schmerz seien untrennbar ineinander vermischt. Dann, verallgemeinernd: »Kein Untergang ist ein Gegenstand von Freude.« Zum Schluß ganz knapp: »In dieser Lage gibt es nur eines – Würde und Haltung.«

Weitere zwanzig Jahre später ist das Nachsinnen über den Mai 1945 an diesen Punkt zurückgekehrt. War der Zusammenbruch des Deutschen Reiches Untergang oder Befreiung, ist er Anlaß zur Trauer oder zur Erleichterung? Das sind deutsche Überlegungen, die ihre Moralität für sich haben, und doch ist es zweifelhaft, ob mit solchen Alternativen zureichend erfaßt wird, was 1945 wirklich geschah.

Wird das Zerbrechen des deutschen Nationalstaates, der ja immer auf dem Spiel stand und nur mit Mühe aus dem Chaos des Ersten Weltkrieges gerettet worden war, wirklich jener Vorgang sein, dessen sich die Geschichte als eines tiefen Einschnitts in den europäischen Dingen erinnert? Als Bedrohung war dieses Reich vom Tage seiner Gründung an empfunden worden, zu unausgeruht, um gelassene Hegemonialmacht der europäischen Mitte zu sein, zu dynamisch, um sich unauffällig in das heikle Gleichgewicht des Kontinents einzufügen. Hätte nicht der

Schrecken der bolschewistischen Umwälzung das bürgerliche Europa alarmiert, so wären die Mächte wohl schon damals übereingekommen, das Reich Bismarcks zu zerschlagen; Aufteilungspläne gab es zwischen London und Paris genug. Als die Zerteilung des Landes nach dem zweiten Krieg dann wirklich vorgenommen wurde, war das für das übrige Europa alles andere als ein Schock. Eher waren es die Umstände, unter denen sich die Abtrennung seiner östlichen Gebiete vollzog.

Aber die Amputation des Landes selber blieb ein Gegenstand von praktischen Überlegungen, in die sich bestenfalls hier und da Hemmungen der Humanität mischten. Würde man die zwölf Millionen Deutschen auf halbwegs geordnete Weise in den Westen »transferieren« können, wie Churchills Ausdruck für die Vertreibung von einem Dutzend Millionen Menschen lautete? Und wie würde ein Rumpfdeutschland sie ernähren können, dessen Industrie man ja auf das Notwendigste reduzieren wollte?

In all den Gesprächen in der Zaren-Villa am Schwarzen Meer und später im Landhaus des Kronprinzen am Heiligensee wird nicht einmal in einer Nebenbemerkung faßbar, daß man die historische Dimension dessen ahnte, was zu vollziehen man sich anschickte. Churchill bringt die Ernährungsfrage eines Landes ins Spiel, dem man seine agrarischen Gebiete nehmen wird; Truman kommt in Potsdam immer wieder auf das Problem zurück, wie ein Deutschland ökonomische Wiedergutmachung an Rußland leisten soll, dessen oberschlesisches Industriegebiet man an Polen gegeben hat. Irritiert, durchaus nicht degoutiert, lassen sie sich von Stalins rauher Herzlichkeit beruhigen, zur Überbevölkerung im restlichen Deutschland werde es schon nicht kommen. Ein paar Millionen Deutsche seien ja schon tot; bis alles vorüber sei, werde wohl noch einmal eine Million ums Leben kommen. Dann geht man zu wichtigeren Fragen über.

Das ist das Klima, in dem eine Ordnung umgestoßen wird, die die Mitte des Kontinents seit Jahrhunderten bestimmt hatte, jenes Herzland Europas zwischen Moldau, Donau und

Weichsel. Roosevelt, Churchill und der Georgier: zwei kranke Männer und ein Massenmörder; Trinksprüche, Gläserklirren, Gelächter. Dazwischen besorgte Überlegungen, ob wohl das kommunistische Lubliner Komitee sich auch mit der polnischen Exilregierung in London arrangieren werde. Dann wieder Heiterkeit über kaukasische Scherze und sowjetische Bitten um die Intensivierung des Luftkriegs.

Man muß nicht das Niveau des Wiener Kongresses oder des Berliner Kongresses im 19. Jahrhundert vor Augen haben, um sich in gespenstische Welten versetzt zu fühlen. Jenes politische Ordnungsdenken, das aus dem Schrecken des Dreißigjährigen Krieges geboren worden war und für ziemlich genau drei Jahrhunderte eine stets gefährdete Gesittung in die Mitte Europas gebracht hatte, war wie ausgelöscht. Der Ausbruch Hitlers aus aller Vorstellungswelt hatte mit der politischen auch die moralische Weltordnung umgestülpt; nun führte man die Wahrheit des Brechtschen Satzes vor, daß auch der Haß gegen das Böse das Antlitz verzerrt.

Die Orgie der Rache, der in der letzten Phase des Krieges, als alles längst entschieden war und die siegreichen Armeen in zerschmetterte Regionen einzogen, von Würzburg über Dresden bis Potsdam Dutzende deutscher Städte zum Opfer fielen, folgte die Raserei auf der Landkarte, und nicht nur auf der deutschen. Am Ende war nichts mehr so, wie es gewesen war, seit sich die europäische Staatenwelt konstituiert hatte.

Als sich die Armeen vom Schlachtfeld zurückzogen, begaben sich andere Heere auf die Wanderschaft – zwölf Millionen Deutsche, acht Millionen Polen, zehn Millionen Russen, dann Finnen, Rumänen, Balten. Zwanzig Millionen Deutsche, Skandinavier und Niederländer hatte Hitler im eroberten Ostreich ansiedeln wollen. Nun antwortete seinem neuen Germanenzug eine Völkerwanderung ganz anderer Art; Panjewagen rückten um Hunderte von Kilometern in die Mitte Europas vor.

Auch daran dachte Henry Kissinger, als er sagte: »Es ist schon richtig, daß Rußland eine der großen Defensivmächte der Geschichte ist. Nur sonderbar: Am Ende eines jeden Jahrhunderts hat es seit dem späten Mittelalter seine Grenzen immer wieder um ein paar hundert Kilometer vorgeschoben.«

Und als August Graf Platen gut 150 Jahre zuvor die fremdartigen Völkerstämme aus dem Osten durch Polen reiten sah, notierte er:

> Ach, wir schwelgen im Genusse,
> daß bereits zu dieser Frist,
> jener vielgeliebte Russe
> unser nächster Nachbar ist.
> Bloß Barbaren rebellieren,
> wenn man ihnen bricht den Eid.
> Kommt an unser Herz, Baschkiren,
> weil ihr so gebildet seid.

Der Nationalstaat der Deutschen, jene kurze Irritation in der Mitte Europas, wird in der Erinnerung der Welt kaum länger bleiben als die Spanne seiner Dauer; schon muß man in anderen Erdteilen erklären, ob jener Kaiser mit dem sonderbaren Helm denn in dem einen oder in dem anderen Deutschland geherrscht habe. Aber tief hat sich in das Empfinden der Völker eingegraben, daß die Zeiten vorbei sind, in denen Kanonenboot und Dudelsack auch für eine geistige Herrschaft standen. Dies war ein Europa, das die Welt nicht nur kolonialisierte, sondern bis in die Formen des Lebens hinein so tief prägte, daß Saigon noch heute französische, Manila spanische und Neu-Delhi britische Züge tragen.

Als wolle der Kontinent sich von sich selber verabschieden, kostete er in der Belle Époque seine eigenen Reize noch einmal aus und verzauberte die Welt. In St. Petersburgs Eremitage wie im Metropolitan Museum in New York ist zu besichtigen, in welchem Maße das alte Rußland und das junge Amerika damals dem Glanz Europas erlagen; Großfürsten und Eisenbahnkönige trugen die Avantgarde aus Paris zusammen, oft genug, bevor sie dort selbst entdeckt wurde. Überall in den großen Opernhäusern und Konzerthallen spielte man die Stücke der alten Welt, und an den Pulten standen die europäischen Meister, Gustav Mahler in New York, Hans von Bülow in St. Petersburg. In der Herrenmode gab London den Ton an; was man auf der Promenade trug, wurde in Biarritz festgelegt. Es ist das Jahrzehnt, in dem die Maharadschas englischen Rasen an die Ufer des Ganges holen und der Khedive in Alexandrien das osmanische Meublement seines Palastes gegen eine Einrichtung im Stil des zweiten Empire austauscht. Ein Fin de siècle, aber in ganz anderem Sinne, als es zu sein vermeinte.

Jenes Europa hat sich selber abgeschafft. Der alte Kontinent konnte den Erdteilen zwar eine *pax europeana* auferlegen, die trotz Sepoy-Erhebung, Rif-Kriegen und Herero-Aufstand in einem Jahrhundert weniger Menschenleben kostete als Biafra oder Kambodscha in einem einzigen Jahr. Aber dieser Kontinent vermochte nicht, sich über Triest, Danzig oder Straßburg zu verständigen; in Versailles zeigte sich, daß man am Konferenztisch so hilflos war wie in Verdun sieglos.

Die Erfahrung des Kontinents war nach den Glaubenskriegen des 17. Jahrhunderts darauf hinausgelaufen, daß der besiegte Gegner stets in das Kalkül des Morgen einbezogen werden muß. Das hatte Talleyrand, Hardenberg überspielend, einst Metternich in Wien abgerungen; in Nikolsburg war es zu Nervenzusammenbrüchen gekommen, als Bismarck seinem Monarchen den Einzug in Wien verwehrte. Auch darin lag die politische Weisheit des 19. Jahrhunderts.

Die Friedensschlüsse des 20. Jahrhunderts wußten von solcher Staatskunst nichts mehr. Die Reglements, die den Besiegten auferlegt wurden, kodifizierten nur die gewandelten Machtverhältnisse; die Unterwerfung des Gegenspielers, seine dauernde politische Schwächung und moralische Demütigung, sollten die heikle Weltordnung stabilisieren. Man war von Waterloo nach Karthago zurückgekehrt. Das hat Deutschland sein Reich und fast seine Geschichte gekostet.

Aber auch im Gesicht der anderen Mächte sind die europäischen Züge undeutlicher geworden. Jenseits des Atlantik werden die Interessen schon stärker vom pazifischen oder iberoamerikanischen Raum geprägt als von den alten Metropolen, die nur noch bezaubern. Wie immer – von der Seidenstraße bis zur Gewürzstraße – werden solche Verschiebungen an den Verbindungswegen des Handels greifbar: Das pazifische Verkehrsaufkommen der Vereinigten Staaten wächst mit jährlichen Zuwachsraten von zehn Prozent, während das atlantische Mühe hat, den Stand zu halten. Das Reich auf beiden Seiten des Urals aber, das seine Wendung zum Westen schon mit dem Wechsel von St. Petersburg nach Moskau rückgängig gemacht hat – woran keine Rückbenennung von Städten etwas ändern kann –, nimmt zunehmend die Züge jener Kirgisen und Baschkiren an, deren Anblick Goethe beim Einzug in Weimar so erschreckte.

Immer waren die Moskowiter das ganz Andere gewesen, ein fernes Land, das weder Renaissance noch Reformation oder Humanismus erlebt hatte. Der Ruf »Die Kosaken kommen!« war während der Kriege des 18. Jahrhunderts ein Anlaß zum Schrecken gewesen; wenn sie mit ihren Piken angeritten kamen, flüchteten ganze Dörfer in die Wälder. Jetzt aber behauptet dieses moskowitische Reich nur mühselig noch seine russischen Züge. Wie in den südlichen Gebieten der Vereinigten Staaten mehr Spanisch als Englisch gesprochen wird, so ist das Russische in großen Teilen des östlichen Imperiums vom Kaukasus bis zur Mongolei auf dem Rückzug. Die russisch-europäische Farbe platzt ab, je weiter der Reisende nach Osten gelangt, und überall kommen die asiatischen Muster zum Vorschein. Die Freiwerdung Rußlands von der lastenden Erbschaft Lenins ändert am Vorrücken seiner asiatischen Teile nichts.

Die Blindheit für diesen Vorgang, die bei den Beratungen in Teheran, Jalta und Potsdam sichtbar wurde, mag durch die mühevolle Niederringung jenes Mannes erklärlich sein, der während des Krieges immer mehr die Züge eines überdimensionalen Tamerlan angenommen hatte. Schwer zu verstehen ist das vollkommene Fehlen auch nur der Ahnung, daß nicht nur die deutsche Raserei an ihr Ende gekommen war, sondern auch die alte Weltordnung. Die Generalresidenten in Damaskus und Algier beschäftigten sich während dieser Jahre mit der Nachkriegsordnung der arabischen und afrikanischen Welt, eifersüchtig darauf bedacht, ihren englischen Konkurrenten entgegenzuarbeiten. Im Foreign Office dagegen spielt man Überlegungen durch, einem Deutschland, das sich Hitlers entledigt hat, Anteil am kolonialen Besitzstand zu gewähren. Wenige Jahre später wird niemand mehr Kolonien haben.

Goerdeler lebte in der Tat in irrealen Welten, als er meinte, nach einem Staatsstreich etwas von Hitlers territorialem Gewinn behaupten zu können. Aber wie getrübt war auch der Wirklichkeitssinn Edens, als er sich um dieselbe Zeit – auf dem Höhepunkt des Weltkrieges – Gedanken über einen langfristigen Interessenausgleich des britischen Empire mit der französischen Communauté machte.

Ist Geschichte immer so ahnungslos über das, was wirklich auf der Tagesordnung steht? Beide Länder haben schon fünfzehn Jahre später keine afrikanischen und asiatischen Besitzungen mehr. Geht Geschichte immer so vor sich? Wie war es in der alten Welt? Was dachte Valerian, als er in die orientalischen Provinzen Roms eilte, weil unter dem Ansturm der Sassaniden die östliche Metropole Antiocheia gefallen war? Rom feierte seinen Frieden und seinen Luxus, als Boten meldeten, Dromedarnomaden hätten seine nordafrikanischen Bastionen überrannt, überall seien Alanen, Goten und Iraner im Aufbruch. Aber nahm man die Meldungen auch dann noch leicht, als Raubzüge der südrussischen Stämme den ganzen Donauraum in Bewegung brachten? Kam in der Mitte des 3. Jahrhunderts wenigstens eine Ahnung dafür auf, daß die *pax romana* an ihr Ende gekommen war?

Europa hat von der Zerstückelung des Deutschen Reiches einiges gewonnen. Zum erstenmal in ihrer Geschichte haben sich die Deutschen rückhaltlos dem Westen zugewandt; der riesenhafte Schatten der Macht, der auf die Mitte des Kontinents gefallen war, vermochte, wozu die Ideen des Westens aus eigenem nicht gereicht haben. Die Geschichte selber hat das Gesicht Deutschlands gewaltsam nach Westen gedreht; das galt für die Empfindung der Menschen in der östlichen Hälfte des Landes fast noch mehr als für jene, die im Schutz der Allianz lebten. Mehr als die äußere Schwächung war es die innere Wendung, die Europa mit Wohlwollen auf die deutschen Dinge schauen ließ.

Der Traum von einem wiedergeborenen selbständigen Mitteleuropa, von einem »Zwischeneuropa«, das die Mitte zwischen Paris und Moskau hält, der alte Traum ist endgültig ausgeträumt. Nach dem Ersten Weltkrieg wollte Lenin die Seele Deutschlands gewinnen; Radek kam im Auftrag der Volkskommissare nach Berlin und München und warb um Geist und Gemüt der Deutschen, wobei er sich auch mit dem jungen Ernst Jünger traf. Nach dem Zweiten kam Stalin und wollte den eisfreien Kriegshafen Königsberg und ein um Ostpreußen, Schlesien und Pommern vergrößertes Polen als vorgeschobenen Posten seiner Macht. So stieß er ganz Osteuropa von sich, als er durch seine Militärgouverneure Besitz von ihm zu ergreifen suchte.

Nun endlich wollen Polen, Tschechen und Ungarn zum Westen gehören. Der Panslawismus, der ein Jahrhundert lang als Schimäre die Menschen verzauberte und der Schrecken Wiens war, ist kein Traum mehr, sondern ein Alptraum. An Weichsel, Moldau, Donau und Drau weiß man, was man zuvor am Rhein lernte. Der Osten wird Westen sein, oder er wird gar nicht sein. Das ist die tiefere Bedeutung der Ereignisse, die Europa und mit ihm Deutschland im Jubiläumsjahr der Französischen Revolution noch einmal umstürzten.

# Die kurzlebigen Großreiche

Je schneller das Jahrhundert seinem Ende entgegengeht, desto ferner rücken den Nachgeborenen die Gestalten, unter deren Schatten es stand. Für immer weniger heute Lebende sind Stalin und Hitler noch Zeitgenossen, den meisten sind sie Gestalten der Geschichte, fern der Gegenwart wie aus einem anderen Jahrhundert. Als sie Anfang der zwanziger Jahre die Bühne betraten, hatten Zaren und Kaiser ihre Throne eben verloren; Erster Weltkrieg, Revolutionen, Bürgerkriege und der Aufstieg gewalttätiger Regime gehören alle zur selben blutigen und tragischen Geschichte.

Denkt man heute an Stalin und Hitler zurück, blickt man in ein fernes Weltzeitalter. Sie haben die Epoche umgestürzt, und doch sind sie im Rückblick nur ein Zwischenspiel. Es sind abgeschlossene Verläufe, die im Sinne Ernst Noltes »ihre« Epoche gehabt haben, keine Verführungen und keine Gefahren mehr, durch keine Renaissancen in die Gegenwart zurückzuholen. Wie ahnungslos, daß man beim Auftreten rechter oder linker Tagesfiguren wie Schönhuber oder Schirinowski an Hitler oder Stalin dachte. So banal waren die großen Herausforderungen des Jahrhunderts denn doch nicht, und die öffentlichen Alarmrufe zeigen nur historische Unbedarftheit.

Rechnet man in historischen Zeiträumen, so hatten die kommunistischen und faschistischen Eruptionen nur einen Augenblick für sich. So tief die Gewaltherrschaften das 20. Jahrhundert auch umgepflügt haben und so endgültig die revolutionären Umbrüche auch zu sein scheinen, so schnell sind sie Vergangenheit geworden. Fünf Jahre nach Hitlers Selbstmord hatten gerade sieben Prozent der Deutschen Sympathie für den Mann, der eben noch bei Überlandfahrten seine Route geheimhalten mußte, damit die begeisterten Menschen in Dörfern und Flecken seiner Autokolonne den Weg nicht versperrten. Eine so kurze Spanne auch ist seit der Auflösung der Sowjetunion vergangen, aber selbst im gegenwärtigen Chaos wünschen nur Minderheiten die Wirklichkeit Lenins und Stalins zurück.

Ungläubig betrachtet man auf vergilbten Aufnahmen die verzückten Massen auf dem Nürnberger Reichsparteitag und sieht die Hunderttausende, die auf dem Roten Platz am Lenin-Mausoleum vorbeiziehen, auf dem das Politbüro statuarisch versammelt ist. Das alles ist nur ein paar Jahre her? Aber nur knappe dreißig Jahre war Stalin ja das Schicksal Rußlands, nur ein einziges Jahrzehnt warf er seinen Schatten über Europa, am Ende über die ganze Welt; dann war alles vorbei. Hitler prägte sich Deutschland sogar nur ein Dutzend, dem Kontinent wenig mehr als ein paar Jahre auf, was ihm aber genügte, die Welt fast zum Einsturz zu bringen. Was nach ihnen kam, die Demokratie der Honoratioren altmodischen Zuschnitts – Adenauer, De Gasperi oder Schuman – hält jetzt schon ein halbes Jahrhundert vor.

Zwei, fast schon drei Generationen sind seit den großen Konvulsionen in der Mitte Europas vergangen, zumeist die Großeltern der heute Lebenden waren Mithandelnde und Mitleidende. Nun ist der Kontinent zu seinen alten Zuständen zurückgekehrt, auch zu seinen Gefährdungen. Was im früheren Kunststaat Jugoslawien geschieht, bringt der Welt zu Bewußtsein, wie zählebig das Vergangene ist; historische Scheidungen überdauern die Ideologien des Jahrhunderts. Erschreckt beobachtet Europa, wie längst Totgeglaubtes sich zur Geltung bringt; aber der Balkan gehörte für das Empfinden ja immer zu einer anderen Welt, wo »fern in der Türkei« jene

Völker aufeinanderschlagen, die nach Bismarcks Wort nicht die Knochen eines einzigen pommerschen Grenadiers lohnen. Nun gehören beide Gewaltherrschaften der Vergangenheit an; eben wollten sie alle Geschichte an ihr Ende bringen, nun sind sie selber Geschichte. Das Imperium Romanum dauerte ein halbes Jahrtausend, die habsburgischen Reiche Madrids und Wiens reichten vom Mittelalter bis in die Neuzeit, das British Empire langte bis in die Ära der atlantischen Weltzivilisation, als die Vereinigten Staaten das überanstrengte Großbritannien beerbten. Mit solchen Vergangenheiten verglichen, hielten die Ewigkeitsansprüche des Kommunismus und des Nationalsozialismus nur einen Lidschlag lang.

Alle Imperien hatten die Dauer für sich, selbst wenn man nicht an die *longue durée* der Alten Welt denkt, wo Ägypten, Sumer-Babylonien und Persien Jahrtausende für sich hatten. Aber die Großreichbildungen des 20. Jahrhunderts hielten nur Jahre, bestenfalls Jahrzehnte, dann zerbrachen sie. Dergleichen Kurzatmigkeit hat es noch nicht gegeben. Man wollte, auch wo man nicht wie Hitler ein »Tausendjähriges Reich« zu gründen beanspruchte, die Geschichte an ihr Ende bringen, im Zeichen der Rasse oder Klasse. Aber nach einer Handvoll Jahre ist alles vorbei, die Überlebenden sind nur ein paar Jahre älter geworden. Churchill und de Gaulle waren vor dem da, was ein Jahrtausend dauern sollte, und sie prägen, was nachher kam.

Aber waren denn eigentlich Hitlers Deutschland und das Rußland Stalins wirklich Imperien? Natürlich hatte sich die Sowjetunion die Länder an ihren Grenzen einverleibt, den südlichen Kaukasus und die mittelasiatischen Territorien, zu denen ganz zum Schluß auch noch Afghanistan treten sollte. Aber auf diese Weise entstehen keine Weltreiche, nur übermächtige Hegemonialstaaten, und mehr war die Sowjetunion auch zur Zeit ihrer größten Ausdehnung nicht; selbst als sie sich die osteuropäischen Staaten als Vasallen angeschlossen hatte. Der

Kreml hatte die meisten der Gebiete wiedergewonnen, die sich in der Zeit der Wirren nach der Revolution und während des Bürgerkriegs von Moskau losgesagt hatten. Doch selbst der Eroberungsdrang der siegreichen Sowjetunion war wenig im Vergleich zu der Landnahme der Zaren, die im 18. und 19. Jahrhundert in das Baltikum, den Kaukasus, nach Sibirien, nach Mittelasien und in den Fernen Osten ausgegriffen hatten.

Aber der wilde Westen Amerikas wurde ein Mythos für alle Zukunft, der wilde Osten Rußlands blieb unbesungen. Von Fenimore Coopers Trapper-Legende bis zu Mark Twains Mississippi-Saga ist die Durchdringung der Wälder des Nordens und der Stromlandschaften des Südens eines der großen Themen der amerikanischen Literatur; für Rußland ist Mamin-Sibirjak fast der einzige Erzähler, der seine Geschichten im Ural, nicht im alten Herzland des Großfürstentums Moskau ansiedelt.

Bis hin zu Faulkner, Capote und Tennessee Williams ist die amerikanische Literatur noch im 20. Jahrhundert von Regionen geprägt, die erst in der Zeit der großen Landnahme gewonnen wurden. Die Landnahme der Zaren dagegen ging an der russischen Literatur fast folgenlos vorbei, obwohl doch Puschkin als junger Offizier an der stets unruhigen Kaukasusfront gedient hatte. Ihre Erzählungen aber spielen nach wie vor auf den Gütern des Landadels oder in den Bodenkammern St. Petersburgs. In den Romanen Gogols, Lesskows, Gontscharows, Saltykow-Schtschedrins, Turgenjews, Lermontows, Tolstois und Dostojewskis deutet nur wenig darauf hin, daß in eben diesen Jahren Tausende von Kilometern Neuland für Rußland gewonnen wurden. Die Literatur ist das eine, die Wirklichkeit das andere. Die politische Realität zeigt Rußland als eine der großen expansiven Mächte der Geschichte.

Nur in der Ideologie kannte die Weltrevolution ein Grenzenloses, und einzig Schwärmer wie Bela Khun und Leviné wollten Ungarn oder Deutschland als Sowjetrepubliken Rußland anschließen. In der Wirklichkeit blieben Lenin und Stalin sehr behutsam, und nichts deutet darauf hin, daß Moskau jemals der Schimäre nachgejagt hätte, die Revolution wirklich zu einer Sache der konkreten Welteroberung zu machen. Eher armselig war, wo der Kreml tatsächlich Proselyten machte. Es waren die Armutsregionen Afrikas und Mittelamerikas, Angola und Kuba, in denen die späte Sowjetunion ihre letzten Bastionen hatte, die mit Subsidien am Leben gehalten werden mußten, welche die Kräfte des bankrotten Staates überstiegen. Schon das Afghanistan-Abenteuer Breschnews war Moskau am Ende so teuer gekommen, daß es nach einem Jahrzehnt abgebrochen werden mußte.

Das war alles, was von der Zuversicht der Volkskommissare Sinowjew, Kamenjew und Bucharin geblieben war, gerade die am meisten entwickelten Staaten der industrialisierten Welt würden sich über kurz oder lang der Sache der Weltrevolution anschließen. Zuerst, als sich Gide, Sinclair, Koestler und Dutzende von *fellow travellers* desillusioniert von den Bolschewiki lossagten, hatte die missionarische Idee ihre Ausstrahlungskraft verloren; nur Heinrich Mann, Bertolt Brecht und Lion Feuchtwanger hielten noch im amerikanischen Exil ihren lebenslangen Illusionen die Treue. Es kann nicht nur der Abscheu vor Hitler gewesen sein, der sie die Augen vor der widrigen Wirklichkeit des Archipels Gulag schließen ließ. Die Zeit der Säuberungen der zwanziger Jahre, die Moskauer Prozesse der dreißiger Jahre, die Unterjochung ganz Osteuropas, die neuen Selbstbezichtigungs-Prozesse von Slansky bis Gomulka und von Rakosi bis Rajk – nichts konnte ihre Gläubigkeit erschüttern. Es muß ein intellektuelles Verlangen nach Unterwerfung geben, das sich den terroristischen Glücksverheißungen in die Arme wirft.

Am Ende zerbrach mit der Ideologie des Kommunismus auch der Zauber des Russentums – wie in einer Umkehrung des Hegelschen Satzes, wonach die Wirklichkeit nicht standhalten kann, wenn erst das Reich der Ideen revolutioniert ist.

Mit dem Roten Stern entfernten die Völker zugleich auch den russischen Traum aus ihren Herzen, der ein Jahrhundert die Welt so verzaubert hatte. Es war ja nicht nur die »Internationale« gewesen, die Moskau während des Jahrzehnts zwischen 1917 und 1927 zum Mekka der Intellektuellen werden ließ; der Erlösung bedürftig, pilgerte man in dem Jahrzehnt nach dem Bürgerkrieg zum Zentrum der Weltrevolution. Die Teilnehmerlisten der großen Moskauer Schriftstellerkongresse lesen sich wie ein Adreßbuch des internationalen PEN-Clubs.

Aber schon im 19. Jahrhundert war Moskau zum dritten Rom geworden; nun im 20. Jahrhundert träumte Walter Schubart im ehemaligen Livland noch im Schatten der blutigen Realität von »Europa und der Seele des Ostens«. Das johanneische Christentum werde Rom wie Kontantinopel beerben und Moskau zu einem neuen Vatikan machen. Wenig später verliert sich die Spur Schubarts in den Lagern Sibiriens. Ein Jahrhundert lang, seit Zar Alexander Europa von der napoleonischen Herrschaft befreite, war Rußland die große Verheißung des Westens gewesen. Heute konsterniert fast, wie alles Russische – Musik, Theater, Literatur und selbst das Ballett – nach dem Abzug der sowjetischen Divisionen seine Ausstrahlung auf Europa, wo jeder Schüler zwischen Warschau und Bukarest das kyrillische Alphabet lernen mußte, verloren hat. Borschtsch und Soljanka sind fast das einzige, was von den Jahrzehnten erzwungener Nähe geblieben ist.

Moskau machte selbst in den Jahren, als ihm der Stalin-Hitler-Pakt viele Möglichkeiten zuspielte, keine Anstalten, Europa zu erobern, weder durch Waffen noch durch Ideen. Nichts deutet darauf hin, daß Stalin in den späten dreißiger Jahren konkrete Welteroberungspläne gehabt hätte, wie sehr er auch überzeugt gewesen sein mag, dem Kommunismus gehöre die Zukunft. Aber gerade diese Zuversicht gab Stalin Zeit. Lenin hatte 1918 in den Frieden von Brest-Litowsk, dem fast sein ganzes Politbüro widersprach, eingewilligt, obwohl er

Rußland mit dem Baltikum und Polen auch die Ukraine und den Kaukasus genommen hat. Rußland sah sich, läßt man den fernen Osten beiseite, auf das Territorium des Moskauer Reiches vom 16. Jahrhundert zurückgeworfen, fast identisch mit jenem Rußland, das dann nach dem Zerfall der Sowjetunion übrig blieb. Lenin war zu jedem Zugeständnis bereit gewesen, um erst einmal die Revolution zu retten; das Imperium könne später wiederhergestellt werden. Es besteht kein Zweifel, daß die Wiedergewinnung Großrußlands – nicht unbedingt der Sowjetunion – jenes Verlangen ist, das auch heute Reformer, Nationalisten und Kommunisten verbindet.

Wann hat Stalin die Zuversicht aufgegeben – falls er den Glauben jemals verloren hat –, daß die Geschichte der Logik des Geschichtsprozesses wegen früher oder später zum Sieg des Kommunismus auf der ganzen Welt führen werde? Vorläufig zumindest focht er den alten Kampf gegen das »trotzkistische Abenteurertum«, das den Sieg in einem Lande um einer imaginären Weltrevolution wegen aufs Spiel setze.

Auch nach dem mit Mühe bestandenen Krieg und in einem verwüsteten Land macht Stalin 1945 wenig Anstalten, über jene Linie hinauszugehen, die der Sowjetunion 1920 der britische Außenminister Curzon und 1939 Hitler zugestanden hatten. Der Griff nach dem östlichen Ostpreußen, das man schon im September und Oktober 1914 erobert hatte, ist weniger sowjetischer Eroberungsdrang als ein traditionelles Ziel russischen Strebens nach einem Glacis vor dem Baltischen Meerbusen und natürlich nach dem eisfreien Hafen Königsberg.

Die Aufteilung in »Einfluß*sphären*« – so Churchills Formulierung in seinen Memoiren, die dem Begriff der »Einfluß*zonen*« der Ribbentrop-Molotow-Vereinbarung fast wörtlich gleicht – zwischen dem Westen und der Sowjetunion bei Churchills Blitzbesuch in Moskau im Oktober 1944 (unmittelbar vor dem Treffen der großen Drei in Jalta) hatte Griechenland dem Westen zugesprochen; Stalin hakte jeden Vorschlag des englischen Premiers ohne jede Änderung in seiner Handschrift ab und stellte Churchill anheim, das Papier aufzubewahren. Noch heute liegt es im Churchill-Nachlaß in London. Er respektierte diese Einigung, selbst als ihm der griechische Bürgerkrieg die Chance zuspielte, mit Piräus jenen Zugang zum Mittelmeer zu gewinnen, den ihm am Bosporus das Osmanische Reich wie der türkische Staat stets verweigert hatten. Die Kommunisten in Paris wie in Rom sind irritiert, daß die Sowjetunion die Genossen in Athen im Stich läßt.

Stalin blieb behutsam, weil er Zeit zu haben glaubte. Es ist sehr die Frage, ob er sich auf die Abenteuer Chruschtschows in Kuba und Breschnews in Afghanistan eingelassen hätte. Einzig die Blockade Berlins war ein Schritt über das Abgesprochene hinaus, und sie erwies sich als Fehlschlag. Stalin hatte keine Bedenken vor einem Gesichtsverlust, als er die Belagerung der drei Westsektoren abbrach. Wer sich im Bündnis mit der Geschichte glaubt, kann auch einen Schritt zurück tun; denn er hat Zeit.

Stalin sieht sich, je weiter seine Armeen erst die Sowjetunion und dann Osteuropa zurückerobern – so berichtet seine Tochter Swetlana –, weniger als Anführer des Weltkommunismus, sondern in der Reihe der großen Heerführer Rußlands von Alexander Newski bis zu dem Bezwinger Napoleons. Als am vierten Jahrestag des deutschen Überfalls die Insignien der Leibstandarte Adolf Hitler vor dem Lenin-Mausoleum auf dem Roten Platz in den Staub geworfen wurden, war das ein demonstrativer Rückgriff auf jenen anderen Sieg, als Kutusow die Fahnen der *grande armée* Napoleons vor Zar Alexander I. als Trophäen hatte niederwerfen lassen.

Hitler dagegen versteht sich in ganz anderem historischen Zusammenhang als dem mit Bismarck und Friedrich dem Großen. Albert Speer und seinem Adjutanten Nicolaus v. Below gegenüber deutet er an, in welcher Nachbarschaft er sich sieht. Nicht ein König oder Kanzler der neueren Geschichte ist seinesgleichen, Mohammed ist der andere Religionsstifter, der erst der Prophet eines neuen Glaubens ist und dann der Begründer eines weltumspannenden Reiches. Er sagt dazu nichts, aber widerspricht auch nicht, als ihm im ukrainischen Hauptquartier in Winniza diese Parallele nahegelegt wird.

Hitler hatte keine Zeit, glaubte keine Zeit zu haben, weder in individueller Hinsicht noch in historischer Hinsicht. In seiner Familie werde man nicht alt, nach menschlichem Ermessen blieben ihm nur noch zehn Jahre, und kein Nachfolger werde eine Autorität wie er besitzen. Vor allem arbeite die Zeit gegen Deutschland, seine Überlegenheit sei nur kurzfristig und nur der forcierten Aufrüstung zu verdanken; die andere Seite dürfe keine Möglichkeit haben, ihre Ressourcen ins Spiel zu bringen; über deren Gewicht gibt er sich keinen Illusionen hin. Diese scheinbare Zeitnot gibt Hitler in den letzten zwei Jahren vor dem Krieg etwas Getriebenes, fast Gehetztes, das seine Umgebung, selbst Göring beunruhigt.

Der Weg von der Revanchepolitik des Putsches 1923 vor der Feldherrnhalle zur Großmachtpolitik der unmittelbaren Vorkriegszeit bis zur imperialen Weltreichvision nach dem scheinbar erfolgreichen Verlauf des russischen Feldzuges zeugt von einem Wirklichkeitsverlust, der etwas von einem Indianerspiel an sich hat. Alle »germanischen« oder »eindeutschungsfähigen« Gebiete Europas von Skandinavien (wo im norwegischen Drontheim ein »Reichskriegshafen« zum Nordatlantik für 500 000 Deutsche geplant war) über die Niederlande, Wallonien, Burgund, die Schweiz und die »Protektorate« Böhmen und Mähren und das alte Kurland bis zu den »Reichskommissariaten« von Moskowien, der Ukraine und der in »Gotenland« umbenannten Krim sowie dem in Form von »Schutzstaaten« angegliederten Kaukasus sollen einen kontinentalen Block der Zukunft bilden. Der Endkampf werde nicht mehr zwischen den Staaten Europas, sondern zwischen den Kontinenten ausgetragen. Wie wenig diese Utopie aus dem Augenblick geboren war, zeigt Hitlers Satz vor dem Ende im Bunker: »Ich war Europas letzte Chance.«

Als Rommels Afrikakorps wider Erwarten in El Alamein kurz vor dem Suezkanal steht – in Alexandrien verbrennen die Engländer schon Akten –, die Regierung des achsenfreundlichen Raschid Ali in Bagdad den Irak ins Lager der Achse führt, der Großmufti von Jerusalem die Herrschaft im Mandatsgebiet Palästina an sich zu reißen sucht und der vichytreue französische Resident in Damaskus zwischen Paris, London und Berlin hin- und herschwankt, scheint das britische Empire tatsächlich in seinen Grundfesten zu wanken. Im nächsten Jahr, als im Osten der Heeresgruppe Süd der Sprung über den Kaukasus zum Kaspischen Meer zu gelingen scheint, beschäftigt sich eine Planungsgruppe im Führerhauptquartier mit einem Zangengriff auf Indien. Inzwischen hat ja Japan Singapur in einem Handstreich genommen.

Hitler schaltet jetzt im Spätsommer 1942, als seine Armeen auf dem Weg zur Wolga sind, mit den Kontinenten, wie er früher die Länder Europas hin- und hergeschoben hat. Noch am 13. Mai 1943, nach der Wende vor Moskau und der ein Jahr später folgenden Katastrophe von Stalingrad, notiert Goebbels nach einem Besuch im Führerhauptquartier Hitlers unumstößliche Gewißheit, das Reich werde am Ende des Krieges ganz Europa beherrschen. »Aber wer Europa besitzt«, lautet die Eintragung im Tagebuch, »der wird damit die Führung der Welt an sich reißen«. Himmler, der wie immer alles ins Groteske und Absurde zieht, spricht am 7. Dezember 1941 – auf dem Höhepunkt der Moskauer Winterkatastrophe – von dem »germanisch-gotischen Reich« der Zukunft. Zwei Jahre später, im Oktober 1943, als nun auch noch die Panzerschlacht von Kursk, mit der Hitler noch einmal alles wenden wollte, verlorengegangen ist, ist Himmler noch immer fest überzeugt, daß der »nordische Mensch die Führungsschicht für ganze Erdteile stellen wird und damit die Welt regieren«.

Denn auch die Inbesitznahme der eurasischen Ländermasse ist nur der Auftakt zum Eigentlichen, dem Hazardspiel um die Welt. Die Auseinandersetzung mit Amerika ist Hitler unausweichlich, und allmählich taucht immer häufiger in seinen Vorstellungen die Vermutung auf, daß er diesen Kampf der weißen Rasse entgegen seiner ursprünglichen Annahme noch selber führen muß. Die allerletzte Aufgabe wird dann die Ausschaltung der vorläufig noch benötigten japanischen Bundesgenossen sein. Bei einer Begegnung mit japanischen Diplomaten bedauert er, daß das Schicksal ihn zwinge, das britische Empire zu zerstören, »nur damit die Japaner es beerben«.

Wie sieht er die Zukunft? Teilt er die Himmlersche Privatmythologie, die von einem »germanisch-gotischen« Imperium der Zukunft phantasiert? Oder sind es doch die Deutschen, in denen er die Herren der Welt sieht? Wahrscheinlich gibt der vorgesehene neue Name für Berlin den verläßlichsten Fingerzeig: Nach dem Sieg soll Berlin in »Germania« umbenannt werden. Er spricht immer seltener von den Deutschen, es ist der »nordische Mensch«, dem er – ganz im Sinne der Lektüre seiner jungen Jahre: Gobineau und Chamberlain – die Zukunft zuerkennt.

Dieser Krieg der Kontinente ist nun wirklich der konkrete Griff nach der Weltherrschaft. Wie wenig solche Träumereien aus dem Rausch der Siege geboren sind, zeigt eine architektonische Korrektur Hitlers. Im Frühsommer 1939, drei Monate vor Kriegsbeginn, gibt Hitler seinem Generalbauinspektor Speer die Anweisung, die Planung für die »Große Halle« in Berlin zu ändern. Auf dem Tambour der Kuppel hatte hier in dem ursprünglichen Modell der Reichsadler das Hakenkreuz in seinen Fängen gehalten. »Das hier wird geändert«, erklärt der Visionär herrisch. »Hier soll nicht mehr der Adler über dem Hakenkreuz stehen, hier wird er die Weltkugel beherrschen! Die Bekrönung dieses größten Gebäudes der Welt muß der Adler über der Weltkugel sein.« In den erhaltenen Modellaufnahmen ist die Abänderung des ursprünglichen Entwurfes noch heute zu sehen. Die Vision der Weltherrschaft ist also nicht aus dem Krieg und der Euphorie des Sieges geboren, sondern entstammt den Visionen der Friedenszeit.

Nichts davon bei Stalin. Selbst als die Deutschen im Winter 1941 vor Moskau stehen, umreißt Stalin dem britischen Außenminister Eden bei dessen Besuch ziemlich exakt schon die Grenzen der Sowjetunion, wie sie nach dem schließlichen Sieg sein werden. Hitlers Phantastereien auf der Landkarte sind Stalin fremd. Wenig von seinen Ansprüchen unterscheidet sich von den panslawistischen Träumen des späten 19. und frühen 20. Jahrhunderts, die ja ebenfalls die slawischen Brudernationen Osteuropas der russischen Mutter zugeordnet hatten. Statt großer Gebietsabtretungen, sagt Stalin in Teheran zu Churchill, wünsche die Sowjetunion nur »einen Zipfel deutschen Territoriums« im nördlichen Ostpreußen als Entschädigung für die Verwüstungen des vierjährigen deutschen Eroberungskrieges. Läßt man die ideologische Utopie beiseite, so laufen die geographischen Ziele des Kreml eher auf eine russische als auf eine sowjetische Außenpolitik hinaus.

Es waren wirklich zwei Denkgebäude, die aufeinander stießen. Hitlers Kommissarbefehl unterschied den »Ostfeldzug« ganz bewußt von den traditionellen Kriegen, wie sie Europa bisher kannte. Darauf bezieht sich Keitels Aussage vor dem Nürnberger Tribunal, daß in Hitlers Sicht in Rußland nicht Nationen, sondern Weltanschauungen gegeneinanderstanden. Beide Gewalthaber waren tatsächlich überzeugt, im Einklang mit der Logik der Geschichte zu handeln. Das war der »wissenschaftliche« Sozialismus auf der einen Seite, demzufolge die Welt früher oder später dem Kommunismus gehören werde – und das war das ewige Lebensgesetz der Natur auf der anderen Seite, das die Erde als »Wanderpreis« dem Stärkeren zuspricht. Das gab Hitlers und Stalins Untaten nicht nur ihre scheinbare Logik, sondern das gute Gewissen noch im ganz und gar Außermoralischen.

Zwei Doktrinen aus der Mitte des 19. Jahrhunderts, die eigentlich längst abgetan sind, schicken sich Mitte des 20. Jahrhunderts an, die Welt zum Exerzierfeld von intellektuell heruntergekommenen Populärphilosophien zu machen, die aus dem späten Biedermeier hervorgegangen waren. Hitler und Stalin verachteten nicht das Denken, sondern gerade die Wissenschaftsgläubigkeit des 19. Jahrhunderts stellt das Dynamit einer Besessenheit von Weltanschauungen dar, die in einem so tödlichen Ringen gegeneinander standen. Aber so abgelebt die Sozialphilosophie des Vulgärmarxismus und der platte Sozialdarwinismus von 1840 auch waren – das Gestrige schien um 1940 zur Wirklichkeit zu werden.

Das alles ist eine Geschichte, die ein halbes Jahrhundert nach den Ereignissen nicht nur überwunden ist, sondern ganz und gar unwirklich anmutet. Hitler hat also tatsächlich den Ausbau Berlins zur »*Welt*hauptstadt« vorgesehen, und Stalin war wirklich überzeugt davon, daß der Marxismus-Leninismus das Endziel der Weltgeschichte ist? Mitunter will einem die Verkehrtheit des Denkens noch absurder vorkommen als das Fallen aus aller Moral.

## Der lange Abschied der Deutschen von Hitler

Wann ist Hitlers Magie erloschen? Folgt man der Legion von Tagebüchern, Briefsammlungen und Memoiren, so erlitt das Charisma, das er für die meisten Deutschen hatte, mit der großen Winterkrise vor Moskau den ersten Einbruch. Die stürmische Sommeroffensive des nächsten Jahres, die in der spektakulären Hissung der Hakenkreuzflagge auf dem höchsten Kaukasusgipfel – kurz vor der Einschließung von Stalingrad – ihren Höhepunkt erreichte, brachte zwar noch einmal eine Bestätigung des allgemeinen Zutrauens in den Führer. Aber von 1943 an wurde mit der Serie der Absetzbewegungen im Osten und der Kapitulation von Rommels Afrikakorps auch die bezwingende Macht Hitlers über die Deutschen brüchig.

In der Reichshauptstadt, aber auch im Führerhauptquartier hatte man ein deutliches Gefühl für den Stimmungsverfall. Nicht nur aus den Tagebüchern von Goebbels, sondern auch aus den Erinnerungen von Speer geht hervor, wie seine Umgebung Hitler die ganzen Jahre 1943 und 1944 drängte, die Macht seiner Person ins Spiel zu bringen; noch einmal solle er in einer großen Rede der verfallenden Stimmung Herr werden.

Aber Hitler verweigerte sich allem Drängen. An den Jahrestagen des gescheiterten Putsches von 1923 sprach er zwar noch 1942, 1943 und 1944 vor den alten Kämpfern im Münchner Bürgerbräukeller, aber das waren eher Pflichtübungen, von ihm so empfunden und von den Deutschen so aufgenommen. Er dürfe erst wieder an die Öffentlichkeit treten – so Hitler auf alle Beschwörungen –, wenn er der Nation wirklich etwas mitzuteilen habe.»Was soll ich jetzt viel reden?« sagte er zu der Tischrunde im ostpreußischen Hauptquartier, und in anderem Zusammenhang äußerte er Zweifel, ob er überhaupt gesundheitlich noch in der Lage sei, vor zehntausend oder gar hunderttausend Menschen zu sprechen. Auf jeden Fall müßten an der Front erst entscheidende Siege errungen sein, bis er den Glauben des Volkes an seine Person ins Spiel bringe und damit aufs Spiel setze.

Auch darin glichen sich die beiden Gewaltherrscher, daß Hitler und Stalin während der zweiten Hälfte des Krieges als Personen kaum noch in Erscheinung traten und alles ihrem Mythos und der Propaganda überließen, während die Jahre der ständigen Niederlagen zwischen Dünkirchen, El Alamain und Pearl Harbour die Zeit der großen Reden ihrer Gegenspieler Churchill und Roosevelt war. Alles hing zwar von Hitler und Stalin ab, selbst die Führung der Schlachten, in denen, wie Manstein und Schukow berichtet haben, die Bewegung jeder einzelnen Division von ihnen genehmigt werden mußte. Aber sie selber waren nahezu unsichtbar und auf jeden Fall unhörbar geworden. Stalin ließ seine Botschaften zumeist Molotow, Hitler seine Aufrufe Goebbels verlesen.

Viele Historiker haben daraus den Schluß gezogen, daß die Wirkung Hitlers zu verblassen begonnen hatte, lange bevor es tatsächlich mit ihm dem Ende entgegen ging. Aber dem widersprechen alle Befunde, und zwar nicht nur die »Meldungen aus dem Reich«, in denen der Apparat des Regimes regelmäßige Berichte über die Stimmung der Bevölkerung gab, deren Ungeschminktheit noch heute überrascht. Sogar bösartige Kritik wurde in den »Meldungen über Gerüchte und Kombinationen zur Vergeltung und Invasion« festgehalten, so zum Beispiel die weitverbreitete Desillusionierung angesichts des Ausbleibens der Wunderwaffen. Am 27. Dezember 1943 werden jene politischen Witze referiert, die im Volk umlaufen: »Die Vergeltung kommt, wenn an den Altersheimen steht: ›Wegen Einberufung geschlossen!«", oder: »Beim letzten Angriff auf Berlin haben die Engländer Heu für die Esel abgeworfen, die noch an die Vergeltung glauben.«

Mit welchen Empfindungen werden Himmler, Goebbels und Bormann, denen die »Meldungen« ja vorgelegt wurden, diese Sätze gelesen haben? Auf jeden Fall war ausgeschlossen, daß die Gestapo solchen Defätismus verfolgte; es scheint nur in Ausnahmefällen zu Anzeigen gekommen zu sein. Das hätte den Interessen des Reichssicherheitshauptamtes widersprochen, denn man nutzte die SD-Berichte für die eigene polizeiliche und propagandistische Politik.

Dennoch bleibt Mißtrauen angebracht. Die Geheimberichte gingen zwar auf das Hörensagen in Werkshallen, Geschäften, Verkehrsmitteln und Luftschutzkellern zurück, doch ungeschützte Gespräche waren in der zweiten Hälfte des Krieges selbst an solchen Orten längst die Ausnahme geworden. Im großen und ganzen scheinen die Berichte aber ein zutreffendes Bild von der seelischen Verfassung Deutschlands im dritten und vierten Kriegsjahr zu geben, das noch immer von der Führung im allgemeinen und Hitler im besonderen überzeugt gewesen ist. Das Debakel des Luftkriegs, das keine Propaganda verbergen konnte, wurde weitgehend auf Görings Konto geschrieben, und die Rückschläge an der Ostfront führte man auf die Übermacht der Gegner zurück, zu denen im dritten Kriegsjahr ja auch die Vereinigten Staaten getreten waren.

Für das wenig gebrochene Zutrauen der Deutschen gibt es ein zusätzliches Zeugnis. Die »amerikanische Abteilung für psychologische Kriegführung beim Obersten Hauptquartier der Alliierten Expeditionsstreitkräfte in Europa« führte nach der Invasion regelmäßige Befragungen der in Gefangenschaft geratenen deutschen Soldaten durch. Während die Popularitätskurve Hitlers im Laufe des Jahres 1944 auf Grund der ständigen Rückzüge auf wenig mehr als 57 Prozent gesunken war, schnellte sie im August 1944 – ein dreiviertel Jahr vor dem Ende des Dritten Reiches – selbst in den Kriegsgefangenenlagern auf 68 Prozent empor. Der Beginn der Invasion wurde merkwürdigerweise von Hitler selber wie von der Bevölkerung mit Erleichterung aufgenommen, fast als Erlösung von der langen Spannung vor dem düster heraufziehenden Unheil im Osten und Westen. Inzwischen waren ja auch die unbemannte Flugwaffe V 1 und die Fernrakete V 2 gegen England eingesetzt worden.

Aber die »Meldungen aus dem Reich« nach dem Staatsstreichversuch belegen eine deutliche Differenzierung der Loyalität zum Regime. Fast alle Berichte sprechen von einem Stimmungsverfall beim Adel und beim höheren Bürgertum, während Kleinbürgertum, bäuerliche Bevölkerung und vor allem Industriearbeiterschaft in ihrer Treue nicht erschüttert seien. Diese Analyse des SD deckt sich mit Recherchen, die Adam Trott zu Solz und Pater Delp vom Kreisauer Kreis kurz vor dem 20. Juli angestellt hatten und die zu dem die Verschwörer deprimierenden Ergebnis kamen, die Arbeiterschaft sei entweder in ihrer Regimetreue kaum erschüttert oder in Lethargie verfallen. Goebbels teilt denn auch als Weisung Hitlers mit, »die nationalsozialistische Führung dürfe keinerlei Bindungen zur Aristokratie und zur sogenannten Gesellschaft« mehr unterhalten.

Diese Radikalisierung des Regimes seit der Wende des Krieges brachte in der Schlußphase auch das alte Personal aus den zwanziger Jahren wieder nach vorn: Goebbels, der in den Glanzzeiten nach der Machtergreifung in den Hintergrund getreten war, aber im Lauf des Krieges und vor allem seit der Aufgabe des Führerhauptquartiers in Rastenburg und der Rückkehr nach Berlin ständig um Hitler war und in dessen Testament zum Nachfolger als Reichskanzler bestimmt wurde; Ley, der im Frühjahr 1945 im Bunker unter der Reichskanzlei zusammen mit Bormann und Goebbels, jener »Phalanx der Letzten«, die Reflexionen Hitlers über seine historische Rolle als »letzte Chance Europas« aufzeichnete, das im Falle der Niederlage unausweichlich der Bolschewisierung oder Amerikanisierung anheimfallen werde; Streicher, der nach seiner Verbannung Mitte der dreißiger Jahre auf Grund seiner selbst für die Partei anstößigen Korruptheit nun wieder in die Nähe des Führers aufgenommen wurde; und zuletzt auch jener Hermann Esser, der in den Frühzeiten noch vor Strasser und lange vor Goebbels zum engsten Kreis gehört hatte und als einziges rhetorisches Genie der Münchner Provinzpartei galt, bevor er schon 1931 aus der Entourage Hitlers ausgeschlossen wurde. Jetzt aber, in der Götterdämmerung des Dritten Reiches, wurde Esser aus der Vergessenheit gezogen und durfte am 24. Februar 1945 die letzte Proklamation Hitlers zum Parteigründungstag in einer Versammlung von Altparteigenossen verlesen. Es war dieses trübe Personal, das nun die Vulgarisierung und Radikalisierung seines Endes trug und es mit seinen Anfängen verknüpfte.

Die Berichte über die angeordneten Treuekundgebungen nach dem 20. Juli halten im Herbst fest, daß sie in Berlin »weit weniger imposant« ausgefallen seien als in Wien. Überhaupt fällt auf, für wieviel günstiger die Lage in der »Ostmark« als im »Altreich« eingeschätzt wird. Die österreichische Heimat des Führers sei in der Stunde der äußersten Bedrohung treuer als jener preußische Osten, der Hitler nach den Bekenntnissen seiner »Tischgespräche« immer fremder als Süddeutschland geblieben war, in dem mit München die »Hauptstadt der Bewegung« und mit Nürnberg die »Stadt der Reichsparteitage« lagen.

Insgesamt jedoch belegen alle nachprüfbaren Quellen, daß man die innere Lösung der Deutschen von dem Bann Hitlers nicht allzu optimistisch einschätzen darf. Der Fehlschlag der Ardennenoffensive, die am Heiligen Abend 1944 abgebrochen werden mußte, brachte zwar einen Tiefpunkt der Popularität Hitlers, aber bald darauf glaubt noch immer mehr als die Hälfte der Bevölkerung an einen leidlichen Ausgang des Krieges, wenn es nun auch nicht mehr der Endsieg, sondern der Zerfall der gegnerischen Koalition war, auf den man seine Hoffnungen setzte.

Die Führung und das Volk stimmten darin überein, daß gerade der absehbar katastrophale Ausgang des militärischen Ringens Chancen für die Deutschen eröffnete; beide scheinen in dem apokalyptischen Frühjahr 1945 noch einmal zur Übereinstimmung gekommen zu sein. Beide Seiten weigern sich, »die Auslieferung Europas an den Bolschewismus« durch die Westmächte für möglich zu halten, und sehen einen unausweichlichen Konflikt zwischen der Sowjetunion und ihren westlichen Verbündeten voraus. Darin haben, wie die nächsten Jahre zeigen sollten, Hitler und die Deutschen Recht gehabt, nur übersahen beide, daß gerade die Existenz Hitlers jeden Konflikt auf die Zeit nach Hitler verschob.

In dieser Lage wendet sich Hitler zum Jahrestag der Machtergreifung am 30. Januar 1945 zum letzten Mal mit einer Rede an das Volk. Aber auch jetzt war er nicht zu bewegen, wenigstens einen ausgesuchten Kreis von Parteigenossen oder Frontoffizieren direkt anzusprechen; die Rede wurde in der Reichskanzlei, in die er wenige Tage zuvor, am 16. Januar, endgültig aus Ostpreußen zurückgekehrt war und die er nur noch für den Umzug in den Bunker verlassen sollte, aufgezeichnet und lediglich über den Rundfunk verbreitet; am nächsten Tag wurde sie im »Völkischen Beobachter« veröffentlicht. Es war die letzte gespenstische Begegnung Hitlers mit jenem Volk, das er mit rhetorischen Exzessen so oft zu Begeisterungsstürmen hingerissen hatte. Aber nun war es ein erloschener Führer, der mit dem Gesetz des Handelns auch alle demagogische Magie verloren hatte.

Begegnet man heute der Rundfunkansprache, die im Druck nicht ganze fünf Seiten ausmacht, so drängt sich der Verfall Hitlers, den eine Reihe von Fotos aus diesen Monaten im Kreis von jungen SS-Offizieren oder beim gebückten Spaziergang mit seiner Schäferhündin Blondi überdeutlich festgehalten haben, geradezu auf. Nun hat Hitler seinem Volk tatsächlich nichts mehr zu sagen. Im Osten läuft die Fortsetzung des Kampfes auf das Stopfen immer neuer Löcher hinaus, aber im Westen ist mit der fehlgeschlagenen Weihnachtsoffensive das

Heft endgültig in die Hände des Gegners übergegangen. Die letzten Panzerverbände und Mannschaftsreserven sind in den Ardennen verbraucht, nun gibt es nur noch irreale Haltebefehle, die selbst jene Generäle, die wie der Chef des Wehrmachtsführungsstabes Jodl an einen triumphalen Erfolg der Ardennenoffensive und damit an eine Wende des Krieges geglaubt hatten, nicht mehr ernstnehmen. In dem ohnmächtigen Verzweiflungsausbruch, mit dem Hitler den Fall der Brücke von Remagen aufnimmt, kommt das Bewußtsein der Ausweglosigkeit zum Ausdruck.

Der greisenhafte Führer, der in wenigen Wochen im Bunker seinen 56. Geburtstag feiern wird, zu dem sich zum letzten Mal alle seine Paladine zu einer makabren Gratulationscour um ihn versammeln, die von den Einschlägen der Granaten und der Stalinorgeln unterbrochen wird, nimmt zu jenen alten Beschwörungen seine Zuflucht, mit denen er in der Euphorie des »Tages von Potsdam« sich als den Vollender der deutschen Geschichte präsentiert hatte.

Der erste Satz der Rede schon ruft die Legalität seiner Machtergreifung in Erinnerung, »als mich als Führer der stärksten Partei der verewigte Reichspräsident von Hindenburg mit der Kanzlerschaft betraute«. Er beschwört die quasireligiöse Ermächtigung seines historischen Auftrags; viermal beruft er sich auf »den Allmächtigen«, der die Deutschen nicht verlassen werde: »Der Allmächtige hat unser Volk geschaffen«, und durch das Halten der Front vollstreckten die Deutschen seinen Willen: »Indem wir die Existenz des Volkes verteidigen, verteidigen wir Sein Werk«. Seine alte Neigung zur pathetischen Überhöhung benimmt ihn wieder; Hitler beschwört mit tonloser Stimme die Erfolge der dreißiger Jahre herauf: »Nur sechs Jahre des Friedens sind uns seit dem 30. Januar 1933 vergönnt gewesen. In diesen sechs Jahren ist Ungeheures geleistet und noch Größeres geplant worden; so Vieles und so Gewaltiges, daß es aber erst recht den Neid unserer demokratischen, nichtskönnenden Umwelt erweckte.«

Dann ergeht er sich in hilflosen Haßausbrüchen – auf die »jüdisch-internationale Weltverschwörung«, auf die Engländer, die ihre Verbündeten aus den »Steppen Innerasiens« gerufen haben, auf die »plutokratisch-bolschewistische Verschwörung«. Den »Bolschewisten« sieht er später einen Sieg fast nach, das stärkere Ostvolk triumphiert dann eben zu Recht über die Deutschen, die das weltgeschichtliche Ringen nicht bestanden haben. Aber es sind die Engländer, die sein Konzept einer Eroberung des Ostens unter Duldung des Westens ruiniert haben, womit er das politische Rezept von 1933, die Revolution gegen den Staat mit Genehmigung des Staates, von der Innenpolitik auf die Weltpolitik hatte übertragen wollen. Daher die ohnmächtige Beschimpfung des »Whiskysäufers« Churchill, die in diesen letzten Monaten immer wieder durchbricht.

Seit Stalingrad hatte sich Hitlers Verachtung Stalins zu einer widerwilligen Bewunderung dieses »genialen Kerls« gewandelt. In den Phantasien der »Tischgespräche« hatte er ihn bereits als Statthalter in dem eroberten Ostreich eingesetzt. Nun, nach dem Staatsstreichversuch vom 20. Juli, der zu guten Teilen vom Adel und höheren Bürgertum getragen worden war, bewunderte er die Gnadenlosigkeit, mit der Stalin alle potentiellen Widersacher beizeiten ausgerottet hatte. Die Rede von den »blaublütigen Schweinen«, von denen Ley jetzt in einem Leitartikel des »Völkischen Beobachter« schwadronierte, entsprach den tiefsten Instinkten Hitlers, auch wenn ihn seine taktische Vernunft zur Zurückhaltung zwang.

Hitlers letzte Rede war in rhetorischer Hinsicht ein Dokument des psychischen und intellektuellen Zusammenbruchs, aber nicht nur das. Vor dem Ende knüpfte er an den Demagogen jenes Hinterzimmers in der Münchner Thierschstraße und im Sternecker-Bräu an, in dem er die Nationalsozialistische Deutsche Arbeiterpartei gegen die Honoratiorenwelt großgeredet hatte. Nun, in seiner letzten Rede, kehren die antibürgerlichen Affekte gegen die »bürgerlichen Schafe«, die »nie aussterbenden Strohköpfe der bürgerlichen Welt«, die »verbohrten Bürger, die nicht erkennen wollen, daß das Zeitalter einer bürgerlichen Welt eben beendet ist und niemals wiederkehren wird«, alle zurück, radikalisiert durch die Empfindung der eigenen Ohnmacht. Die Instinkte des aus dem Nichts eines Wiener Männerheims Gekommenen beherrschen den Führer des untergehenden Reiches wie einst den Agitator in den Zirkusreden des Anfangs. Nicht nur die alten Gefährten der Saalschlachten, die Leys, Streichers und Essers, kehren als Personen wieder, sondern auch er selber ist wieder ganz der alte Außenseiter der Gesellschaft, der in den frühen zwanziger Jahren in bayerischen Bierzelten Aufsehen erregte.

Welches war der wahre, der eigentliche Hitler? Der maßlose Demagoge der Kampfzeit, der in den handschriftlichen Redekonzepten Fremdwörter nicht richtig zu schreiben weiß? Oder der Führer auf dem Obersalzberg, der es liebte, Weihnachten oder Silvester mit ausgesucht eleganten und attraktiven jungen Damen zu feiern? Oder der Reichskanzler, der in der Berliner Reichskanzlei vorzugsweise adlige Adjutanten zu sich heranzog, von Below für die Luftwaffe oder von Puttkamer für die Kriegsmarine? Oder doch das Wrack, das in die Vulgarität seiner Anfänge zurückfällt?

Der Führer des zusammenbrechenden Reiches weiß tatsächlich an diesem 30. Januar 1945 nichts mehr zu sagen. Er hat keine politischen Finten und keine militärischen Schachzüge mehr in der Hinterhand. Nun bleibt nur noch das Warten auf ein zweites »Mirakel des Hauses Brandenburg«, das er in seinem unterirdischen Verlies, das Porträt Friedrichs des Großen ständig vor Augen, beim Tode Roosevelts für einen flüchtigen Moment tatsächlich gekommen sieht. Goebbels und Schwerin von Krosigk gratulieren ihm bereits – die Russen stehen wenige hundert Meter vor dem Bunker – zu der Wende des Krieges. Die Hoffnung auf den Bruch der Weltkoalition verläßt Hitler bis zum letzten Moment nicht. Seinen Selbstmord verschiebt er von Tag zu Tag. Man soll ihn nur wecken, sagt er seinem Diener Linge in einem düsteren Scherz, wenn der erste sowjetische Panzer vor der Tür steht. Er zieht sich zurück. Dann will er dem Schicksal eine letzte Chance geben und fragt noch einmal nach dem Entsatz durch die nicht existierende Armee Wenck. Endlich schließt er die Tür zu seinem Schlafraum, und nach einer Weile hören die Wartenden den Schuß.

In seiner letzten Rede beschwor er die Deutschen aber noch einmal mit Gewalt, Überredung und der Anrufung Gottes, eine verschworene Gemeinschaft zu sein. Dann könnten sie »mit Recht vor den Allmächtigen treten und ihn um seine Gnade und um seinen Segen bitten«. Es endet, wie es begonnen hatte, als Schmierenspiel. Mit ziemlich genau denselben Worten hatte er in der Garnisonkirche vor zwölf Jahren das Schicksal des Volkes in die Hand genommen, das er nun in die tiefste Katastrophe seiner Geschichte entläßt.

## Reich ohne Idee

Mit dem Zusammenbruch der Sowjetunion und ihrer Satellitenstaaten kam auch das endgültige Verlöschen jener sozialistischen Utopie, die so viele westliche Intellektuelle wider alle Wirklichkeit jahrzehntelang fasziniert hatte. Ein ganzer Abschnitt nicht nur der Geschichte, sondern auch der Geschichtsschreibung ist in den neunziger Jahren zu Ende gegangen. Nach der kurzlebigen faschistischen Epoche war ja auch die zweite große Glücksverheißung des 20. Jahrhunderts gescheitert. Damit sind auch ganze Legionen von Büchern zu Staub zerfallen. Staunend durchmustert man heute die Bibliotheken, die in den dreißiger oder fünfziger Jahren allen Ernstes im Kommunismus und Nationalsozialismus das Ende aller bisherigen Geschichte gekommen sahen.

Vielmehr ist die Geschichte zu sich selber zurückgekehrt, wo doch gestern die Wortführer der vorgeblich »posthistorischen Epoche« mit dem Habermas-Kreis von der Historie verächtlich als dem verfaulenden Kadaver des Gewesenen sprachen. Das »Projekt Moderne« müsse statt dessen vorangetrieben werden, wurde in immer neuen Versionen ein Vierteljahrhundert hindurch versichert. Die »Unterprivilegierten«, die Unterschichten nahmen den Raum ein, den die Historiker zu Unrecht so lange den Herrschern, Staatsmännern und Feldherren eingeräumt hätten.

Tatsächlich waren umfassende Geschichtswerke in den fünfziger, sechziger und siebziger Jahren rar geworden. An deren

Stelle waren Arbeiten getreten, in denen der Ablauf der sozialen Wirklichkeiten verfolgt wurde. Die Handelnden der Geschichte wurden kaum zur Kenntnis genommen; der Historiker, der es wagte, Biographien zu schreiben, also Epochen in ihren leitenden Gestalten zu erfassen, disqualifizierte sich selbst. Heute machen sich Bismarck-, Hitler-, Adenauer- oder Thomas-Mann-Biographien auf dem Buchmarkt Konkurrenz, das gestern Abgetane ist wieder en vogue. Ohne viel Aufsehen sind die meisten der »sozioökonomischen« Buchreihen eingestellt worden, überall treten vielbändige Geschichtsreihen an ihre Stelle, Weltgeschichten, Europäische Geschichten, Deutsche Geschichten. Die Historie hat über die Ideologie gesiegt.

Neben der dreibändigen »Deutschen Geschichte« des einst in Berlin, dann in München lehrenden und zu früh verstorbenen Thomas Nipperdey ist die tausendseitige Darstellung des deutschen Nationalstaats – »Das vergangene Reich« – des Bonner Historikers Klaus Hildebrand das bedeutendste Ergebnis dieser Wiedergeburt des klassischen Gegenstands aller Geschichtsschreibung. Zwar gibt es inzwischen eine Fülle historischer Gesamtdarstellungen von Hans-Ulrich Wehlers materialreicher, aber nicht selten im Stoff ertrinkender vielbändiger Sozial- und Kulturgeschichte bis zu der vom Marxismus stark geprägten Sicht des 20. Jahrhunderts als eines »Zeitalters der Extreme«. Aber auch diese geistreiche, in ihren Perspektiven oft überraschende Darstellung des Deutschengländers Eric Hobsbawm läuft auf die ein wenig verblüffende These hinaus, daß »heute zum erstenmal eine Welt vorstellbar ist, in der die Vergangenheit keine Rolle mehr spielt«. Wo vom Balkan und dem Kaukasus über Mittelasien bis zum Fernen Osten die Vergangenheiten geradezu beängstigend auf die Gegenwart eindrängen, muß man schon eine sehr besondere Sicht der Dinge haben, um das Verlöschen der Historie zu konstatieren. Aber eine Utopie läßt sich nie von der Wirklichkeit desavouieren. Als in der Sowjetunion die Allmacht des Staates nahezu vollkommen geworden war, hielt man im Kreml unwandelbar an dem Marxschen Dogma von dem »Absterben des Staates« unter dem Kommunismus fest.

Es wird unter all den kaum noch übersehbaren Arbeiten wohl doch Klaus Hildebrands Werk über die deutsche Außenpolitik in der Ära des Nationalstaats sein, das auf lange Zeit die gültige Darstellung jenes Dreivierteljahrhunderts bleiben wird, in der ein deutscher Einheitsstaat handelndes Bewegungszentrum der europäischen, schließlich sogar der Weltgeschichte war. Vorher hatte ja die Vielzahl der deutschen Fürstenstaaten bestanden, nachher kamen die europäischen Zusammenschlüsse.

Der Bruch, der in die deutsche Geschichte mit dem Jahr 1945 gekommen ist, wurde sofort gesehen. Das war offenkundig keine Niederlage, wie sie die Franzosen 1815 mit Waterloo und 1871 mit Sedan, die Deutschen 1918 in Versailles erlebt hatten. Von solchen Zäsuren – die auch das Ende der jeweiligen Dynastien brachten, der Bonapartes oder der Hohenzollern – erholt sich ein Staat überraschend schnell. Gerade ein Jahrzehnt nach ihren Niederlagen zählen Frankreich 1880 und Deutschland 1928 wieder zu den führenden Mächten Europas.

Der Untergang des Dritten Reiches ist aber sogleich nicht als bloße Niederlage, sondern als »deutsche Katastrophe« empfunden worden, wie der vierundachtzigjährige Friedrich Meinecke schon 1946 seinen Versuch nannte, das Hitler-Reich in die deutsche Geschichte einzuordnen. Die tiefe Zäsur wurde auch in der Kunst und Literatur deutlich empfunden, worauf Begriffe wie »Tabula rasa« oder »Stunde Null« hinweisen; die »Gruppe 47« verdankt diesem Bewußtsein ihre Existenz.

Diese Sicht der letzten hundert Jahre deutscher Geschichte als eines Fehlwegs ist heute so allgemein, daß das nationale Glücksgefühl der Großvätergeneration die Enkel geradezu fremdartig berührt. Die Deutschen lebten um die Jahrhundertwende über alle Schichten hinweg in dem Bewußtsein, an ihrem Ziel angekommen zu sein, geeinigt, unbedroht, mächtig und auf dem Weg zur Weltmacht. Darin stimmten Linke und

Rechte überein, Arbeiter und Agrarier, Beamte und Fabrikanten. Selten ist die Stimmung eines Volkes so in ihr Gegenteil umgeschlagen wie in diesem knappen Dreivierteljahrhundert zwischen 1871 und 1945.

Es ist diese Zeitspanne, der Klaus Hildebrands großes Werk gilt, und natürlich steht die Frage im Mittelpunkt, wie ein solches Mißlingen geschehen konnte. Das Bismarcksche Reich war zwar, nach der Formulierung des Reichsgründers, »saturiert«, es strebte nur noch nach Bewahrung des in einem glücklichen Moment Gewonnenen. Aber nicht nur seine Lage in der Mitte des Kontinents – das zunehmend panslawistischer werdende Zarenreich im Osten und ein Frankreich, das den Verlust Elsaß-Lothringens nicht verwinden konnte, im Westen – machte seine Situation prekär. Überall sah sich Berlin einem Konfliktpotential gegenüber, das in immer neuen Krisen zur kriegerischen Entladung drängte. Deutschlands einziger Bundesgenosse, der vom eigenen Zerfall bedrohte Vielvölkerstaat Österreich-Ungarn, war im Balkan immer wieder in Interessenkollisionen mit Rußland verwickelt, wie sie denn auch über Serbien im August 1914 zum Weltkrieg führen sollten.

Im Grunde hatte auch Bismarck gegen diesen Geburtsfehler des Deutschen Reiches kein Mittel, wenngleich er durch das immer wieder erneuerte »Dreikaiserbündnis« Deutschland–Österreich–Rußland Stabilität in die labile Lage zu bringen suchte. War sein Spiel mit mehreren Bällen wirklich der Weisheit letzter Schluß? Am Ende lief die Wahrheit des altmärkischen Junkers, der ein europäischer Staatsmann geworden war, wohl auf die Erkenntnis hinaus, daß es kein Allheilmittel gäbe und man statt dessen von der »Normalität des Vorläufigen« ausgehen müsse.

Die Dauerhaftigkeit des Provisorischen war die Lehre, die Bismarck aus der labilen Lage der Weltpolitik gezogen hatte, und tatsächlich bildeten sich ja in den zwei Jahrzehnten, die ihm nach der Gründung des Reiches als Lenker der Politik noch bleiben sollten, immer wieder überraschende neue Konstellationen heraus. England kam über Afghanistan mit Rußland in Konflikt, und die nordafrikanische Frage führte zu einer solchen Interessenkollision zwischen England und Frankreich, daß es momentweise zu gelingen schien, Frankreich trotz Elsaß-Lothringen zu neutralisieren. So erwies sich die pure »Kriegsverhinderung« der Bismarckschen Politik, so konzeptionslos im Strategischen sie zu sein schien, als jene Devise, die Deutschland und Europa ein halbes Jahrhundert hindurch den Frieden sicherte.

Es bedurfte des jungen Kaisers und der hysterischen Gemütsverfassung der erfolgstrunkenen Deutschen, daß die Wendung zu einer Weltpolitik dieses heikle »System von Aushilfen« zum Einsturz brachte. Die wilhelminische Ära wollte zwar keinen Krieg, aber man wollte den Gefahren der Mittellage durch pure Stärke ein für allemal entrinnen. Die Nachfolger Bismarcks suchten die absolute Freiheit von einschränkenden Bündnissen; weder das unberechenbare Rußland schien dauerhafte Sicherheit zu bieten, noch ein Großbritannien, das seine *splendid isolation* nicht in die europäischen Kontroversen ziehen lassen wollte. Hildebrand findet dafür die Formel, daß dieses »stolze Alleinsein« stets in Gefahr war, in »tödliche Isolierung« umzuschlagen.

Das ist das Dickicht der außenpolitischen Lage, in der sich das so plötzlich in die Weltpolitik gestoßene biedermeierliche Deutschland bewegen mußte. Aber hinter all dem lag die Ideenlosigkeit der deutschen Politik. Frankreich hatte die Ideen von 1789, England die *Civil Rights* und natürlich das Commonwealth of Nations; selbst Rußland konnte mit einem Panslawismus aufwarten, mit dem sich, zumindest vorübergehend, ganz Osteuropa – die »slawischen Brudernationen« – gewinnen ließ. Deutschland aber hatte nichts als sich selbst, und mit der Idee des Alldeutschen ließ sich die außerdeutsche Welt kaum faszinieren.

So lautet das Fazit dieses mit der Fülle der Einzeleinsichten fast überreichen Werks – das sicherlich für eine Generation die gültige Darstellung vom Scheitern deutscher Außenpolitik in der Ära des Nationalstaats sein wird –, daß Deutschland im letzten daran gescheitert ist, daß es ein dynamisches, höchst modernes, waffenstarrendes und in vielerlei Hinsicht auch glanzvolles Reich war – doch ein Reich ohne Idee. Seine einzige Mission war seine Existenz. Die Geschichte lehrt aber, daß ein Imperium – das Imperium Romanum etwa oder das British Empire – der Welt etwas mitzuteilen haben muß, damit es über Macht auch Dauer gewinnt. Nach Deutschland hat nun die Sowjetunion diese Erfahrung gemacht.

# Lauter Abschiede

## Die vergessene Tradition

Nie ist ein Stilwandel in der Architektur so über Nacht erfolgt wie bei jenem Epochenbruch, als den sich die letzte Jahrhundertwende immer deutlicher zu erkennen gibt. Der neobarocke Dom von Raschdorff am Ende der »Linden« ist 1905 eingeweiht worden, das Faguswerk von Gropius wird nur sechs Jahre später entworfen; zwei Welten stoßen aufeinander.

Das Erlahmen alten Formwillens und das Hochkommen neuer Impulse geht sonst bestenfalls in Jahrzehnten, mitunter in Jahrhunderten vor sich. Die Ablösung des Barock durch den Klassizismus, vermittelt durch manche Zwischenstationen – in England den Palladianismus, in Frankreich die Régence und das Directoire, in Deutschland den Vorklassizismus in seiner Wörlitzer oder Berliner Prägung – dauert ein Vierteljahrhundert. Um ein Berliner Beispiel zu geben: Das Brandenburger Tor von Langhans wird als Fanal des Neuen 1789 entworfen; ziemlich genau fünfundzwanzig Jahre braucht es noch, dann zeichnet Schinkel an denselben »Linden« seine Neue Wache, den Auftakt zu seinen großen Berliner und Potsdamer Bauten.

Zumeist ist ein noch größerer Zeitraum erforderlich, bis sich ein neuer Stil zur Geltung bringt. Die Renaissance benötigt zumindest einhundert Jahre, die Gotik kommt sogar auf gut und gern zwei Jahrhunderte, bis sie sich in ganz Europa durchgesetzt hat. Wann aber wird ganz unmerklich aus der Spätantike das Frühmittelalter? Es ließen sich Dutzende von Beispielen nennen, bei denen schwer zu sagen ist, welcher Welt sie zugehören. Ist das Grabmal des Theoderich in Ravenna noch antik, oder gibt sich hier schon jener Geist zu erkennen, der dann die Kirchen der frühen Romanik prägen wird? Und was ist erst mit der karolingischen, dann mit der hohenstaufischen Renaissance? Nachklang oder Ouvertüre?

Aber die Turbinenhalle von Peter Behrens aus dem Jahre 1909, deren schmucklose Stirnfläche unerhört ist, bricht in das Bauen der Jahrhundertwende wie eine Revolution ein, und das Warenhaus Tietz von Bernhard Sehring in der Leipziger Straße präsentiert 1899 den ersten radikalen Skin-and-Skeleton-Bau auf dem Kontinent, wobei das Gekräusel auf seiner Oberfläche nichts zur Sache tut. Nimmt man Adolf Loos in Wien und Le Corbusier in Paris dazu und Frank Lloyd Wright in den Staaten, so sind es nur wenige Jahre, bis sich die Weltsprache des Neuen Bauens überall etabliert. Dergleichen Abruptheit hatte es noch nicht gegeben.

Es bedarf nur noch der Vertreibung der Avantgarde aus Deutschland, und der »Internationale Stil« ist wirklich international geworden, als den Philip Johnson bereits vor einem halben Jahrhundert die Ubiquität und Simultanität, die Ort- und Zeitlosigkeit des neuen Elans kennzeichnet. Wenige Jahrzehnte später ist die Architektur in New York, Hongkong, Rio und Frankfurt tatsächlich kaum noch unterscheidbar; nicht selten sind es ja auch dieselben Architekten, die überall den Ton angeben.

Aber nicht nur der Entwurf des Neuen ist von einer Zäsur geprägt, die ein Vorher und ein Nachher kennt; auch die Geschichtsschreibung folgt derselben scheinbaren Eindeutigkeit. Die Architekturtheoretiker Giedion und Pevsner haben das theoretische Rüstzeug für diese Sicht der Dinge geliefert. Die Moderne ist der Architekturhistorie das, was damals mit den radikalen Revolutionären vor genau einem Jahrhundert ins Leben trat. Es gab zwar Rückschläge, hin und wieder ein Ermatten des neuen Elans, auch eine Reaktion, die zuweilen von politischer Gewalt erzwungen wurde. Aber immer folgt solchen Phasen ein erneuter Aufbruch, der bei den Wegbereitern vom Jahrhundertbeginn anknüpft.

Der Weg der Architektur in diesem Jahrhundert war für diese Sicht der Dinge gradlinig und unmißverständlich. Wer auf der anderen Seite gestanden hatte, der Heimatschutzbund-Vorkämpfer Schultze-Naumburg (der übrigens aus dem »Werkbund« kam), die später in das Dritte Reich eingemündeten Bonatz und Kreis sowie die Stuttgarter Schule um Schmitthenner und Riemerschmid – aber auch der nach 1933 in Acht und Bann getane Tessenow –, war diskreditiert, nicht nur durch die Nähe zum Regime, sondern vor allem durch das vorgeblich rückwärts gewandte Bauen selber. Ist aber die Entwicklung wirklich so eindeutig gewesen?

Zuerst einmal ohne Zweifel nicht, was den wirklichen Verlauf der Dinge anlangt. Das Neue Bauen blieb lange, was das Neue immer ist, eine Außenseitersache. Wie in der deutschen Malerei vor und nach dem Ersten Weltkrieg noch Liebermann, Corinth und Slevogt den Ton angaben, als Brücke, Blauer Reiter und Bauhaus – Kirchner, Kandinsky und Schlemmer – schon längst die Bühne betreten hatten, so beherrschten Messel mit dem Kaufhaus Wertheim, Schwechten mit seinem Anhalter Bahnhof und der Architekt der U- und S-Bahnhöfe, Grenander, die Stadtmitte Berlins, als draußen am Stadtrand Behrens, Gropius und Mies van der Rohe das überlieferte Stilreservoir zum Einsturz brachten. Wer nahm um 1900 von den Revolutionären überhaupt Notiz?

War das wirklich nur das Zurückbleiben des Trosses hinter der Avantgarde? Die Geschichtsschreibung ist oft ungerecht, auch das Bewußtsein der Nachlebenden. Denn so war es für die Zeitgenossen ja gar nicht, wie jeder Blick in die Bücher von Scheffler, Lichtwark, Westheim und Kracauer lehrt, und es ist die Frage, ob nach einem Jahrhundert nicht eine gerechtere Sicht auf die Architektur der Jahrhundertwende fällig ist.

Selbst das »Bauhaus« betrat ja auf ganz andere Weise die Szene, als das der Nachwelt erscheint. Gropius sprach von der »Kathedrale« der Zukunft, die es mit »Meistern« und »Gesellen« zu errichten gälte; er war noch weit von jener Überzeugung, daß die Kunst sich mit der Industrie verbinden müsse. Die Architekten der »Gläsernen Kette«, die im Schatten der Revolution von 1918 mehr zeichneten als bauten, waren rückwärtsgewandte Phantasten und tief von der Gotik, auch dem Gotizismus des 18. und 19. Jahrhunderts geprägt; es schauderte ihnen vor der technischen Zukunftswelt, die der durch den Weltkrieg hindurchgegangene Gropius doch gerade heraufführen wollte.

Sie alle, auch Taut, Poelzig, Muthesius, Bartning, Dominikus Böhm und Scharoun, kamen vom Jugendstil oder vom Expressionismus her, wie sie ja auch nicht zufällig die freundschaftlichsten Beziehungen zu Nolde, Barlach und Rohlfs unterhielten, die damals und eigentlich immer gegen die »Seelenlosigkeit« des Konstruktivismus und Futurismus standen. Nur Hitler hat sie alle gleicherweise zu kalten, »technischen« Modernen gemacht, und merkwürdigerweise ist ihm die Nachwelt gefolgt.

Aber es war genau umgekehrt. Poelzig, scheinbar einer der Pioniere von Weimar, der in seinem Großen Schauspielhaus mit dessen Stalaktitengewölbe gleich nach der Revolution der preußisch-klassizistischen Tradition eine Absage erteilt hatte und dessen Berliner Funkhaus von 1931 einer der letzten großen Bauten vor dem Dritten Reich war, sprach damals von der Notwendigkeit einer »Rettung vor der hereinbrechenden Modernität«. Sieht man Deutschlands Städte ein halbes Jahrhundert später, so will es scheinen, als sei diese Mahnung nicht unbegründet gewesen.

Es ist nicht die Restauration, sondern gerade die Revolution, die vor der »Gesichtslosigkeit« der heraufziehenden Zukunftsarchitektur warnt. Die Wendung, daß auch die »simpelste Bauaufgabe den Schimmer eines Doms« erkennen lassen müsse, findet sich in Tauts Schrift »Die Stadtkrone« und wurde gleich nach der Ausrufung der Republik 1918 geschrieben. War das antimodern, oder hatte die Moderne viele Gesichter? Erst die faschistische Revolte hat sie alle gleicherweise zu Ausgeschlossenen und Geächteten gemacht. Das bindet sie im nachhinein aneinander.

Die Übermacht der radikalen Avantgarde von 1900 für die ganze spätere Zeit liegt natürlich daran, daß Mies van der Rohe, Frank Lloyd Wright und Le Corbusier wirklich die Genies ihrer Epoche waren; ihre frühen Bauten sind die Inkunabeln des Jahrhunderts, auch und gerade wenn man sie aus dem Abstand eines Jahrhunderts betrachtet. Der Barcelona-Pavillon, die »Usonia«-Häuser und die Villa Savoie haben tatsächlich eine neue Sprache gesprochen, die man am Ende des Jahrhunderts noch immer mit jenem Staunen sieht, das sie anfangs des Jahrhunderts erweckten.

Aber haben sie wirklich die Urbanistik weitergeführt, haben sie den Bau von Städten nicht möglicherweise in die Irre geführt? Ein wenig hat die Schönheit ihrer Meisterwerke von der Nutzlosigkeit des Mörikeschen »Und selig scheint es in ihm selbst« an sich. Mies van der Rohe wollte gar nicht, daß Kunstwerke in seiner Neuen Nationalgalerie gezeigt würden; ein Mondrian, Picassos »Guernica« und Lehmbrucks »Kniender« – das sei genug, alles andere störe nur die Reinheit seiner Architektur. »Mein Haus selber ist das Kunstwerk. Es will kein Behälter für Kunst sein«, sagte Mies ironisch während der Bauarbeiten zu Vertrauten.

Frank Lloyd Wrights Guggenheim-Museum ist in seiner Spiralhaftigkeit geradezu ein optischer und akustischer Feind der Werke, die in ihm präsentiert werden, was er durchaus sah und in Kauf nahm. Am Ende seines Lebens war Frank Lloyd Wright allen Ernstes mit dem bereits durchgerechneten Entwurf eines einen Kilometer hohen Wolkenkratzers beschäftigt, der mehr Menschen beherbergen sollte, als Paris oder London wenige hundert Jahre zuvor Einwohner gehabt hatten. Als besonderen Vorzug dieses Hauses wies Frank Lloyd Wright darauf hin, daß die obersten zweihundert Meter über den Wolken fern des Irdischen in der Sonne liegen würden. Könnte man deutlicher machen, daß dies eine Architektur ist, die der Stadt den Rücken kehrt?

Le Corbusiers *Cités radieuses* in Nantes, Marseille oder Berlin sind wenige Jahre nach ihrer Errichtung schon Sozialfälle geworden – wie das Leben, das in ihnen stattfindet. In Frankreich wird allen Ernstes erwogen, eine dieser Wohnmaschinen, die ein für allemal mit dem klassischen Städtebau ein Ende machen wollten, abzureißen. Was wäre aus Le Corbusiers kilometerlangem Haus wohl geworden, das bei Algier schlangenartig die Küste Nordafrikas säumen sollte?

Eine neue Vision von Stadt? Worum es Mies van der Rohe, Le Corbusier, Frank Lloyd Wright, Gropius und schließlich auch Scharoun mit seinem Traum, wonach die Stadt durch eine »Stadtlandschaft« abgelöst werden könne und müsse, in Wirklichkeit geht, ist nicht ein neuer Entwurf von Stadt, sondern die Abschaffung der Stadt. Es fiel nicht aus der Ordnung, als Le Corbusier gleich nach dem zweiten Krieg allen Ernstes empfahl, Berlins historische Stadtmitte bis auf wenige Solitäre abzureißen und durch ein System von »Wohnmaschinen« zu ersetzen. Er hatte denselben Vorschlag schon vor dem Kriege für das Herz des alten Paris gemacht, das durch eine Reihung von vierundsechzig Hochhäusern ersetzt werden könne.

Geht man heute durch unsere Städte und ihre Großsiedlungen, die sämtlich auf rationalistische Gedankenmodelle der zwanziger Jahre zurückgehen, so sind es viel eher die Werksiedlungen und Gartenstädte des späten Kaiserreichs und der Weimarer Republik als Stuttgarts und Breslaus berühmte Einzel- und Reihenhäuser der Architekturgeschichte, die uns eine Vorstellung geben, wie Deutschland nach den Zerstörungen des Krieges hätte wieder aufgebaut werden können. Das gilt vielleicht weniger für jenes idyllische Hellerau, das als Muster einer ländlichen Stadtgemeinde in Württemberg gebaut worden war, und für Staaken, das als Modell einer städtischen Landgemeinde in Brandenburg errichtet wurde, als für die Viertel von Janssen und Mebes in Berlin oder die von Schumacher in Hamburg. Mit diesem unspektakulären Bauen wird demonstriert, auf welchem Wege sich der Städtebau befand, als die Philosophie des Neuen Bauens über diese Ansätze hereinbrach und nach dem Zweiten Weltkrieg mit Bremens Neuer Vahr, Frankfurt-Nord, Darmstadt-Kranichstein, München-Neuperlach und schließlich auch Berlin-Gropiusstadt Gegenmodelle triumphierten.

Das hat die Städte der Nachkriegszeit in einem Maße ruiniert, daß man schon kurz nach der Fertigstellung all der Satellitenstädte Kommissionen einsetzte, die sich um das bemühten, was man euphemistisch »Wohnumfeldverbesserung« nennt. Seit ihrer Fertigstellung sind ja alle diese Nachkriegsviertel unablässig damit beschäftigt, sich selber bewohnbar, wenn möglich unsichtbar zu machen. Dazu werden wie in Berlins Märkischem Viertel zumeist Zehntausende von Bäumen bemüht, weshalb denn die Botanik die Muse der neuen Architektur ist.

In der Tat, es ist schon richtig, nie ist eine Stilwende so über Nacht vollzogen worden wie Anfang des Jahrhunderts; aber nie auch sind die neuen Ideale – die städtebaulichen, nicht die architektonischen – so schnell zuschanden geworden wie in dieser Nachkriegszeit. Wann ist jener Satz gesagt worden, der das Empfinden angesichts eines Gangs durch die neuen Siedlungen festhält?

»Vielleicht ist das Entsetzen dieser Zeit in den architektonischen Erlebnissen am sinnfälligsten: eine grauenhafte Müdigkeit bringe ich stets heim, wenn ich durch die Straßen gewandert bin. Ich brauche die Häuserfronten gar nicht eigens zu betrachten; sie beunruhigen mich, auch ohne daß ich den Blick zu ihnen erhebe. Was bleibt, ist eine tiefe Beunruhigung und Wissen, daß dieser Baustil, der keiner mehr ist, bloß ein Symptom darstellt, ein Menetekel für einen Zustand des Geistes, welcher der Ungeist dieser Unzeit sein muß.«

Das schrieb nicht einer der Konservativen aus dem Umkreis Möller van den Brucks, sondern Hermann Broch im dritten Band seiner Romantrilogie »Die Schlafwandler« 1932 in Zürich, noch bevor er sich in die Emigration nach Amerika rettete.

Das Mißlingen konnte gesehen werden, wenn man nur richtig zu sehen verstand. Aber wer tat das schon zu Beginn der zweiten Nachkriegszeit? Denn am Ende der ersten Republik war ja die Gewaltherrschaft gekommen, und als man 1945 einen neuen Anfang versuchte, belasteten die vergangenen zwölf Jahre alles, was gegen die scheinbar einzig wahre Modernität stand. Nun plötzlich waren die Punkthäuser von Andreas Hermkes am Berliner Ernst-Reuter-Platz und seine Hamburger Grindelwald-Hochhausscheiben die einzig legitime Fortsetzung der Moderne, genau wie bei Stuttgart Scharouns zwei Hochhäuser »Romeo und Julia« mitten auf dem Acker. Während man die Innenstadt in eine Parklandschaft mit einzelnen Hochhäusern – gemäß den Doktrinen von Le Corbusier, Gropius und Scharoun – auflösen wollte, stellte man Stadt auf dem Land her. So ganz weit war der Städtebau des Sozialismus, waren die vielgeschossigen Mietshäuser neben Schloß Paretz oder neben dem Schloß Neuhardenberg nicht von dem Denken Scharouns.

Wer hätte gewagt, die Siedlungen der Vorweltkriegszeit gegen jene »weißen Bauten standardisierter Konstruktionssysteme« auszuspielen, deren bloße Erscheinung schon »soziale Gleichheit und technischen Zukunftsglauben« ausdrücken sollte, wie einer der Architekten der Stuttgarter Weißenhof-Siedlung formulierte? Die berühmte Hutfabrik von Mendelsohn in Luckenwalde und die exemplarische Gutsanlage von Häring in Garkau wurden zu maßgebenden Denkmälern »rationellen Bauens« erklärt, obwohl doch gerade ihr Rationalismus sehr zweifelhaft geworden war. Neue Fabrikationssysteme machen Mendelsohns scheinbar rationalistisches Werk unnutzbar und maschinelle Melkanlagen die technischen Stallungen Härings unbrauchbar.

Das fortschrittliche, das progressive Bauen war von der Progression selber überholt worden, und so ist es vielem ergangen, was eben noch einen zeitlosen Zukunftsentwurf zu liefern schien. Wirklich scheint am Ende dieses Jahrhunderts das zu Ende zu gehen, was man an seinem Anfang unter »Modernismus« verstand. Das gibt der Postmoderne, die über weite Strecken so unerträglich ist wie die Vulgärmoderne, ihr höheres Recht.

In welchem Maße selbst innerhalb der Moderne das verdrängt wurde, was sich nicht in den gerade modischen Entwurf von Zukunft einfügte, zeigt das Schicksal vieler Neuerer der zwanziger Jahre. Martin Wagner, der legendäre Generalbaumeister Berlins im Staat von Weimar, ging 1945 ganz selbstverständlich von dem Glauben aus, daß Berlin und vor allem dessen Bürgermeister, sein alter Freund Ernst Reuter, ihn zurückrufen würden. Aber die Spielart der Moderne, die inzwischen an den Schalthebeln der Macht saß, wußte mit ihm so wenig anzufangen wie mit seiner Hufeisen- oder Onkel-Tom-Siedlung. Denkschrift nach Denkschrift richtete Wagner gegen die inzwischen herrschende New-Town-Lehre, die zum ersten Mal im Hansaviertel, das zweite Mal in Bremens Neuer Vahr triumphierte.

Martin Wagner hatte in diesem Klima wenig Chancen, so daß er schließlich wieder resigniert in sein Exil zurückkehrte. Neutra hatte im Gegensatz zu Wagner mittlerweile in Amerika reüssiert, aber auch er faßte es nicht, daß seine Heimatstadt nicht einen einzigen ernsthaften Versuch machte, ihn zurückzugewinnen. Ähnlich war es in Hamburg, dessen Oberbaudirektor Schumacher zwar schon 1947 starb; aber auch die Schule des Mannes, der Hamburgs Gesicht mit den von ihm konzipierten Klinkerhäusern bis auf den heutigen Tag geprägt hat, kam nach dem Kriege nicht mehr zum Zuge.

Lag das nur daran, daß Schumacher zeitweise nicht ohne Sympathie dem Bauwillen des Nazi-Regimes gegenüberstanden oder daß inzwischen ein viel radikalerer Begriff von Moderne das Sagen hatte? Es waren jene Jahre, in denen die Theorie der freistehenden Hochhausscheiben obenan stand, von der man erst in den sechziger Jahren wieder abging. Da war es für die Generation der Hamburger Backsteinarchitekten aus der Schule Schumachers und Högers zu spät.

Bei Fritz Höger war es auf jeden Fall beides gewesen. Er war wirklich durch das Dritte Reich politisch belastet, denn er hatte sowohl der Partei als auch den Kampfbünden gegen den neuen Architekturstil angehört, und er glaubte in den ersten Jahren nach 1933 tatsächlich, daß nun nach der Ausschaltung der radikalen Moderne seine Zeit gekommen sei. Aber seine nordische Klinkerwelt, die nicht nur hinter das Neue Bauen, sondern auch hinter den Berliner Klassizismus, sogar hinter Barock und Rokoko zur deutschen Renaissance und eigentlich zur Gotik zurück wollte, übertrumpfte das Wollen der neuen Herrscher, die zu seiner Enttäuschung gerade auf Schinkels Klassizismus setzten.

Fritz Höger, der dieser zweiten Nachkriegszeit als so reaktionär galt, daß es fast als belastend galt, seinen Namen in die Debatte zu werfen, blieb paradoxerweise der Architekt der zwanziger Jahre, welche Anstrengung er auch – wie übrigens ebenso Mies van der Rohe – unternahm, Aufträge des neuen Staates zu erhalten. Seine Zeit war abgelaufen, was allerdings wohl auch daran lag, daß Högers Kraft verbraucht war. Aber war nicht auch Gropius längst passé, als er in New York das Pan-Am-Building, in Bagdad die Universität, in Berlin das Bauhaus-Archiv zeichnete, von der »Gropiusstadt« in Bukkow-Rudow ganz zu schweigen?

Aber Le Corbusier, Frank Lloyd Wright und Gropius sah man noch als Greise voller Ehrfurcht, obwohl ihre letzten Arbeiten nur noch Verlegenheit auslösten. Über ihre Gegenspieler aber war die Zeit hinweggegangen; man nahm sie und ihre Tradition nicht mehr zur Kenntnis. Dabei war zumindest Högers Entwurf aus dem Jahre 1937 für einen zweihundertfünfzig Meter hohen Wolkenkratzer für Hamburg noch von einer Originalität, die nicht nur über den öden Monumentalismus des Dritten Reiches weit hinausging, sondern auch über die Hochhausscheiben von Hermkes oder über die Punkthäuser der gefeierten Akademiepräsidenten Scharoun und Düttmann. Aber sie alle wurden von den neuen Herren des Bauens wie von der Architekturgeschichte nicht einmal mehr in Betracht gezogen.

Ihrer aller Werk stand eben zwischen den klassischen Stilen und dem Ende aller Stile, weit von der eklektizistischen Stilarchitektur des 19. Jahrhunderts, aber auch fremd der Zeit- und Ortlosigkeit des Internationalen Stils. Das hat nicht nur ihrer aller Wirkung auf das 20. Jahrhundert ruiniert, sondern auch ihre Geltung in der Architekturgeschichte.

Man ist aber nicht ungestraft ein Außenseiter, und während die Großmeister der Moderne die Heiligen der Gegenwart sind, kennen die Jungen kaum noch die Namen derer, die gestern groß waren – den Schwechten des Anhalter Bahnhofs zum Beispiel, den Messel des Kaufhauses Wertheim und den Muthesius der Funkstation Nauen. Die Zeit hat sie verschluckt.

Blickt man auf die Nachkriegsentwicklung der Städte, in denen die wichtigsten Bauten dieser antitechnizistischen Moderne stehen, Hamburg in der von Hermkes geprägten Ära, Hannover unter Hillebrecht und Berlin unter Scharoun, so fragt man sich zuweilen, ob die Städte gut daran taten, ein ganzes Spektrum des Bauens der zwanziger Jahre abzuschreiben und nach 1945 einzig auf die Radikalmoderne zu setzen.

Ein wenig Poelzig, Bartning, Böhm, Tessenow, ein wenig auch Schumacher und Höger hätte dem Wiederaufbau der kriegszerstörten Städte gut getan. Ließ sich wirklich nicht ihrer aller Handwerkertum, ihr Traditionalismus, ihr Wille zum Stil mit dem Modernitätsanspruch der Nachkriegszeit in Einklang bringen? »Warum holte man mich nicht zum Wiederaufbau?« fragte Höger 1949, als sein kriegszerstörtes Rappolthaus durch einen fremden Architekten wiedererrichtet wurde. Das könnte ein melancholischer Kommentar zum Abtreten einer ganzen Generation sein, die nach dem Kriege zum alten Eisen geworfen wurde. Das Ergebnis zeigen unsere Städte.

## Am Ende der Utopie

Die Abkehr vom eben noch Geltenden wird zumeist als Verlust, mitunter als Verrat empfunden. Solche Erfahrungen machte schon die Epoche, in der mit Ghiberti und Brunelleschi der süße Stil der Gotik eine Sache von Gestern wurde und die Renaissance heraufzog. Drei Jahrhunderte später sah die Verfeinerung des Dixhuitième, die im Directoire weiter ins Sublime getrieben worden war, ihr Raffinement in der Vulgarität des napoleonischen Empire preisgegeben. Noch einmal ein Jahrhundert, und es war wieder soweit: Die Baumeister des Bismarck-Reiches schauten nicht nur aus Mißgunst unwillig auf Messel, Muthesius und Behrens, die an der Tête des wilhelminischen Modernismus ritten. Das Kaufhaus Wertheim des einen und die St. Petersburger Botschaft des anderen schienen den Abtretenden alle Traditionen und Maße zu sprengen, beides Fremdkörper im Gesicht der beiden Residenzstädte.

Es war in jedem Fall die Lebensleistung einer Generation, die dem Heraufziehen geopfert wurde, und da sie oben gewesen war, muß sie also wohl auch das Wollen und vielleicht sogar das Träumen ihrer Zeit formuliert haben.

Man muß sich angewöhnen, auch Klimawechsel dieser Tage unter dem Bild der Zäsur zu sehen; es sind nicht Rückschläge, die der Elan der Nachkriegszeit erleidet; er ist an sein Ende gekommen. Tatsächlich ist das Bewußtsein des Endes einer Ära überall greifbar, was sich nicht nur in dem Konzipieren von Politik, sondern auch in dem von Geschichte zeigt. Wie diese zum

Gegenstand ihres Forschens macht, was gestern noch Gegenwart war, und die zurückliegende Epoche der europäischen Gewaltherrschaften aus dem Bereich der Zeitgeschichte in den der Geschichte getreten ist, so sinnt die Politik auf neue Konstellationen, die an die Stelle der alten Ordnungen treten können.

Ein Abschnitt ist zu Ende gegangen, und man kann nicht einmal sagen, daß er besonders flüchtig gewesen sei. Vierzig Jahre entsprechen in der Geschichte der Spanne zwischen der Schlacht von Leuthen und dem Bastille-Sturm, und in der Architektur stehen sie für den Abstand zwischen Wallots Reichstag und dem Bauhaus von Gropius. Eher läßt sich sagen, daß die Gegenwart in jedem Betracht besonders lange vorgehalten hat. Selten hat es Allianzen gegeben, die wie jene dauerten, die sich nach dem Zerfall der Kriegskoalition bildeten; die von Versailles waren schon nach der Hälfte dahin.

Allerdings: eine so kurzfristige Veranstaltung, wie es das Dritte Reich gewesen ist, das eine Jahrhunderte alte Ordnung zum Einsturz brachte, hat es noch nicht gegeben. Dieses monströse Reich hatte für seinen gebauten Selbstausdruck bei Lichte besehen ja kaum fünf Jahre Zeit, dann fuhr es im Schwefelgeruch schon ab. Staunenswert bleibt, in welchem Maße seine bauliche Hinterlassenschaft dennoch Zeugnis von seinem unbeholfenen Willen zur Klassizität ablegt. Was nach dem Untergang einer Herrschaft kam, die auf beinahe jedem Felde aus der Verweigerung der Modernität lebte, hat sich wieder alles Herkommen lange behauptet. Die Doktrin, die, Anfang der zwanziger Jahre gedacht, 1933 in der Charta von Athen kanonisiert und nach den Zerstörungen des Krieges gebaut wurde, tritt eben jetzt, sechzig Jahre später, ab.

Das hat es noch nicht gegeben, Knobelsdorff regiert, während Gilly schon zeichnet. Wie weit ist davon die Rücksichtslosigkeit, mit der Mies van der Rohe und Gropius sich Platz schufen und das Werk Grisebachs und Ihnes beiseite schoben.

Wenn nun, ein halbes Jahrhundert nach dem Krieg, sang-

und klanglos von der Bühne tritt, was so lange vom Pathos des Zeitgeistes getragen wurde, so ist das der Lauf der Welt. Die Resignation und die Melancholie der Abtretenden machen nur eines offenbar: daß sie so unhistorisch dachten wie sie bauten und daß sie allen Ernstes glaubten, an einen Stil gekommen zu sein, zu enden alle Stile. Und wirklich ist es dies, was die Moderne von allem Vorausgegangenen unterscheidet.

Klenze hatte so wenig wie Stüler geglaubt, für alle Zukunft die Ordnung des Bauens bestimmt zu haben; sie sahen sich im Strom der Geschichte, und es schwächte sie fast, daß sie ein so historisches Selbstgefühl hatten. Die Lehrbücher der Avantgarde von 1920 aber sind voller Zeugnisse des Bewußtseins, jene Baugeschichte hinter sich gelassen zu haben, die vom Wechsel und von der Abfolge bestimmt ist. Aus jedem Satz der inzwischen gespenstisch gewordenen Manifeste von damals spricht das Bewußtsein, einen endgültigen Ausweg aus dem als Chaos empfundenen Gang der europäischen Stadtgeschichte gefunden zu haben. Die Stilgeschichte ist zu Ende, die Zivilisationsgeschichte beginnt.

»Meine Häuser«, sagte Le Corbusier in Berlin bei der Auseinandersetzung über die Maße seiner Wohnungen, »sind nicht für diese Gegenwart und nicht für diese Stadt entworfen. Sie sind gleich geeignet für Eskimos und Sizilianer, und sie werden im nächsten Jahrhundert so gültig sein wie in diesem.« Wer in solchem Maße von dem Definitiven des eigenen Tuns überzeugt ist, muß durch die Erfahrung von dessen Vergänglichkeit in der Tat getroffen sein. Die Geschichte ist über die Utopie gekommen.

Tatsächlich hat die Geschichte wieder von dem alten Europa Besitz ergriffen, und das in jedem Betracht. Die Herrschaft der Theorie, die die Historie abgesetzt hatte, ist zerbrochen; daß es mit der architektonischen Rückbesinnung nichts Zufälliges hat, gibt sich ja auch darin zu erkennen, daß ihr die historische und sogar die politische Erinnerung entspricht.

Lange hat auch die Politik in theoretischen Kategorien, nämlich in strategischen Allianzen, gedacht; so waren ihr Prag, Budapest und Warschau vorzugsweise Plätze des anderen, des osteuropäischen Blocks. Nun wächst ihr die historische Dimension zu, plötzlich steigt ins Gedächtnis, daß der Raum zwischen Moldau, Donau und Weichsel europäisches Herzland ist, von Karl IV. und dem heiligen Stephan bis zu König Johann Sobieski.

Die Europäisierung Europas, über die heute die besten Köpfe nachdenken, will die Wiedergewinnung der Geschichte als eines Elements politischen Handelns. Dies ist der Horizont, vor dem auch das gesehen werden muß, was man ein wenig überstürzt das Hochkommen der deutschen Frage nennt. Das Gedächtnis der Völker ist tief und reicht weit zurück. Die nationalen Renaissancen, die alle europäische Geschichte markieren, sind nur eine Form des Aufbrechens verschütteter Erinnerungen.

In Deutschland spricht sich nur besonders zurückhaltend aus, was den irischen, katalanischen oder baskischen Bereich so viel härter prägt. Die globale Weltzivilisation, die Singapur, Bagdad und Helsinki einander anglich und auch zu einer regional unterscheidbaren Architektursprache geführt hatte, ist brüchig geworden, und überall kommen die alten Strukturen zum Vorschein.

Es ist dieser Untergang der antihistorischen Epoche, der auch hinter jenen Bewegungen steht, die den Städtebau der Gegenwart erfaßt haben: Ein Wiedereintauchen in Geschichte, das binnen kurzem auch wieder alte Bild- und Erzählfigurationen heraufführen wird. Die Legitimität des architektonischen Umbruchs, der sich vor unseren Augen vollzieht, beweist sich nicht in der erinnernden Heraufrufung von Stilelementen der Baugeschichte, obwohl der Beobachtende mit heiterer Rührung die Wiederkehr von Säule und Rundbogen, Erker und Balustrade sieht. Das sind, aufs Ganze gesehen, Accessoires, mit denen man so linkisch umgeht wie die Jungen Wilden mit den Zutaten expressionistischer Gestik. Es ist die Wiederkehr des Maßes, die stattfindet, und zwar des einzigen Maßes, das wirklich zeitenthoben ist – das des Menschen.

Die Moderne war ja nicht revolutionär gewesen, weil sie dem Ornament den Kampf angesagt hatte. Das glaubte nur Franz Joseph und mit ihm das Wiener Bürgertum, das konsterniert Fischer von Erlachs Flügel der Hofburg mit den gewalttätigen Proportionen von Adolf Loos konfrontiert sah.

Die Zeitgenossen empfanden das Gegenüber als Beleidigungsarchitektur, und die Rücksichtslosigkeit der Herausforderung ist es ja auch, was seit dem Untergang der alten Welt den Umgang mit dem Erbe kennzeichnet. Schinkel ist auch darin der Ahnherr der Moderne, daß er vom Friedrichdenkmal bis zum Palais Redern den Solitär will, der quer zur Umgebung steht. Die beiden Könige, die Münchens Gesicht geprägt haben, hatten stets das Gegenteil gewollt; der Renaissancismus der Ludwigstraße und der Gotizismus der Maximilianstraße stellten die Einheitlichkeit der Anlage über die Vorbildlichkeit des Einzelwerks.

Mit der Moderne beginnt dennoch etwas anderes. Es ist aus dem Auge gekommen, was über allem Wechsel immer konstant geblieben war und die Unterschiede zwischen dem kaiserlichen Rom und dem habsburgischen Wien auf ein Nichts zusammenschrupfen ließ – die *condition humaine*, die auch darin besteht, daß die menschliche Stimme dreißig Schritte weit trägt und das menschliche Auge ein Gesicht über eine Strecke von sechzig Metern zu erkennen vermag.

Das ist es ja, was der ersten Begegnung mit Pompeji die Stimmung des Wiedererkennens gibt und weshalb man vor dem freigelegten Straßensystem von Sybaris ganz ohne Überraschung steht. Fast jeder Besucher hat vor den ausgegrabenen Städten noch die Empfindung gehabt, hier morgen einziehen zu können. Das Staunen gilt der Entdeckung, daß Mohenjo Daro und Haithabu einander fast gleichen.

So gering war also der Schritt vom vierten vorchristlichen Jahrtausend Indiens zum neunten nachchristlichen Jahrhundert Europas. Die Breite der Straße wird von dem Maß des Fuhrwerks bestimmt, und die Gasse unterscheidet sich vor allem darin von der Straße, daß sich hier mehrere Gefährte begegnen können. Ob sie von Auerochsen, Pferden oder Maschinen gezogen werden, gehört in die Transport- und nicht in die Stadtgeschichte.

Die Häuserfronten aber waren stets gleich hoch gewesen, meist zwei- bis drei-, mitunter vier- bis sechsgeschossig – im Alexandrien der Ptolemäer, im Palermo der Bourbonen und im London der Queen Victoria. Es hätte Hadrian nicht sonderlich wundergenommen, durch das Paris Napoleons zu gehen; höchstens wäre ihm manches vergleichsweise gering erschienen.

Der Bruch, den die Visionen der Moderne brachten, war auch in dieser Hinsicht wirklich ein Bruch und kein Einschnitt. Wo man früher über die vertrauten Größenverhältnisse hinausgegangen war, also in der englischen Avenue oder im französischen Boulevard, hatte man nur die Maße jener Anlagen aufgenommen, die dem Saum der Küsten gefolgt oder auf den Tempelbezirk zugelaufen waren. Jeder Besuch in den Trümmerstätten Ägyptens oder des Zweistromlandes zeigt, wie wenig die Anlagen des 19. Jahrhunderts aus der Ordnung der alten Welt gefallen waren. Mit der Imagination von Städten aber, deren durcheinanderlaufende Stränge dem Röhrengewirr von Hydrierwerken gleichen, ist nicht die bürgerliche Stadt, der so lange die Abneigung galt, an ihr Ende gekommen, sondern das, was die Geschichte als Stadt kennt.

Die Leidenschaft für das Noch-nie-Dagewesene gibt der Epoche zwischen den Kriegen eine unvergleichliche Aufbruchstimmung. Der Mensch, den die russische Revolution ja auch als Ingenieur der Seele versteht, macht sich daran, sich selbst und seine Welt neu zu konzipieren. Welcher Weg von den erinnerungsschweren Gebärden Hofmannsthals, der ganz vergessener Völker Müdigkeiten nicht abtun kann von seinen Lidern, zu diesem Sich-selber-Hinüberwerfen in ein anderes Weltäon. Es ist der Weg von der geschichtsgesättigten Trauer der sterbenden Reiche des alten Europa zu den Labors, als die man jetzt die Städte begreift – Heinrich Manns optimistische Menschen-Werkstätten, von denen nun auch nichts geblieben ist als der Wind, der durch sie hindurchging und allen Optimismus davonblies.

Die Hoffnung ist eine linke Kategorie, und die Skepsis ist konservativ. Das ist noch die verläßlichste Unterscheidung der beiden Gruppierungen, deren Wechsel die Geschichte und die Einschnitte bestimmt. Das Nach-vorne-Treten des Konservativen signalisiert deshalb in aller Geschichte, daß die Zuversicht geschwunden ist und daß man sich seiner Sache nicht mehr sicher weiß. Das gilt für die Epoche nach dem Wiener Kongreß wie für die, deren Einsatz die Prognosen des Club of Rome markieren. Die großen Entwürfe verblassen in solcher Lage, und Zeiten der Unsicherheit, der Vorsicht, des Mißtrauens ziehen herauf; dann werden die Robespierres durch die Metternichs abgelöst.

Die futuristischen Phantasmagorien treten nicht ab, weil die Reaktionäre das Steuer in die Hand genommen haben. Es verhält sich nahezu umgekehrt: Die Zukunftsräusche sind schal geworden, und was eben noch Verheißung war, hat plötzlich apokalyptische Züge angenommen. Würden die Wahlurnen es nicht zeigen, die Architektentische demonstrierten es: Die Vision ist der Zeit abhanden gekommen; was gestern verlockte, erschreckt heute. Das Bauen kodifiziert nicht nur Herrschaftsverhältnisse; es dokumentiert auch die Beziehung, die ein Geschlecht zur Kategorie der Zukunft besitzt, und insofern stellen die Wiederherstellung der alten Stadtgrenzen und die Rückkehr zu alten Stadtteilen dem sozialistischen Elan eine schlechte Prognose.

Der Konservatismus, der über Europa liegt, signalisiert ein

neues Weltverhältnis, dessen Chiffre die historische Erinnerung ist. Dies gilt in jedem Betracht, von der Entwicklung des Kunstmarkts bis zu den Spielplänen der Avantgarde-Bühnen, die sich ja überall vorzugsweise mit Kleist, Ibsen, Tschechow und Gorki befassen.

Wie sehr dies alles die Politik transzendiert, zeigt der Umstand, daß der Widerspruch gegen die verblassenden Schemen von gestern am deutlichsten nicht in der Rückkehr der Rechten greifbar wird, sondern in dem Aufzug der Grünen. Es ist die botanische Vokabel, die gegen die gesellschaftliche antritt.

Der Geruch von Angst haftet plötzlich allem Neuen an, das gestern noch so bezauberte. Zum ersten Mal betreten Rebellen nicht unter den Zeichen der Teilhabe, sondern unter dem der Verweigerung die Bühne. Nicht die Schaffung des unerhört Neuartigen mobilisiert ihre Dynamik, sondern die Bewahrung des Uralten und Zeitlosen – der gewundene Bach, der winklige Marktplatz, der undurchdringliche Wald.

Was tut es zur Sache, daß die reine Linie von Mies van der Rohe und die vollkommene Skulptur von Le Corbusier unvergleichliche Schönheiten sind? Es ist die Stimmung einer Epoche und nicht die Ästhetik, die über das Lebensrecht einer Sache entscheidet. Der Schlachtruf dieser Epoche aber lautet mit dem Titel eines sonst mäßig scharfsinnigen Buches: »From Bauhaus to our house«, und Legionen von Alternativen und Bürgern stimmen in ihn ein; sie sind gar nicht mehr zu unterscheiden.

Natur und Geschichte haben die Utopie eingeholt und sind eben jetzt dabei, selber Utopie zu werden. Denn die Herstellung von Häusern, die Wald, von Boulevards, die Blumenbeete, und von Straßen, die Spielplatz sein wollen, ist gegen den Geist der Moderne wie gegen den der Historie.

## Die Schuld der Schuldlosen

Der Moderne blieb in ihrem Jahrzehnt die Bewährung erspart. Sie etablierte sich spät und blieb, aufs Ganze gesehen, trotz triumphaler Durchbrüche eine Außenseitersache.

Erst die Legende hat die Republik zu einer Epoche der Avantgarde gemacht. In Wahrheit war sie, was alle Epochen sind, eine Angelegenheit der Moderne von gestern. In der Malerei beherrschten Liebermann, Corinth und Slevogt die Szene, in der Skulptur Kolbe und Scheibe oder Lehmbruck und Barlach. Die anderen blieben tatsächlich Avantgarde, nämlich: Vorhut der Hauptmacht.

Das alles gilt für die Architektur in gesteigertem Maße. Gegen Ende der knappen vierzehn Jahre, in denen die Weimarer Republik sich bauend darstellen konnte, kam sie überraschend zum Zuge, aber im spektakulären Solitär – dem Kaufhaus Mendelsohns, dem Gutsbetrieb Härings, der Hochschule von Gropius. Das Wichtigste blieb Entwurf, vorweg die neuen stadträumlichen Erfindungen, Hans Poelzigs Königsplatz ebenso wie der Alexanderplatz von Mies van der Rohe.

Als dieser als Nachzügler Ende der dreißiger Jahre Deutschland verließ, hatte seine Generation nicht eine einzige ihrer städtebaulichen Visionen verwirklicht, nie war es ihr gegeben gewesen, das gebaute Gesicht der Zivilisation zu formen. Die gläsernen Hochhäuser, die raumdurchfluteten Plätze, die republikanischen Gebärden, die Konzepte der radikalen Demokratie, alle waren sie Träume geblieben. Vielleicht Alpträume?

Zwölf Jahre später war das Unfaßbare geschehen: Eine Zivilisation hatte sich selbst beseitigt. Die *Tabula rasa*, von der sie alle geträumt hatten, als Le Corbusier in Gedanken Paris und Hilberseimer in der Vorstellung Berlin abgeräumt hatten, um neue Gehäuse für eine neue Gesellschaft zu errichten, hatte sich selber hergestellt. Die aristokratische Residenz war ebenso dahin wie die bürgerliche Metropole, vom Schloß bis zum Brandenburger Tor kein Haus mehr, zwischen Kottbusser Tor und Zoologischem Garten ein Meer von Trümmern. Dem inspirierenden Traum rationaler Städte stand nichts mehr im Wege. Den Architekten, die nach dem Ende des Krieges aus aller Welt nach Berlin kamen, muß das Herz höher geschlagen haben, und nicht nur vor Schrecken.

Das war die Chance der Generation, die nach 1945 kam; den Söhnen fielen die Utopien der Väter zu, und zum ersten Mal waren sie in den Bereich des Machbaren gerückt. Es sollte sich erweisen, daß diese größte Herausforderung auch die tiefste Gefährdung des Neuen Bauens brachte, das man inzwischen gegen sich selber in Schutz nehmen muß.

Die Macht der Verhältnisse, die ein massenhaftes Bauen erzwang, wie es nicht einmal die Gründerzeit der Industrialisierungsphase gesehen hatte, brachte die Ohnmacht des Gedankens zutage: Die Avantgarde war ihrer eigenen Vision nicht gewachsen, und sie wäre es wohl nie gewesen.

Schaut man heute aus dem Besitz der Erfahrung auf die Utopien der zwanziger Jahre zurück, so nehmen jene gezeichneten Träume einen beängstigenden Charakter an. Hilberseimers Reihungen gleichförmiger Hochhäuser für gleichförmige Menschen in einer klassenlosen Gesellschaft – sind sie so weit von jenen Betongebirgen, die am Rande aller deutschen Städte entstanden? Mies van der Rohes Konzept eines gläsernen Platzes, dessen Raumwände aus Luft und Licht gebildet werden – so fremd ist das nicht jenem Alexanderplatz, den die heruntergekommenen Erben der sozialen Utopien im anderen Teil der Stadt herstellten.

Die vollkommene Desillusionierung am Ende einer Bauepoche, die nun so lange währt wie die ganze Dauer des Kaiserreichs, hat nicht die verirrten Söhne im Auge, sondern die irrenden Väter. In diesem Sinne mögen die Heutigen melancholisch ihrer Idole von einst gedenken: »Ihr laßt den Armen schuldig werden und überlaßt ihn dann der Pein.«

Auf nahezu allem nach diesem Krieg Gebauten lastet diese Hypothek: der Zwang einer Not, die in kürzester Frist gemildert werden wollte, und die Herrschaft einer Doktrin, die nicht eine andere Stadt wollte, sondern gar keine mehr. Das eine führte dazu, daß eine Generation ganze Stadtviertel in einem Alter konzipierte, in dem ihre Väter und Großväter mit den ersten Aufträgen umgingen. Als Mies van der Rohe und Gropius Deutschland verließen, hatten sie in einem Vierteljahrhundert weniger gebaut als ihre Nachkommen in einem einzigen Jahr.

Das andere, die Stadtfeindlichkeit der sozialistischen Utopien, sah sich angesichts der Trümmerlandschaft des Bombenkrieges zugleich gerechtfertigt und überholt. Le Corbusier wollte noch ganz Paris abreißen, um an die Stelle der alten Quartiere Punkthäuser in einer Parklandschaft zu setzen; seine Visionen wurden auch in jenem schlangenartigen Betongebilde greifbar, mit dem er die Küste Nordafrikas säumen wollte.

Von Italien bis nach Rußland sind die Handbücher der zwanziger Jahre voller Utopien, das steinerne Meer niederzureißen, um den Moloch Stadt, Ort der Unterdrückung und Ausbeutung, durch heitere Gefilde egalitären Menschenglücks zu ersetzen. Nun wurden plötzlich aus poetischen Idealen planerische Ideologien, und benommen betrachtet eine wiederum neue Generation das Werk ihrer Väter und drängt in die Welt der Hinterhöfe zurück.

Die Hoffnungen einer Generation, die so begabt war wie jede andere, sind an dem zuschanden geworden, was sie so lange als unvergleichlichen Glücksfall ansah: der vollkommenen Freiheit, die das Chaos hinterlassen hatte. Immer hatte man sich anbequemen müssen – Schinkel dem barocken Stadtgrundriß, Loos der imperialen Platzgebärde, Taut der wilhelminischen Mietskasernenwelt. Nun endlich waren alle Barrieren hinweggeräumt, die der historischen Struktur, die des ökonomischen Bauherrenzwangs, die der ästhetischen Tradition. Draußen baute man ja ohnehin auf den Wiesen vor den Toren der Stadt, drinnen applanierte man, was an Resten des Einst übriggeblieben war.

In Scharouns Groß-Berlin-Plan von 1946, ausgestellt noch im alten Stadtschloß Unter den Linden, ist Berlin als Gesamtstadt aufgelöst, um aus einzelnen Vierteln, die durch Grüngürtel getrennt sind, eine Wohnlandschaft zu gewinnen: Die Stadt schafft sich ab. Zehn Jahre später, als in der spätbürgerlichen Adenauer-Ära, die nach dem melancholischen Wort von Hans-Peter Schwarz in mancherlei Hinsicht im Abendglanz des neunzehnten Jahrhunderts lag, zum letzten Mal ein »Hauptstadt-Wettbewerb Berlin« ausgeschrieben wurde, wird der Zukunftstraum zum totalen Schrecken: bei Le Corbusier anstelle der abgetragenen Stadt ein System von sechziggeschossigen »Großwohnanlagen«, bei den Smithsons kilometerlange lindwurmartige »Fußgänger-Hochstege«, an deren »Plattformen« sich Hochhäuser drängen, bei Scharoun »Zentren« für Wirtschaftseinrichtungen, Kultureinrichtungen und Regierungseinrichtungen, dazwischen überall »Verbinder«, »Erschließer«, »Verteiler«. Die Stadt als Stadt mit Straßen, Plätzen und geschlossenen Quartieren gibt es nicht mehr. Was gewollt wurde, läßt sich an den beiden Komplexen ablesen, die Scharoun als einzige realisieren konnte: Kulturzentrum und Charlottenburg Nord. Der Rest blieb der Stadt erspart.

Nie ist seit den Idealstädten der Renaissance und des Klassizismus so über alle Zwänge hinweg aus der Vision gebaut worden. Am Mangel an Freiheit lag es nicht, wenn es mißlungen sein sollte.

Ein Vierteljahrhundert später ist die Empfindung des Fehlschlags allgemein, und die Desillusionierung wächst mit dem Maße der Sensibilität. So wundert es nicht, daß es die Ahnherren des Neuen Bauens sind, bei denen die Selbstzweifel im Alter am greifbarsten werden. Mies van der Rohe, vor seiner Neuen Nationalgalerie stehend, wünschte sich als Kontrapunkt zum Charlottenburger Schloß die alten Wohnquartiere des bürgerlichen Zeitalters. Das war nicht nur seine amüsierte Fremdheit angesichts der expressionistischen Gebärden Scharouns; er wußte, daß die Kraft der reinen Linie als Gegenpart die Vielfalt der Historie braucht, wie ja auch das Centre Pompidou vom Gegenüber des Marais lebt.

Scharoun selbst aber, über Jahrzehnte hinweg ein Verfechter der offenen Platzräume als Entsprechung offener Gesellschaften, zeichnet am Ende für den Belle-Alliance-Platz eine geschlossene Randbebauung, die sich eher an barocken Platzräumen orientiert als an solchen aus dem Lehrbuch der neuen Theorie. Für die ästhetische Mediokrität des Gebauten ist er so wenig haftbar zu machen wie Gropius für die Banalität der Gropiusstadt, die dieser als Hommage an die Britzer Hufeisen-Siedlung konzipiert hatte, mit geschlungenen Wohnstraßen, einem System von Rundplätzen und Gartenhöfen. Beide Male waren es die ausführenden Bauhaus-Enkel, die alles verdarben.

Noch im gewissenhaften Selbstzweifel waren die achtzigjährigen Urväter empfindlicher gewesen als ihre entlaufenen Schüler – wenn sie auch nicht so weit gegangen sind wie der Abgott der Nachkriegsgeneration Philip Johnson, der den Internationalen Stil, wie er sich seit dem Kriege über die Welt ausgebreitet hat, am Ende für eine Tragödie erklärt, die nicht nur den Häusern ihre Emotionalität, sondern zugleich auch den Städten ihre Individualität genommen habe.

Das muß man im Auge behalten, wenn man über das Scheitern so vieler Hoffnungen und auch Leidenschaften nachsinnt. Es war nicht die Enge der Verhältnisse, die die Träume zuschanden werden ließ; es war vielmehr die vollkommene Freiheit, der das Fühlen und Denken der aus der Gewaltherrschaft Auftauchenden nicht gewachsen war. Früher hatte ja immer den Zukunftsentwürfen neuer, heiterer Städte die stumpfe Wirklichkeit entgegengestanden: Der verlangende Griff in das Morgen hatte sich mit dem Flicken der ausgefransten Stadtränder, dem Siedlungsbau zwischen Zehlendorf, Britz und Reinickendorf zufriedengeben müssen, den Inkunabeln der sozialen Demokratie zwischen den Weltkatastrophen. Wie ausgreifend waren die Gedankenmodelle Luckhardts und Mays, Tauts und Hilberseimers gewesen, von den realen Phantasien der italienischen Futuristen und der russischen Konstruktivisten ganz zu schweigen; und wie armselig, was sie in der knappen Spanne von 1920 bis 1930 zustandegebracht hatten.

Nach den europäischen Zerstörungen durfte man nicht, nun mußte man planen und bauen, ausschweifender als je eine Generation zuvor. Es zeigte sich, daß die Vision nur im Formalen und Punktuellen, nicht im Gedanklichen und Gesellschaftlichen hinreichte; man pilgerte zur Cité radieuse nach Marseille und zu Mendelsohn nach Luckenwalde, zu Oud nach Rotterdam und zu Golossows Arbeiterclub nach Moskau, zu den großen Stilgebärden; aber man hatte keinen geistigen und sozialen Entwurf von Stadt, der über Bauhaus-Manifeste und die Charta von Athen hinausging. Dies ist aber nicht das Debakel einzelner Architekten, sondern das Desaster einer Generation. Wenn das Werk eines jeden Künstlers in gleichem Maße von seinem Urheber und von seiner Epoche zeugt, so ließe sich sagen, daß im Gang der Jahrzehnte diese in immer höherem Maße über jenen triumphiert hat: Das aus der geistigen und formalen Bescheidenheit der zwanziger Jahre kommende erste Nachkriegsjahrzehnt wird überwältigt von einem Zeitgeist, der nach Großstrukturen verlangt, als ob die vorausgegangene Epoche derer nicht genug gehabt hätte.

Nostalgisch betrachtet man die Arbeiten der ersten anderthalb Jahrzehnte. Wenn irgendwo im Bauen der Nachkriegszeit an die Ideale des Bauhauses angeknüpft wurde, so in jenen Einfamilienhäusern, die damals in Köln wie in München und Berlin entstanden, und in den Ausstellungspavillons, mit denen das neue Deutschland vor das Ausland trat. In diesen späten fünfziger Jahren schien sich eine Baukultur anzukündigen, die nun wirklich dort anknüpfte, wo fünfundzwanzig Jahre zuvor alles abgebrochen war – ein Bauen des Maßes, der leisen Töne und jener Eleganz des Details, die im Wohnungsbau bei Mendelsohn und Salvisberg auf ihren Höhepunkt gekommen war. Dann mußte es irgendwann über diese Generation gekommen sein – und da sie Macht eroberte und verteidigte, sinken mit ihr auch die zwanziger Jahre endgültig in die Vergangenheit.

Das Hansaviertel markiert in vielerlei Hinsicht den Wendepunkt, und in der Auseinandersetzung zwischen Martin Wagner, Berlins Stadtbaumeister der zwanziger Jahre, und seinen Nachfolgern in der Stadtplanung ist der Bruch mit Händen zu greifen.

Wagner, dem Berlin die Weiße Stadt, Britz und Onkel Tom verdankt, war fassungslos, als er die Konzepte für die Interbau sah, das elitäre Konglomerat einen Steinwurf weit vom Ort der Katastrophe. Die Kombination von luxuriösen Stadtvillen und aufgereihten Punkthäusern war ihm aus politischen, finanziellen und sozialen Gründen gleicherweise ein Irrweg, der entscheidende Bruch mit seiner Ära, die er immer als eine moralische begriffen hatte.

Tatsächlich sollte sie so wenig wiederkehren wie deren Protagonisten, die in der Emigration vergebens auf den Ruf zur Rückkehr warteten. Mays Römerstadt und Scharouns Breslauer Werkbundsiedlung waren nicht mehr die Leitbilder für Deutschlands Architekten und Stadtplaner, nicht einmal für May und Scharoun selbst. Dieser stellte unmittelbar neben seine Siemensstadt das Sammelsurium von Charlottenburg Nord, jener setzte seine Römerstadt mit dem Hochhaus-Chaos von Kranichstein fort.

Die Alten wie die Jungen schauen jetzt auf die Massierung im Herzen oder am Rande der europäischen Städte: Rotterdams Lijnbaan, Roms Tusculano, Sheffields Park Hill oder Stockholms Vällingby. Wenige Jahre später legten junge Architekten der Nachkriegsgeneration die ersten Skizzen für das Märkische Viertel vor. Nie sollte der Siedlungsbau der zwanziger Jahre wiederkehren, in dem die geistige und politische Leidenschaft des Staates von Weimar Stein geworden war. Vermächtnis einer Republik, die aus der Not ihre größte Tugend gezogen hatte.

Am Himmel der neuen Generation leuchteten längst andere Sterne. Übermächtig schob sich vor den Horizont das plastische Genie Le Corbusiers, längst waren ihnen allen die englischen Erfahrungen dazwischengekommen, der New Brutalism aus dem Umkreis von Peter und Allison Smithson, schließlich die Sinnlichkeit und die Kraft von Louis Kahn. Spiegelten nicht die Reminiszenzen an Taut und Luckhardt demgegenüber ein kleinbürgerliches Behagen im Winkel, Reihenhausgarten und Balkonwettbewerb? Es war genierlich geworden, an die Werkbund-Siedlungen von Weimar zu denken, wo man doch so ausgreifende Entwürfe ganzer Städte hatte. Onkel Tom und Britz hatten demgegenüber Kleineleute-Geruch.

Das Scheitern, nicht das eigene, sondern das der epochemachenden Visionäre, kam unverhofft: Gerade die Götter hatten gefehlt. Le Corbusiers Pandschab-Hauptstadt Chandigarh ein Desaster, Kahns pakistanische Kapitale Dacca ein irreparabler Fehlschlag, immer neue Umplanungs-Wettbewerbe für die New Towns zwischen Schottland und der Provence. Die Architekturgeschichte hat selten so viel Leidenschaft, ein ähnliches Maß an Zukunftswillen – und so viele Fehlschläge gesehen. Wenn die Architekten eine Erfahrung gemacht haben, so die Thomas Wolfes, daß die Welt von unvorhergesehener Vielfalt ist, verschlungen, verwirrt, schmutzig und schmerzlich.

Inzwischen ist der Rückschlag gegen den gedanklichen Impetus des Bauhauses so allgemein, und er geht so tief, daß die Moderne nun auch da kaum noch zum Zuge kommt, wo sie auf der Höhe ihrer Möglichkeiten ist und jenes Recht für sich hat, das ihren Aufbruch einst legitimierte. Dies meinte der Satz, daß das Neue Bauen an einen Punkt gekommen sei, wo man es gegen sich selbst verteidigen müsse. Der Übergang zu Rundbögen und Quadratfenstern, wie ihn die Postmoderne vollzieht, darf nicht das letzte Wort der Moderne sein.

Alles ernsthafte Nachdenken über dergleichen Dinge läuft auf die Frage hinaus, ob der einzelne über seine Epoche siegen kann. Wie weit geht das Vermögen des Individuums, sich über die Ungunst der Verhältnisse zu erheben? Läßt sich ein Land über seinem Niveau regieren, stimmt es wirklich, daß man mit der Zunge in den Staub der Zelle malen kann?

Die Epoche des zweiten Dreißigjährigen Krieges, die Zeit der Weltkriege und Weltbürgerkriege, war ein einziger Ausbruch an Genie – Einstein und Freud, Picasso und Proust, Schönberg und Thomas Mann, Beckmann und Benn; auch Gropius und Mies van der Rohe. Am Ausgang der Konvulsionen liegt sie wie ausgebrannt da, alle Ideen gedacht, alle Experimente gemacht, alle Finsternisse durchschritten. Blieb nur noch das Maßlose, in jederlei Betracht?

Sicher ist, daß man seinem Schicksal, das Zeitgenossenschaft heißt, nicht entlaufen kann. Hat man an den Erhebungen seiner Generation teil, kann man auch ihren Beschädigungen nicht entgehen. Dies ist ein Jahrhundert der Täuschungen und Selbsttäuschungen, Irrwege ohne Zahl und verhängnisvoll fast alle. An seinem Ende stellt sich heraus, daß die Bilder heiteren und befreiten Zusammenlebens, die an seinem Anfang standen, selbst im Medium der architektonischen Utopien trogen.

# Unberühmte Architekturen

Zu den Worten, die vielen Autoren zugeschrieben werden, zählt der Satz, daß die Stadt selbst das größte Kunstwerk sei, das Paris hervorgebracht hat. Tatsächlich tritt kein einzelner Bau, nicht Notre Dame, kein Louvre, nicht einmal der Triumphbogen Napoleons in das Bewußtsein, wenn das Bild beschworen wird, das Paris in der Seele noch jeden Besuchers hinterlassen hat. Es sind die Quartiere des 17. und 18. Jahrhunderts, dann die Hausmannschen Boulevards aus den Jahrzehnten Napoleons III. und schließlich die Quais mit ihren Bouquinisten, die in der Vorstellung aufsteigen, wenn man die Romane Balzacs, Zolas oder Prousts liest. Die Stadt ist mehr als jede ihrer Architekturen, und das hält die Empfindung fest, die immer mehr versteht als das Wissen.

So verhält es sich mit allen großen Städten Europas, den ältesten und schönsten zuerst. Rom ist ein unvergleichliches Architekturmuseum, vom Pantheon Hadrians über Berninis Petersdom bis zu Nervis Stazione Termini. Aber Roms Bild in der Erinnerung wird geprägt von dem eher Beiläufigen, dem Oval der Piazza Navona oder dem Gassengewirr um die Piazza della Rotonda vor dem Pantheon; es sind wenige Häuser darunter, die das Gedächtnis zu beschreiben wüßte. Man kann zwar sagen, wer hier vor Jahrhunderten gewohnt hat, nicht aber wie die Baumeister der Bürgerhäuser hießen, die jenes Borgo errichteten, das Mussolini abreißen ließ, um Platz für seine Triumphstraße vor dem Petersplatz zu gewinnen. Auf dem Corso, den Humboldt, Keats und Thorvaldsen so liebten und in dessen Seitenstraßen Goethe und Thomas Mann wohnten, findet sich nur eine Handvoll Häuser, die in die Architekturgeschichte eingegangen sind. Aber noch immer zählt der Corso zu den großen Straßen Roms, genau wie die Via Veneto der Jahrhundertwende, die das Dolce vita der fünfziger Jahre sah und die doch so banal ist wie alle Boulevards des späten 19. Jahrhunderts, die Champs-Élysées oder der Kurfürstendamm.

Es sind jene Orte, die keinen Stern in den Reiseführern tragen, die die schwer bestimmbare Aura Roms ausmachen und die am meisten geliebt werden – der Campo de' Fiori, die Quartiere an den Abhängen des Pincio oder die unscheinbaren Piazzetten in Trastevere. Natürlich stehen in Rom auch die Häuser, die Friedrichs Potsdam beflügelten und dann das palladianische London, die berühmten Bauten von Bramante oder Borromini und natürlich vor allem Michelangelo. Aber das Unauffällige triumphiert immer wieder über das Genie der Einzelnen, und dies hatte wohl Fontane im Sinn, als er davon sprach, daß die schönen Städte Europas uns »wie ein reizendes Bild« berühren.

Nimmt überhaupt jemand wahr, daß Rom auch der Ort der italienischen Moderne ist, der des faschistischen Futurismus, der zuweilen ununterscheidbar vom Bauhaus ist? Oder der Bauten des italienischen Versuchs, das Antike mit dem Pathos des Imperialen zu verbinden in der unvollendeten Weltausstellungsstadt von 1940 zwischen Rom und dem Meer, etwa die Gebäude von Piacentini oder La Padulas, vor allem jener Palazzo della Civiltà Italiana – von den Römern Palazzo Chirico genannt? Gänzlich unauffindbar sind die Bannerträger der gegenwärtigen dritten Moderne von Rossi oder Grassi. Das bleibt eine Architektur für Architekten, von der die Bürger eher unwillig Notiz nehmen, wenn sie überhaupt wahrgenommen wird. Man muß sich ihre Bauten aus Architekturhandbüchern zurechtsuchen, um sie in Roms Häusermeer zu entdecken.

So ist es überall, in London wie auch in Moskau, das zwischen 1900 und 1930 ja eine Stadt des Aufbruchs auch auf dem Felde der Architektur war; auf dem Höhepunkt des Stalinschen Terrors zog es alle in diese Stadt der Weltrevolution, die im Neuen Bauen eine Rolle spielten, Gropius wie Le Corbusier. Aber nicht dieses Moskau des Jugendstils oder der Moderne macht die Stadt an der Moskwa aus, sondern jenes alte Moskau, das Tolstois »Krieg und Frieden« aufgerichtet hat und das selbst die Industrialisierung und die Stalinsche Gewaltsamkeit halbwegs überstanden hat. Überall triumphiert der Geist des Ortes über die Aufgeregtheiten des Neuen, und das Unauffällige erweist sich als stärker als jene Bauten, die in den Baedekern eigene Abschnitte haben. Liebt man in London nicht besonders jene namenlosen Straßen in Kensington oder in Knightsbridge und besucht eher aus Pflichtbewußtsein die berühmte St. Paul's Cathedral von Christopher Wren, der London nach dem Großen Brand von 1666 wiederaufgebaut hat?

Besonders Wien hält solche Beispiele in Fülle bereit. Natürlich bestimmt der Stephansdom den 1. Bezirk, und die Palais' des theresianischen Zeitalters geben ihm seinen österreichischen Charme. Aber es ist das Banale, das Wiens Stadtgesicht ausmacht, und es sind jene Straßen und Bauten, die in der Baugeschichte keine Rolle spielen, die die habsburgische Kaiserstadt zur Metropole am Tor zum Balkan gemacht haben. Sicher ist der Neoklassizismus des Parlamentsgebäudes hohl, so nachgeholt wie das Pathos des barockisierenden Burgtheaters; aber es sind, neben dem Halbrund von Gottfried Sempers Neuer Hofburg, diese Bauten Franz Josephs am Wiener Ring, in dem das Glanzverlangen der zu Ende gehenden Donaumonarchie noch einmal Ausdruck fand. Mit der Oper an der Kärntner Straße gegenüber dem Sacher wird der Eklektizismus der K.u.k.-Welt fast schon bedeutend.

Was zählen daneben die Inkunabeln des Wiener Jugendstils, die Hochbauten der Stadtbahn von Otto Wagner oder das legendäre Secessionsgebäude von Joseph Maria Olbrich am Naschmarkt? Sie spielen in der Architekturgeschichte eine Rolle, nicht aber im Bewußtsein ihrer Einwohner und der Besucher. Man kann diese Erfahrung auf die Spitze treiben: Wenn die Sterne in den Architekturführern aufzuscheinen beginnen, steht es bedenklich um die Stadt. Allzuoft zerstört gerade das Epochemachende das Gleichmaß des Herkömmlichen, wie dort deutlich wird, wo neuer Kunstwille in alte Zusammenhänge einbricht.

Das gilt in Wien für die Weltanschauungsarchitektur von Adolf Loos im besonderen Maße, sein berühmtes Café nahe der Kärnter Straße und jener herausfordernde Bau am Michaelaplatz, mit der er Fischer von Erlachs Flügel der Hofburg konfrontierte. Auch nach einem Jahrhundert haben sie sich nicht eingelebt, und Wiens Bürger begegnen ihnen noch heute so irritiert wie zu jener Zeit, da sie den achtzigjährigen Kaiser schockierten. In diesem Sinne gibt es überall zwei Städte, die der Wirklichkeit und die des Gedankens – das Häusermeer, in dem die Bürger wohnen und das Herausgehobene, das in der Architekturgeschichte eine Rolle spielt.

Das wird an Berlin besonders deutlich, jenem »Steinernen Meer« Hegemanns, das in zwei ganz verschiedenen Formen lebt: der glanzvollen preußischen Residenz zwischen Schlüters Barock, Knobelsdorffs Rokoko, dem Griechentum von Langhans und Schinkels Klassizismus auf der einen – und der anonymen Mietskasernenstadt Zilles auf der anderen Seite. Hier zählt Berlin tatsächlich zu den großen Städten Europas – dort trifft man auf ein gesichtsloses Elend, das einem noch heute bei der Fahrt durch Moabit oder Friedrichshain fast schmerzhaft entgegentritt.

Natürlich stehen in diesem grauen Meer auch die großen Bauten der beginnenden Moderne, das Kaufhaus Wertheim von Alfred Messel, die Turbinenhallen von Peter Behrens in Wedding, das Kaufhaus von Bernhard Sehring in der Leipziger Straße, die Funkstation von Hermann Muthesius in Nauen und die großbürgerlichen Villen Mies van der Rohes am Stadtrand bei Neubabelsberg. Aber spielten sie in der Millionenstadt der Jahrhundertwende wirklich eine Rolle, nahm sie der Zeitgenosse wahr, wenn man nicht nach den Architekturführern urteilt, die ein Jahrhundert später geschrieben werden? Berlins Gesicht wird vom Gleichmaß des Alltäglichen und des Durchschnittlichen bestimmt – der Unbeholfenheit des Dekorationswillens von Kreuzberg aus der Bismarckzeit, der vegetativen Ornamentik des Kurfürstendamms und seiner Nebenstraßen aus der Epoche Wilhelms II. und den zwei Dutzend Vororten wie Grunewald, Lichterfelde, Lankwitz, Frohnau und Pankow, die unmittelbar vor dem Ersten Weltkrieg entstanden sind.

Das ist die Welt, die Berlins Gesicht noch heute prägt, jenes Berlin, in dem Fontane sein Leben unwillig zubrachte – wie in seinen Briefen immer wieder zum Ausdruck kommt –, das Benn, Brecht, Döblin, Käthe Kollwitz und Liebermann liebten und das Franz Mehring und der ältere Liebknecht verfluchten. Die Stadt muß sich nun einmal damit abfinden, daß sie keine der alten Städte Europas wie Palermo, Lissabon oder Edinburgh ist, um von den europäischen Metropolen zu schweigen. Berlin als Großstadt ist erst in der Zeit zwischen den herabsinkenden Stilen der Vergangenheit und den heraufkommenden Jahrzehnten der Moderne geboren, und sogar erst kurz vor dem Untergang wurde Berlin eine wirkliche Weltstadt. Daher kommt es, daß die heutige Stadt zu den häßlichsten Hauptstädten Europas gehört.

Dieses Zurückbleiben Berlins gegenüber den anderen großen Städten Europas ist gerade von skeptischen Berlinern immer gesehen worden, und zwar nicht nur im Vergleich zu Rom oder Paris. Fontane beobachtet die mangelnde Lebensart Berlins bei einem Gang durch die ärmeren Viertel Londons. »Ja, sehen Sie, London«, sagt er noch Jahrzehnte später in der Erinnerung zu einem Bekannten beim Gang über den Potsdamer Platz, »London, das ist was, und das ist auch was Großes.

Und die Wirtin kam gerade heim, und da war ein Tisch für sie gedeckt, und da setzte sie sich hin und aß ihr Diner. Und wir sahen zu. Und das werde ich nie vergessen, wie zierlich diese doch nicht der besten Gesellschaft angehörende Frau mit Messer und Gabel hantierte und ihren Anstand wahrte. Besser als die Prinzessinnen bei uns. Und das ist das Große: die Bildung des Volkes.« Das sagte Fontane, als Berlin gerade die Metropole des Kaiserreichs geworden war.

Eine Stadt ist die steingewordene Gesellschaft der in ihr Lebenden. Berlin war aber selbst in seinen besten Zeiten – vielleicht mit der einzigen Ausnahme des Zwischenspiels von Weimar – eine Groß-, sogar eine Weltstadt, aber eine Weltstadt ohne Weltstädter. Es ist diese Fontanesche »Dreisechsermentalität« alles Berlinischen, die auch heute schwerer zu überwinden sein wird als die fortdauernden Folgen seiner jahrzehntelangen Einschließung.

Wenn der Potsdamer Platz um 1920 neben Londons Tower Bridge und dem Rond Point tatsächlich, wie die Statistiken sagen, der belebteste Punkt Europas gewesen ist, so war er doch auch darin charakteristisch für die Millionenstadt, daß er städtebaulich eine Mißgeburt war und architektonisch eine Belanglosigkeit; nur von dem Leben existierte er, das dort einst stattfand. Nicht ein Gebäude von auch nur einiger Ansehnlichkeit stand am Potsdamer Platz, der von drei Hotels – dem Hotel Bellevue, dem Palast-Hotel und dem Hotel Fürstenhof – bestimmt wurde; und natürlich von dem Verkehrsturm, der ihn mehr markierte als jede Architektur. Als man dem kurz vor dem Untergang der Republik durch Mendelsohns Columbushaus abzuhelfen suchte, lief das auf eine Steigerung des Sammelsuriums hinaus, das nur durch einen vollständigen Abriß der Mißgeburten zu retten gewesen wäre; was Poelzig, Luckhardt und Mendelsohn vorhatten und Berlins Stadtbaumeister Wagner billigte.

Die zwei großen Plätze an der Seine und an der Spree – der Étoile und die Place de la Concorde in Paris und der Potsdamer

Platz und das »Knie« der Charlottenburger Chaussee in Berlin – der ganze Abstand zwischen der französischen Metropole und der deutschen Kaiserstadt tritt einem hier entgegen. Berlins Provinzialität wird auch darin deutlich, daß die Stadt kein gelassenes Verhältnis zu sich selbst hat und von dergleichen Feststellungen schockiert ist. Wo ist die Zeit, da Gottfried Benn den Satz schrieb: »Erkenne die Lage. Rechne mit deinen Beständen«?

Berlin zahlt eben auch in seiner Architektur den Preis dafür, daß nicht nur Deutschland eine verspätete Nation war, sondern auch Berlin eine spät gewordene Reichshauptstadt. Erst 1871 wurde Berlin Zentrale des neugeborenen Kaiserreichs, und über diese brach dann die Industriewelt des späten 19. und frühen 20. Jahrhunderts herein. Nur: dieses Parvenuehafte, dieses Gehabe des *nouveau riche*, dieses Voraussetzungslose und allem Offene, das allen schärfer Blickenden von Mark Twain bis zu Georg Brandes immer in die Augen fiel, machte die paradoxe Faszination seiner grauen Quartiere aus, die noch heute in den Arbeiterbezirken von Wedding oder Lichtenberg zu spüren ist.

Es war dieses Berlin, auf das die deutschen Dinge notwendig zuliefen; es kann nicht wundernehmen, daß in der Literatur Naturalismus und Expressionismus, in der Wissenschaft Mathematik und Physik in dieser Stadt ihren Durchbruch erlebten. In der Dynamik seiner Modernität war dieses »Metropolis« wichtiger als die so viel schöneren Städte des Westens und Südens; Maillol wie Giraudoux, Thomas Wolfe wie Isherwood, Pasternak wie Nabokov kamen, um dieses unansehnliche Berlin zu bestaunen. Erst langsam wird der Stadt bewußt, daß sie sich 1930 tatsächlich anschickte, die Hauptstadt des 20. Jahrhunderts zu werden. Da machte das Dritte Reich sich daran, Berlin als »Welthauptstadt Germania« zu ruinieren.

Das muß wissen, wer über jenes Berlin reden will, das eben jetzt entsteht. Die Stadt, die so lange im politischen, geistigen und geographischen Niemandsland lag, schickt sich an, noch einmal Hauptstadt der Deutschen zu werden. Intellektuell zweimal ramponiert durch einen großen Exodus – den zwischen 1933 und 1945 und den während der Dauer des sowjetischen Satellitenstaats –, will Berlin nun auch in der Architektur seine Provinzialität abschütteln. Die Stadt ergeht sich geradezu in einer Orgie von Wettbewerben, die das Beste herauszufinden suchen, was das Bauen der Gegenwart zu bieten hat.

Ist aber die Addition von lauter Bravourstücken der richtige Weg? In wenigen Jahren werden sie alle im alten Zentrum Berlins versammelt sein – der I. M. Pei des New Wing der National Gallery von Washington, der Foster der China-Bank von Singapur, der Rogers von Lloyds in London, Isozaki aus Tokio, jener Philip Johnson, der mit dem AT&T-Wolkenkratzer von New York das Ende der Zigarrenkistenarchitektur einleitete, der Nouvel des Arabischen Zentrums von Paris, der Renzo Piano des Centre Pompidou, der Richard Meier der schneeweißen Museumsarchitekturen und der Bohigas der Olympiastadt Barcelona. Entsteht aus solcher Versammlung von Zelebritäten wirklich das Berlin des nächsten Jahrhunderts? Natürlich sind das alles bemerkenswerte Architekten, weit über jenem Durchschnittsmaß, das Berlin in der Nachkriegszeit beherrschte. Aber alles, was auf diese Weise zur Zeit in Berlin entsteht, hat einen Zug von permanenter Ausstellungsarchitektur.

Die Tradition der deutschen Moderne, an die man anknüpfen will, wollte aber gerade nicht das Exzeptionelle, sondern das Normale, nur zur Vorbildlichkeit gesteigert. Das Unsensationelle machte die Architektur jenes Jahrzehnts aus, das der ersten Republik gegeben war. Noch heute geht man staunend durch die Restbestände dieses Bauens – die Weiße Stadt Härings, die Siemensstadt von Scharoun, die Hufeisensiedlung von Martin Wagner und das Onkel Tom von Taut, neben denen noch die Siedlungen der späten Kaiserzeit stehen. Im nachhinein schließt sich ja überraschenderweise das Bauen zwischen

1900 und 1935 zu einer einzigen Epoche zusammen. Die revolutionären Durchbrüche erfolgen sogar fast alle vor der Zeitenwende des Weltkrieges – die Quantentheorie, die Relativitätstheorie, die Tiefenpsychologie, die atonale Musik, die ungegenständliche Kunst und eben auch das Neue Bauen.

Die Entdeckung der Modernität des späten Wilhelminismus steht noch bevor; die Kaiser-Wilhelm-Gesellschaft trug ihren Namen zu Recht. Es war richtig, daß der Herrscher unter dem Adlerhelm, der aus einer Provinzinszenierung Richard Wagners herausgestiegen zu sein schien, einer ganzen Epoche, eben dem »Wilhelminismus«, den Namen gegeben hat. Allzu lange hat die menschliche Trostlosigkeit des letzten Hohenzollern den Blick auf die intellektuelle Produktivität der Epoche vor der Revolution verstellt, die ja nur scheinbar das Tor in die Modernität aufstieß.

Niemand wird sagen wollen, daß die zweite Hälfte des Jahrhunderts gehalten hat, was ihr Auftakt versprach. Das gilt im besonderen Maße für das Bauen von Berlin, wo zwei Greisenwerke – Mies van der Rohes Neue Nationalgalerie und Scharouns Philharmonie – als Ertrag ein wenig dürftig für die Anstrengung eines halben Jahrhunderts sind. Oder will man die Bauten der beiden Universitäten, die Museumsbauten in Dahlem, die Opernhäuser und Theatergebäude der westlichen Stadthälfte ins Feld führen? Oder die Nachkriegs-Ausstellungshallen am Funkturm? Das Internationale Congress Centrum, für das die Gläserne Galerie des Messegeländes von Ermisch aus dem Jahre 1935 abgerissen werden mußte, wohl weil sie durch ihre Entstehungszeit belastet war, wird als Werk der Baukunst von den Handbüchern nicht einmal erwähnt. Der Siedlungsbau der Nachkriegszeit wird nach dreißig Jahren auch von seinen Advokaten nicht mehr ins Feld geführt, nicht die einst gefeierte Ernst-Reuter-Siedlung oder Scharouns Charlottenburg-Nord und all die anderen Versuche, die Prinzipien der Charta von Athen zu vollstrecken; schon gar nicht die spektakulären Großsiedlungen der sechziger Jahre, mit denen die

Stadt von dem Kleineleuteglück der Weimarer Zeit Abschied nehmen wollte.

Es fällt schwer, auch nur eine Handvoll Bauten zu nennen, die sich dem einfügen, was Groß-Berlins besonderes Gesicht ausmachte. Allerdings: jede Epoche des Bauens war damals mit einem großen Städteplaner verknüpft, mit Schinkel oder mit C. A. Hoffmann oder mit Martin Wagner. Wessen Name hat sich aus dieser zweiten Gründerzeit der Erinnerung eingeprägt? Wer von den vielen Bausenatoren und Senatsbaudirektoren ist überhaupt noch im Gedächtnis? Das Personal ist so grau wie das Bauen. Berlin hat schlecht mit seinem Pfund gewuchert.

Darauf aber wird es ankommen, nicht auf das Ergebnis der mehr als fünfzig Wettbewerbe, zu denen man die Koryphäen aus aller Welt zusammengerufen hat. Wieder einmal wird das Gesicht der Millionenstadt von jenem namenlosen Bauen geprägt werden, das jenseits der Orte stattfindet, auf die das Licht der Öffentlichkeit fällt – den Stadträumen zwischen Spandau und dem Prenzlauer Berg, zwischen Reinickendorf, dem Alexanderplatz und Lichtenberg. Paris erhält sein Gesicht von den großen Boulevards und London das seine von jenen Squares, die als Werke der Kunst belanglos sind und die doch den Charakter des Häusermeers ausmachen, das auf vergleichbare Weise aus der Aneinanderreihung von einzelnen Boroughs zusammenwucherte.

Fährt man durch die wiedergewonnenen Viertel des Ostens, so begegnet man überall einzelnen Quartieren, in denen sich das Großstädtische Berlins erhalten hat, vom Scheunenviertel bis zum Kollwitzplatz. Das sind die Arbeiterviertel, in denen die Armenärzte Karl Kollwitz und Alfred Döblin ihre Praxis hatten und wo der junge Arnold Zweig wohnte. Der Potsdamer Platz und die Friedrichstraße, wo jetzt geradezu eine Olympiade der Avantgardisten stattfindet, sind natürlich wichtige Orte, und nur eine Verklärung der Vergangenheit, die das gründerzeitliche Gesicht der Leipziger Straße und der beiden

Plätze, in die sie mündete, des Leipziger und des Potsdamer Platzes, nicht in Erinnerung hat, kann einen Zweifel haben, daß das nun Entstehende weit über dem Niveau von einst liegen wird. Aber das Schicksal der Millionenstadt – von der vorläufig noch ungewiß ist, ob sie jemals wirklich eine mitteleuropäische Metropole werden wird – entscheidet sich in jenem Häusermeer, das immer mehr war als jene »Prachtquartiere«, von denen die Stadtführer der Kaiserzeit sprachen. Nur Ahnungslosigkeit kann ja meinen, daß Berlin als Kunstwerk Schritt halten könnte mit den Städten an der Seine und am Tiber.

Hier und da deutet sich aber ganz unspektakulär an, daß die Tradition der unverwechselbar berlinischen Architektur fortgesetzt wird – ein wenig beachteter Wohnhausblock des frühen Paul Kleihues am Vinetaplatz in Wedding, Miethäuser von Hans Kollhoff beim Luisenplatz am Charlottenburger Schloß oder an der Stadtautobahn nahe dem Hohenzollerndamm und vielleicht ein Dutzend weiterer über das ganze Stadtgebiet verteilter Bauten. In solchen Architekturen, die das Outrierte vermeiden und das Simple zur Vorbildlichkeit bringen, wird jene Berliner Bautradition fortgeführt, bei der das Raffinement immer aus dem kam, was kein Aufhebens von sich machte.

Von dergleichem Maßhalten könnte eine nicht importierte Erneuerung des Berliner – oder vielleicht sollte man sagen: des preußischen – Stils kommen. Am Ende triumphiert immer das Einfache über das Weithergeholte.

# Archäologie des Gestern

## Die Sehnsuchtsarchitektur der Hohenzollern

Zählt Potsdam, die Stadt der preußischen Könige, wirklich zu den großen Residenzen Europas, wie das Paris, Wien und Madrid tun? Ganz sicher nicht. Kann man das am Ufer der sich hier seenartig erweiternden Havel gelegene Potsdam tatsächlich zu den glanzvollen Städten am Wasser zählen, wie das St. Petersburg, Venedig oder Amsterdam sind? Die Frage stellen, heißt sie beantworten. Mit Potsdam wird auch keine neue Epoche der Stadtbaukunst oder der Architektur heraufgeführt, wie mit Florenz die Renaissance geboren wird und Rom das Barock zu einem europäischen Stil macht.

Eher läßt sich sagen, daß Potsdam nachholt, was anderswo vorgeführt worden war, in Dresden oder in Würzburg. Der Zwinger Augusts des Starken oder die fürstbischöfliche Residenz der Schönborns haben den Übergang des Barock zum Rokoko nicht nur Jahrzehnte früher, sondern auch kostbarer dargestellt als jene vom Wasser umspielte Kleinstadt, die noch zu Ausgang der friderizianischen Zeit kaum neuntausend Eingesessene zählt.

Man nimmt Potsdam als Stadt in London oder in Madrid kaum wahr, als sein achtundzwanzigjähriger König sich anschickt, die Ordnung Europas umzustürzen. Nicht nur die Metropolen der alten Welt zählten damals schon Hunderttausende von Einwohnern; Palermo, Lissabon und Edinburgh hatten längst sechs-, sogar achtgeschossige Bebauung, als in Potsdam noch ausdrücklich festgehalten wurde, wenn die Häuser des Adels und der Bürger ein zweites, sehr wenige ein drittes Stockwerk hatten. Die Häuser der Handwerker, der »Ackerbürger« und der Havelfischer waren noch immer zumeist aus Holz.

Und dennoch ist diese Stadt auf einer Insel inmitten der Havel ein Wunder gewesen, das alle Besucher in seinen Bann zog. Was war es, von dem ein solcher Zauber ausging? Auch vor der Zerstörung ist hier eigentlich keine wirklich große Architektur zu finden gewesen, keines seiner Adels- und Bürgerhäuser wie das Palais Barberini wäre außerhalb Potsdams in die Augen gefallen. Zumeist sind sie übrigens nur verkleinerte Kopien römischer Paläste. Was für eine Figur hätten sie neben dem Palazzo Madama abgegeben, der jetzt Roms Parlament beherbergt?

Die Besucher liebten seine vier Kirchen, die aber alle in wenigen Jahrzehnten entstanden sind, zwischen 1730, als Friedrich Wilhelm I. die Garnisonkirche durch seinen Hofarchitekten Philipp Gerlach errichten ließ, und der alten Nikolaikirche aus dem Jahre 1724, die Schinkel nach einem großen Brand 1837 aus dem Geist der Klassik erneuerte. Aber beide zählten, bei Lichte besehen, in der Architekturgeschichte nicht wirklich zu den großen Bauwerken, so wenig wie Gayettes Heiliggeistkirche von 1726 und Knobelsdorffs Französische Kirche, eine kleine Hommage an Roms Pantheon, was Friedrich später als Hedwigskathedrale in Berlin in großem Maßstab wiederholen wird. Romanik, Gotik, Renaissance hat Potsdam nie gesehen.

Als Werke der Kunst hielten seine Kirchen noch nicht einmal den europäischen Durchschnitt und könnten zum Beispiel nicht in einem Atemzug neben Wiens Karlskirche und Dresdens Frauenkirche genannt werden, die jetzt, ein halbes Jahrhundert nach ihrer Zerstörung, aus Trümmern neu geschaffen wird. Die wirklich großen Kirchen Europas zwischen Renaissance und Barock entstanden in Rom, Venedig oder in kleinen deutschen Orten wie Neresheim, wo Balthasar Neumann in der Benediktinerabtei ein Wunder an barocker Raumerfindung schuf. Liebe zum Heimischen darf einem den Blick für die Größenordnungen des Schönen nicht trüben.

Bei dem gegenwärtigen Streit um die Wiedergewinnung des alten Potsdam geht es denn auch nicht in erster Linie um die jeweiligen Schlösser, Kirchen und Palais', die der Sozialismus zwei Jahrzehnte nach dem Krieg gesprengt hat; es geht um das Kunstwerk, das die Stadt einst war. Die Stadt ist, um es zuzuspitzen, stets wichtiger als ihre einzelnen Bauten gewesen. Anderswo kann man um die Rekonstruktion zerstörter Bauwerke streiten, im Falle der gotischen Universitätskirche von Leipzig oder der barocken Frauenkirche in Dresden, des vielleicht einzigen protestantischen Sakralbaus, der in die große europäische Architekturgeschichte gehört.

Hier aber, in dieser Nebenresidenz der Hohenzollern, die noch am Vorabend des Ersten Weltkriegs gerade sechzigtausend Bewohner zählte, hat eine ganze Stadt mit ihren Gotteshäusern, ihrem Stadtschloß und ihren Adels- und Bürgerhäusern die Seele verloren. Erst waren es jene zweihundertfünfzig englischen Bomber, die wenige Wochen vor Kriegsende in einer unbegreiflichen Vernichtungswut Potsdam ausglühten, dann aber und endgültig der deutsche Sozialismus, der die Erinnerung an das alte Preußen auslöschen wollte.

Den Staat Preußen haben die großen Mächte gleich nach dem Sieg staatsrechtlich abgeschafft und seine wichtigsten Provinzen unter Polen und Rußland aufgeteilt. Brandenburg aber löschten die deutschen Sozialisten selber aus und machten nach sowjetischem Vorbild Bezirke daraus. Jahrzehntelang gab es das Land Brandenburg nicht mehr, nur noch den Bezirk Frankfurt an der Oder oder die Stadt Brandenburg an der Havel. Den großen König durfte man ein halbes Jahrhundert nur Friedrich II. nennen, während man in Frankreich nach wie vor von Frédéric le Grand sprach und in England ebenso selbstverständlich von Frederick the Great, wie die beiden großen Historiker Pierre Gaxotte und George Gooch natürlich ihre Biographien nennen. Die deutschen Historiker folgten dem Zeitgeist nach 1945 in wunderlichem Maße, als wäre es genierlich geworden, von etwas Großem in der deutschen Geschichte zu sprechen. Sollte sich denn wirklich ein ganzer Staat in solchem Maße auf einen einzelnen Mann zurückführen?

Aber so war es wohl tatsächlich. Friedrich war der Anfang und das Ziel Preußens; vorher gab es im Grunde nur das Land Brandenburg, und ein Jahrhundert nach ihm wurde aus seinem »Haus Brandenburg«, wie er sein Geschlecht in seinem Buch nannte, das Deutsche Reich. Dieser in seiner Jugend bezwingende und in seinem Alter ziemlich unleidliche König ist, sieht man es aus dem Abstand zweier Jahrhunderte, das Ereignis, auf das alles hinauslief. Es ist etwas merkwürdig Punktuelles an Preußen; zieht man Friedrich von ihm ab, so bleibt nicht viel mehr übrig als ein weiter im Norden gelegenes Königreich Sachsen-Polen; in Ostpreußen griff dieses Preußen in den Osten und in Schlesien in den Süden.

Haben das Ulbricht und Honecker mehr geahnt als gewußt, als sie so darauf bestanden, jede Erinnerung an Friedrich zu löschen? Als sie es zu einer Frage der Staatsräson machten, Preußens Schlösser in Berlin wie in Potsdam zu sprengen und selbst Friedrichs Berliner Reiterstandbild von Rauch jahrzehntelang hinter Büschen in Potsdam zu verstecken, bevor sie es wagten, es wieder auf die »Linden« zu stellen, in der Mitte des Forums Fridericianum? Ein solches dumpfes Verständnis von Geschichte würde ihrem Vergangenheitshaß nachträglich einen Hauch von historischer Würde geben; wahrscheinlich war es aber nur Ignoranz.

Wie Friedrich den Staat geprägt hat, so sind auch die beiden Residenzen Berlin und Potsdam ohne den großen König nicht denkbar. Wenn irgendwo eine Stadt nicht das gewachsene, sondern das gemachte Erzeugnis ihrer Herrscher ist, dann gilt das für die bis dahin eher beiläufige Nebenresidenz der brandenburgisch-preußischen Herrscher. Fast alle anderen Residenzstädte Europas sind ein Produkt der Geschichte, zeugen vom lokalen Genie des Ortes und seiner Bewohner und sind auch ohne die fürstlichen Geschlechter denkbar, die hier herrschten. Dynastien, jahrhundertealte oder selbstgeschaffene – die Medici oder die Bonapartes – haben sich den Kapitalen Europas aufgeprägt, ein Kurfürst hier, ein Kirchenfürst dort, haben kostbare Architekturen hinterlassen, die Zeugen ihres Machtwillens sind, auch ihres nach Glanz verlangenden Selbstverständnisses. Aber wessen Werk ist eigentlich Paris – das der Valois', der Bourbonen, der Bonapartes, die vom Arc de Triomphe des ersten Napoleon bis zu den großen Boulevards des dritten das moderne Paris schufen? Wer hat Rom gebaut, das eher in zwei Jahrtausenden geworden ist, als daß es von diesem oder jenem Papst geschaffen wurde?

So verhält es sich auch mit London oder Moskau, und oft verliert sich sogar in den Jahresringen ihres Werdens die Individualität ihrer Schöpfer. Einzig bei St. Petersburg ist es auch ein einzelner Monarch, dessen Bauwillen die Stadt ins Leben gerufen hat, und man könnte sogar mit einigem Recht sagen, daß das kleine Potsdam an der Havel ein Gegenstück zum imperialen Zarensitz am Baltischen Meer ist. Peter der Große scheint denn auch der Monarch gewesen zu sein, den Friedrich als Staatsarchitekt und Städtebauer als seinesgleichen begriff. Zwei Monarchen schufen sich ihre Städte aus dem Nichts gegen alle Ungunst der Verhältnisse.

Alles in Potsdam zeugte von seinen Herrschern, im Großen wie im Kleinen, auch und gerade in der Abhängigkeit von fremden Vorbildern. War das klassische Potsdam deshalb so europäisch, weil Rom, Paris und London in seinen Bauten überall durchschimmern? Nichts hier ist aus dem Eigenen geboren, sondern immer nur aus der Verzauberung durch Fremdes. In gewissem Sinne ist Potsdam eine einzige Puppenstube, Spielplatz von Fürsten, deren Bauwille aus der Sehnsucht kommt. Sie versammeln um sich keinen prunkvollen Hof, sind von keinem Adel geprägt, der seine Landsitze ja in Ostpreußen oder Schlesien hat und sich bestenfalls Stadtpalais' in Potsdam errichtet.

Aber weder die Dohnas noch die Henckel-Donnersmarcks hatten ihre Schlösser in Berlin oder gar in Potsdam, wenn sie auch große oder kleine Häuser dort unterhielten, so lange sie am Hof waren oder in den Garderegimentern dienten. In Potsdam war, wie man ein wenig abschätzig draußen zu sagen pflegte, vorzugsweise der »Etagen-Adel« zu Hause, nämlich jene Familien, die in Mietshäusern wohnen mußten, weil sie über keine eigenen Herrensitze verfügten. Die »Vonchen« aus Potsdam nannte man herablassend die Frauen all der Offiziere und Beamten, die in Potsdam Dienst taten.

Also baut Friedrich auf eigene Faust Paläste im Spielzeugformat für seine Offiziere und Künstler, die Pariser oder römischen Palästen nachgebildet sind. Die karge Natur in der Mark Brandenburg gibt keine Pinien und Zypressen her, die man doch so liebt – also pflanzt man sich Taxodien, und die Schere des Gärtners muß ihnen die Form geben, in deren Schatten man sich seinen Träumen hingeben kann.

Alle diese Könige, von Friedrich bis zu dem letzten König Preußens, der noch nicht Deutscher Kaiser ist, Friedrich Wilhelm IV., suchten bauend ihre Sehnsüchte zu verwirklichen, und ihr Verlangen galt immer dem Fernen im Raum und in der Zeit. Auf dem Schreibtisch des einen lagen stets Mappenwerke mit Kupferstichen der klassischen Bauten aus Italien, Frankreich und England, der andere zeichnete selber seine Lieblingsarchitekturen aus Oberitalien und gab sie seinen Architekten an die Hand, damit sie ihm Repliken in die märkische Seen- und Hügellandschaft von Potsdam stellten. Dabei waren sie, Friedrich wie seine Großneffen, die drei Friedrich Wilhelms, nie oder erst spät in Rom, Paris oder London gewesen, die sie so bewunderten. Kein großer Strom Europas, sondern die winzige Havel, die kaum schiffbar war, säumte ihre Residenz.

Ganz Potsdam ist noch heutigen Tages angefüllt von solcher erinnernden Sympathiearchitektur. Die Via Triumphalis, auf der Friedrich Wilhelm IV. die Schlösser seines großen Ahnen in eine Ordnung im Großen einzufügen gedachte – und von der er nur die Orangerie und das Belvedere vollenden konnte –, ist Roms Renaissance- oder Barockarchitektur nachgezeichnet, und die Heilandskirche am Port, die er bei Sacrow auf einer Landzunge in die Havel hineinbaute, will eine jener oberitalienischen Basiliken mit einem Campanile sein, die der König seit seiner Jugendzeit liebte, obwohl er doch nie nach Italien fahren durfte, weil Schwärmerei für den Süden nach der Meinung seines Vaters etwas für reisende Künstler und fahrende Handwerker war.

Selbst noch die letzten Hohenzollern, die sich in dieser Potsdamer Landschaft Sommerhäuser bauen, die mehr Landsitzen als Schlössern gleichen, wollen geliebtes Fremdes in die heimische Kiefern- und Seenwelt verpflanzen. Jener König Wilhelm I., der dann als Kaiser Wilhelm I. den deutschen Thron besteigt, baut sich »ein Castel im schottischen Tudorgeschmack« auf dem nahen Babelsberg, gleich gegenüber von Glienicke, wo sich schon der Große Kurfürst ein Jagdschloß gebaut hatte. Das aber präsentiert sich heute, durch immer neue Modernisierungen verunstaltet, dem Besucher in einer wilhelminischen Mißgestalt. Einer der Väter der Moderne, Max Taut, hat das Jagdschloß Glienicke in den sechziger Jahren dieses Jahrhunderts endgültig ruiniert; fast möchte man es für eine wilhelminische Villa halten. Und der letzte Kronprinz, den das Land sehen wird, errichtet sich ein Fachwerkherrenhaus im Stil der neuesten englischen Landhausarchitektur, jenes Schloß Cecilienhof, das traurige Berühmtheit erlangen wird.

Dort werden die »Großen Drei« im Sommer 1945 zusammenkommen, um als Sieger das zerschlagene Deutsche Reich unter sich aufzuteilen. Aber der eine von ihnen, Roosevelt, ist wenige Monate zuvor gestorben und muß durch einen Unbekannten, Harry S. Truman, ersetzt werden. Der andere Sieger, Winston Churchill, nimmt zwar bei der Eröffnung der Potsdamer Konferenz noch mit Platz in der großen Halle von Cecilienhof, wo man den Runden Tisch der Sieger aufgestellt hat; dort ist der Konferenztisch noch heute zu sehen. Mitten während dieser Potsdamer Konferenz finden aber in England Unterhauswahlen statt, und als Geschlagener verläßt der britische Löwe die Sitzung; nie wieder wird Churchill Berlin oder Potsdam sehen. Einzig Stalin, der mit Hitler zusammen im Molotow-Ribbentrop-Pakt ausgezogen war, Europa unter sich aufzuteilen, ist der eigentliche Triumphator des Krieges, auch der Konferenz, die ihn abschließt.

Heute bestaunen nicht mehr Rotarmisten in ihren fast schon wieder preußischen Knobelbechern den Raum, in dem sich Weltgeschichte begeben hat. Amerikanische Touristen und deutsche Reisegruppen betrachten gleich ehrfürchtig und gleich ahnungslos die Stätte, wo das Ringen der beiden Monster zu Ende ging.

Alles fand in Potsdam statt, jener kleinen Insel-Stadt, die selber ganz unbedeutend ist. Immer blieb ja Potsdam eher Schauplatz von Geschichten, als daß sich hier wirklich Geschichte begeben hat. Und doch hat sie so Bedeutendes gesehen, daß man Potsdam am Ende in doppeltem Sinne zu den bewegenden Plätzen der Geschichte zählen muß.

\*

Fuhren unsere Großeltern vor einhundert Jahren nach Potsdam, so besuchten sie zwei durchaus verschiedene Orte. Entweder hatten sie die Havelstadt selber im Sinn, bei der das kleine Stadtschloß Knobelsdorffs und die drei Kirchen – die Nikolaikirche, die Garnisonkirche und die Heiliggeistkirche – im Grunde eine eher beiläufige Rolle spielten, oder man suchte die Welt Friedrichs des Großen, also Sanssouci.

Das Wichtige war Potsdam selbst, weil man dort Verwandte oder Freunde hatte, die man, mit der Wannseebahn kommend, genauso eher beiläufig besuchte, wie man zu seinen Freunden im nahen Berlin fuhr, in Lichterfelde, im Grunewald, oder an den Kurfürstendamm, wenn man nicht gleich die »Linden« im Auge hatte. Aber das war eine andere Welt, auch wenn sie von ein und derselben Epoche bestimmt war, den wenigen Jahrzehnten in der Mitte des 18. Jahrhunderts. Das eine war eben die Millionenstadt Berlin, und das andere war die Kleinstadt Potsdam, und kaum jemand machte sich klar, daß sie beide von demselben König in einunddemselben Jahrzehnt geprägt waren, das Forum Fridericianum hier und das Stadtschloß Knobelsdorffs dort. Beide aber von dem dreißigjährigen Schöngeist entworfen, der sich anschickte, Europa auf den Kopf zu stellen. Und dennoch waren beides verschiedene Welten: Berlin, pflegte Lovis Corinth zu sagen, der beide Residenzen immer wieder zeichnete, spricht zum Verstand, Potsdam zum Gemüt.

Ist es das, was die Besucher einst immer wieder nach Potsdam zog? Die Berliner liebten es, die kleine Stadt mit ihren Straßen, von denen manche eher Gassen waren, ziel- und absichtslos zu durchwandern, eine Kleinstadt, in der eigentlich kein Haus vor dem Jahr 1750 gebaut worden war und in der alles nach dem Jahr 1850 Erbaute in den neuen Vierteln am Rand der Stadt lag.

Potsdam als Stadt war in diesem knappen Jahrhundert zwischen dem Soldatenkönig, dem Vater Friedrichs des Großen, und jenem Sohn der Königin Luise gebaut worden, der als Kaiser Wilhelm I. Preußens Geschicke ins Große wendete. Das gab ihm seine Geschlossenheit auch im Stadtbild, wenn auch im Spielzeugformat. Die eigentlich alten Bauten – Potsdam war eine reine Rokokostadt – zeigten das Gesicht der Mitte des 18. Jahrhunderts, auch als es längst der Kasernenhof des Kaiserreichs geworden war. Man konnte das Frühere an den Fingern zweier Hände abzählen, und jene Bauten, die nach dem Klassizismus gekommen waren, im Grunde auch. Die meisten Zählungen sprechen von 60 000 Einwohnern noch am Vorabend des Ersten Weltkriegs, zu denen natürlich die Garnison gekommen war, denn Potsdam war die Heimat vieler Regimenter, zuletzt des berühmten IR 9, aus dem der halbe 20. Juli kam. Das stellte das militärische Zeremoniell von Hitlers »Tag von Potsdam« 1933 und zugleich das Personal des Staatsstreichs 1944.

Die Stadt bezog aus dieser Überschaubarkeit, die auch Unaufwendigkeit war, bis in die Tage des Untergangs hinein ihren unverwechselbaren Charme. Nicht nur, daß es wenige Straßen gab, in denen dreigeschossige Häuser standen, zuerst, weil dergleichen in Potsdam im 18. Jahrhundert nicht üblich war, und später dann, weil die Baubestimmungen ein Aufstocken der alten Häuser wie im nahen Berlin untersagten. Die Häuser selber gingen auch mit ihrer Dekoration sparsam um. Ihre Stukkaturen waren zumeist nur äußerlich appliziert, reiche Fassadendekorationen wie in der sächsischen Residenzstadt Dresden, die Friedrich in den Schlesischen Kriegen beschossen hatte, oder in den süddeutschen Reichsstädten hätte man vergebens gesucht. Ein patrizisches Sich-in-Szene-setzen, das Großtun der Hansestädte Bremen oder Lübeck oder gar Hamburg, war hier undenkbar.

Dafür war wahrscheinlich nicht ein preußisches Maßhalten verantwortlich, sondern ganz einfach die Kargheit der Mittel. Ein wohlhabendes Bürgertum, jene reiche Kaufmannswelt mit internationalen Verbindungen, die Danzig oder Königsberg bedeutend gemacht hatte, gab es in Potsdam nie, das eine Beamten- und Offiziersstadt bis zum Ende blieb. Die Armut, das war ein Lieblingswort der preußischen Familien, kommt von der *pauvreté*, und wenn irgendeine Stadt in diesem Sinne preußisch war, dann war es Potsdam.

Das nahe Berlin, aber auch die anderen preußischen Städte in Pommern, Schlesien oder Ostpreußen – Stettin, Breslau oder Königsberg – waren da längst schon auf dem Wege zu

Großstädten mit Hunderttausenden von Einwohnern; in ihrem ganzen Zuschnitt standen sie für das neue Deutschland. Potsdam repräsentierte dagegen das alte Preußen, und von Berlin aus wurde es oft genug geringschätzig als Museum seiner selbst bezeichnet.

Pensionopolis nannten die Berliner mitunter herablassend Potsdam, weil die pensionierten Beamten oder Offiziere es liebten, dort ihren Lebensabend zu verbringen; die Mieten waren niedriger, die gesellschaftlichen Verpflichtungen geringer, und vor allem war man unter sich. Der wirklich wohlhabende oder gar reiche Adel, die Dohnas oder Dönhoffs in Ostpreußen oder die Henkel-Donnersmarcks und Schaffgotschs in Schlesien, lebte Hunderte von Kilometern entfernt auf seinen Gütern.

Ging man durch Potsdams Straßen, sah man schon am Zuschnitt seiner biedermeierlichen Geschäfte, Gaststätten und seines Theaterchens, daß man sich zwar in der Residenz, in Wahrheit aber in der Provinz bewegte. Wer Geschäfte machen wollte, wer sich städtisch-elegant einkleiden, wer hauptstädtische Premieren besuchen wollte, wer gar am Nachtleben teilnehmen wollte, der fuhr die dreißig Kilometer nach Berlin, das bürgerlicher, zivilistischer, auch jüdischer, vor allem aber moderner war, aber eben deshalb des Reizes des Puppenstubenhaften entbehrte. Kein Kaufmann, geschweige denn ein Industrieller hatte sein Geschäft in Potsdam, weder die Borsigs, Rathenaus und Siemens, noch die Mendelssohns, Fürstenbergs oder Oppenheims. Konservenhersteller, die den Spargel aus Beelitz oder die Erdbeeren aus Werder verarbeiteten, stellten das eingesessene Fabrikantentum dar.

Die Gelehrten, Schriftsteller, Künstler des 18. und 19. Jahrhunderts liebten zwar Potsdam, aber sie wohnten in Berlin, Kleist wie Menzel, Fontane wie Liebermann; die wissenschaftliche Welt von Ranke bis Planck ohnehin. Ganz zum Schluß noch hatte Einstein zwar seine Jolle am Schwielowsee und sein Sommerhaus in Caputh, aber seine Wohnung und seine

Bibliothek natürlich in Berlin, wo die Universität, die Akademie und vor allem die Kaiser-Wilhelm-Gesellschaft waren.

Dieses behaglich-kleinstädtische Potsdam ist unwiederbringlich ausgelöscht, zuerst durch jenen sinnlosen englischen Bombenangriff vom April 1945, als die russischen Divisionen schon wenige Dutzend Kilometer vor der Havelstadt standen und nur darauf warteten, die Stadt der Preußenkönige zu besetzen. Dann aber und endgültig wurde Potsdam durch den Sozialismus sowjetischer Prägung vernichtet, der eine Stadt des Arbeiter- und Bauernstaates daraus machen wollte und in vierzig Jahren auch tatsächlich daraus gemacht hat. Fünfzehn Jahre nach dem Kriege wurden die nur ausgeglühten Ruinen des Schlosses, der Kirchen und der Bürgerhäuser wie des Palais Barberini abgeräumt, um Platz zu machen für Magistralen nach moskowitischem Vorbild. Fast alles, was Potsdam sein unverwechselbares Gesicht gegeben hatte, wurde in den sechziger Jahren gesprengt oder zugeschüttet.

Denn auch der alte Stadtkanal, der einst mitten durch Potsdam lief und der Stadt mit einer »Gracht« einen Anstrich von Amsterdam gegeben hatte, wurde zwanzig Jahre nach dem Krieg beseitigt, wohl um Parkplätze für die Trabanten zu schaffen. Nun werden die Stadtplätze und Straßenkreuzungen durch Billighäuser im sozialistischen Einheitsstil als Sichtpunkte markiert, und Großplatten-Hochhäuser säumen den Rand der Stadt. Das Wasserwerk im maurischen Stil, das der Lieblingsschüler Schinkels, Ludwig Persius, einst am Ufer der Havel gebaut hatte, um die große Fontäne Friedrichs im Park von Sanssouci zu speisen, ist von Fertigplattenhäusern umgeben, denen Honecker den großen Architekturpreis seines Staates verlieh.

Dieses Potsdam hat man zur Landeshauptstadt Brandenburgs gemacht; nach einer dereinstigen Verschmelzung Berlins und Brandenburgs zu einem Bundesland soll in Potsdam die gemeinsame Regierung residieren, weil Berlin dann ja die

Bundesregierung beherbergen wird. Aber Potsdam hat sich auf diese Weise vielleicht in eine unglückliche Konkurrenz zur nahen Großstadt begeben, der man in wenigen Jahrzehnten schon erst fünf, dann sechs Millionen voraussagt. Das ist noch sehr bescheiden gedacht, denn Paris und London liegen bei zehn Millionen Einwohnern, und mit Schrecken sehen die französischen und englischen Regierungen das unaufhaltsame weitere Wachstum ihrer Metropolen auf zumindest zwölf Millionen Menschen. Hätte die Bundeshauptstadt Berlin nicht einen eigenen Status behaupten sollen, nach dem Muster Washingtons, das staatsrechtlich in einem eigenen Verband lebt, Washington D. C.? Hätte es nicht auch und vor allem dem Land Brandenburg besser getan, von der eigenen Mitte regiert zu werden statt von einer Stadt, die mit jedem Jahr mehr im Schatten der Weltstadt liegen wird?

Wie will Potsdam dem Schicksal entgehen können, ein Vorort Berlins nach dem Muster Spandaus mit seiner Zitadelle als Mitte zu werden? Wäre denn Versailles der Anziehungspunkt für alle Reisenden, obwohl es doch nur eine halbe Stunde von Paris entfernt liegt, wenn es den Weg vom provinziellen Glanz zur großstädtischen Dienstleistungscity in der Art von La Défense genommen hätte? Potsdam scheint seine Zukunft im Fortschritt zu suchen; Venedig lebt davon, daß es sich der Moderne verweigert.

Potsdam verspielt vielleicht sein Erstgeburtsrecht, es beharrt nicht auf seiner Unverwechselbarkeit, es will der Weltstadt Paroli bieten. Die Stadt plant ein Parlamentsgebäude, es muß dann Raum für zwei Dutzend Ministerien schaffen, und die Potsdamer träumen von einem wirklich großstädtischen Theater. Was werden die Abgeordneten und Beamten sagen, wenn sie sich auf die überfüllten Autobahnen und in die brechendvollen Schnellbahnen zwängen müssen, um von Berlin in ihre Hauptstadt Potsdam zu gelangen?

Es ist sehr zweifelhaft, ob es dieser Konkurrenz zu Berlin besser gewachsen sein wird als Bonn der Kölns. Berlin zählt jetzt schon zwei Dutzend Theater, verfügt über drei Opernhäuser und mit Philharmonikern und Symphonikern über mehr Orchester, als die Stadt finanzieren kann und der Bund subventionieren will. Am Ende des Jahrzehnts, wenn die Bundesregierung vom Rhein an die Spree umgezogen ist, werden an die einhundert diplomatische Vertretungen in Berlin residieren. Und diesem Sog will Potsdam standhalten?

Potsdam wird schon auf die Beine kommen, braucht es dazu nicht zehn Jahre, so eben zwanzig; was macht das vor der Geschichte schon aus. Aber das Land Brandenburg war immer die Grenzmark, eben das Land zwischen Elbe und Oder, wie die Provinzen weiter im Osten, Pommern, Westpreußen und Ostpreußen, das Land zwischen Oder und Weichsel. Welchen Entwurf hat es jetzt von sich selbst?

Das Land östlich der Oder ist jetzt polnisch, Königsberg in der Neumark, woher die Humboldts kommen, heißt nun Chojna. Das Land westlich der Elbe aber, Brandenburgs einstige Altmark, wurde auf dem Wiener Kongreß mit dem nördlichen Teil des Königreichs Sachsen zur preußischen Provinz Sachsen-Anhalt vereinigt; nicht nur Sachsen selber zahlte die Zeche für das zu spät gelöste Bündnis Dresdens mit Napoleon, auch Brandenburg büßte seine westelbischen Gebiete ein. Jetzt gehört das fruchtbare Land jenseits der Elbe, die Keimzelle Brandenburgs mit Havelberg, Jerichow, Tangermünde und Stendal, übrigens auch Bismarcks Schönhausen, nicht mehr zu Brandenburg. Wo Brandenburg am meisten Brandenburg ist, da ist es jetzt Sachsen-Anhalt. Nun erst wurde »Ostelbien« zu einer Wirklichkeit in der Geographie und zu einem Begriff in der Politik.

Im Grunde wäre die Rückgängigmachung des Kompromisses vom Wiener Kongreß das einzig Vernünftige, den einen Teil Sachsen-Anhalts wieder zum Freistaat Sachsen zu schlagen, und den anderen, eben die Altmark, wieder zu Brandenburg; beide Länder, Sachsen wie Brandenburg, würden auf diese Weise nicht nur größer, sondern auch lebensfähiger.

Aber die Länderaufteilung der Bundesrepublik hat ja überall ihre Unsinnigkeiten. Warum ist das Saarland noch ein eigenes Bundesland? Nur weil Frankreich nach 1945 das Saargebiet vom übrigen Deutschland abtrennte? Weshalb ist Bremen ein eigenes Bundesland? Nur weil die Amerikaner für ihre Zone 1945 einen eigenen Hafen mitten in der englischen Region besitzen wollten? So wird der älteste und einst bedeutendste Teil Brandenburgs wahrscheinlich bis in alle Zeiten zu jenem Kunstland Sachsen-Anhalt gehören, das die Mächte des Wiener Kongresses gegen den Willen der Betroffenen bildeten.

Die Frage ist nur, ob Brandenburg nicht alles Interesse haben müßte, seine politische Mitte aus dem Dunstkreis des übermächtigen Berlin zu verlegen. Wiesbaden und nicht Frankfurt am Main ist Landeshauptstadt Hessens.

*

Das alte Deutschland war ein Land, das gerade aus seiner Vielgesichtigkeit seinen Reichtum bezog. Neben dem alten Römerland an den großen Strömen im Westen und den Alpen im Süden standen die weiten Ebenen im Osten, das Riesengebirge im Südosten, die Bernsteinküsten im Norden und die masurischen Wälder dort, wo die deutsche Welt allmählich in die slawische überging. Es ist nicht zu begreifen, daß diese unübersehbare Vielgestaltigkeit den Deutschen noch immer nicht groß und nicht deutsch genug war. Zweimal in diesem Jahrhundert machten sie sich auf, »Neubauernland« im Osten in Besitz zu nehmen.

Es war ein Land, das ausgespannt war nicht nur im Raum, sondern auch in der Zeit. Natürlich, im Südwesten ragte man am tiefsten in die Vergangenheit zurück, nicht nur im römischen Trier, sondern auch in Speyer, in Worms – und natürlich auch in der Nibelungenwelt der Donau. Aber dieses Imperium der Karolinger und Ottonen griff bald auch schon in die Mitte dessen aus, was später Deutschland war. Nicht nur in Braunschweig und Magdeburg zeigen die Dome, daß sich hier schon um die Jahrtausendwende große deutsche Geschichte begab. Auch Brandenburg ist, zumindest in der Altmark, schon vor dem Jahre 1000 den Deutschen und dem Christentum gewonnen; der romanische Backsteindom von Havelberg, nicht fern dem Zusammenfluß von Havel und Elbe, macht dem überraschten Besucher deutlich, auf welch geschichtsgetränktem Boden er sich bewegt.

Erst dann beginnt eine neue Welt, auf den ersten Blick daran kenntlich, daß nun nicht mehr der Sandstein regiert, aus dessen Quadern das filigrane Rosettenwerk geschnitten wird. Es gibt keine Steine im Osten, man muß sie sich selber formen aus Wille und Vorstellung. Die Region der großen Ziegelarchitektur regiert die Welt zwischen Elbe, Oder und Weichsel; wer zu sehen versteht, dem erzählt das Geschaute von den Ursprüngen dieser östlichen Welt, deren Name »Neumark« schon zu erkennen gibt, daß hier nun wirklich neues Land beginnt, »Ostelbien« eben, wie man an Rhein, Main oder Donau geringschätzig sagt.

Vielgesichtig ist das alte Deutschland auch, was die Schichtungen des Gewesenen anlangt. Denn nun plötzlich, weit hinter dem tatsächlich weithin geschichtslosen Land in der Mitte, kommt der eigentliche Osten, und der hat nun wieder eine alte und große Geschichte gehabt, sah seinerseits geringschätzig auf die Städte und Länder Brandenburgs und Pommerns zurück, die in seinem Westen lagen. Es ist jene Welt der Hansestädte und des Deutschen Ordens, die sich zwischen Danzig, Königsberg, Riga, Reval und Dorpat erstreckt. Nicht durchweg auf deutschem Boden standen diese Städte – aber ist nicht das Schicksal der Überschichtung das ganz Europas? Wer war nicht vor den Römern in Gallien, zumindest die Kelten? Wer saß nicht vor den Sachsen an der Weser und an der Elbe?

»Neuland« ist überall, immer kam jemand spät und nahm fremden Boden in Besitz, das preußische Land wurde den Pruzzen abgewonnen, weiter im Osten saßen dann baltische Völkerschaften, von denen man wenig Notiz nahm und aus denen später die Litauer, Letten, Esten wurden. Aber die Städte, von Friedrich II. von Hohenstaufen dem Orden zugesprochen, waren so deutsch wie Lübeck und Bremen, mit denen sie im Hansebund zusammengeschlossen waren. Östliches Land, das heißt nicht immer junges, neues Land; Jahrhunderte älter zumindest war es als der Boden zwischen Havel und Spree.

Auch das muß man im Kopf haben, wenn man sich den beiden Residenzen Berlin und Potsdam nähert, die jetzt großtun und ihren 750. oder gar 1000. Geburtstag feiern. Es ist nicht viel her mit diesem Alter, denn Berlin ist bei Lichte betrachtet gerade ein paar Jahrhunderte alt, und Potsdam tritt in Wirklichkeit sogar erst im 17. Jahrhundert in die Geschichte ein. Aber selbst da weiß man nicht viel von dem sumpfigen Fischerflecken, der noch weit davon ist, von den brandenburgischen Markgrafen oder Kurfürsten zu einer Nebenresidenz erhoben zu werden.

Nun gut, es gibt erst ein »Festes Haus«, dann eine Burg und schließlich auch ein kleines Schloß, das so etwa ausgesehen haben wird wie sein Gegenstück in Köpenick. War es wirklich viel bedeutender als das Schloß von Caputh, in dem der preußische Herrscher die Könige aus Dänemark und Schweden empfing? Wer wirklich wichtig war, zum Beispiel Zar Peter der Große aus Rußland, den hatte man natürlich in der Altmark empfangen, als man die brandenburgischen und die russischen Interessen aufeinander abstimmte.

Potsdam ist erst unter Friedrich dem Großen wirklich in die Geschichte eingetreten, auch wenn es jetzt sein 1000. Jubiläum begeht. Alles, was bedeutend ist in Potsdam, kommt aus dem Mantel des Königs, so wie Rußlands Literatur nach dem bekannten Wort aus dem Mantel Gogols, wenn das auch nicht gern ein Zeitgeist hört, der »große Männer« in der Geschichte nicht zur Kenntnis nimmt. Zieh Friedrich ab von Potsdam, nimm die Stadt ohne sein Stadtschloß und sein Sanssouci, und so bleibt ein belangloser Flecken in der Mark. Bedeutenderes gibt es in Deutschland an vielerlei Orten, selbst Wolfenbüttel oder Celle könnten es dann mit der kleinen Havelstadt aufnehmen. Das Nachsinnen des Spaziergängers verliert sich unwillkürlich im Schatten des Königs, während er durch den abbröckelnden Glanz der Vergangenheit wandert. Längst ist der Park Lennés zur Wiese geworden, mühsam sucht man aus den zu Gebüsch verwilderten Bouquets wieder jene englische Gartenlandschaft zu formen, wie sie der romantische Klassizismus der ersten Jahrzehnte des 19. Jahrhunderts liebte. Mehrere hundert Gartenarbeiter hatte der Gartendirektor von Potsdam noch im vorigen Jahrhundert zur Verfügung; jetzt sind es, wenn es hoch kommt, einige Dutzend, deren Arbeit schon wieder zuwächst, wenn sie an anderer Stelle des Parks beschäftigt sind. Aber vielleicht macht eben dies den besonderen Reiz der heutigen Parklandschaft aus; die Natur holt sich wieder, was ihr vor zwei Jahrhunderten die Kultur entrissen hat.

Ist dies nicht das eigentliche Kapital Potsdams, die Märchenwelt jenes einzigen glücklichen Jahrhunderts zwischen dem Rokoko und dem Klassizismus? Potsdam will statt dessen ein modernes Dienstleistungszentrum werden, sucht sich mit aller Macht für das 21. Jahrhundert zu wappnen, da es dem 20. Jahrhundert doch so wenig gewachsen war. Sieht man die Planungen der Landesregierung, so spürt man die Entschlossenheit, sich von der verrotteten Industriewelt des Sozialismus zu verabschieden, um nun den dritten Anlauf zu nehmen, eine *brave new world* zu erreichen: ein Regierungszentrum, eine Universitätslandschaft, eine Bürowelt. Ist das wirklich die Zukunft Potsdams, stimmt es, wie die Bürgerbefragungen als allgemeine Stimmung ergeben, daß sich Potsdam von seiner Geschichte verabschieden muß, um der neuen Zeit gewachsen zu sein?

Unter den Sorgen der Menschen steht der schnelle Neubau von Wohnquartieren an vorderster Stelle; nur zu begreiflich, wenn man das Wohnungselend der Bevölkerung bedenkt und den Raumbedarf von zwei Dutzend Behörden. Der Wiederaufbau von Knobelsdorffs Stadtschloß, weshalb man früher von nah und fern kam, Potsdam zu besichtigen, bewegt nur wenige. Nur eine Minderheit scheint für den Wiederaufbau der Kirchen zu sein, die Potsdams Silhouette einst beherrschten. Schon gegen das Glockenspiel der Garnisonkirche, das ihnen ein soldatischer Traditionsverein aus dem Westen schenkte, haben die Bürger einzuwenden, daß das alte »Üb' immer Treu und Redlichkeit« die Ruhe der Nachbarn störe. Weit ist die Zeit der Olympischen Spiele von 1936, als Thomas Wolfe zu seinem Freund Ledig-Rowohlt sagte, während sie gemeinsam durch die nächtliche Havelstadt zogen, daß ihm Potsdam wie ein winziges Rom vorkomme, von Kuppeln und Kirchtürmen bestimmt.

Wenigstens in dieser Hinsicht hat der Sozialismus Erfolg gehabt. Die Welt des Ostens ist nicht nur eine entbürgerlichte, sondern weithin auch eine entchristlichte Region; man darf sich durch die Friedensgebete des Herbstes 1989 nicht täuschen lassen. Nur noch zwei Prozent der Potsdamer nehmen am kirchlichen Leben der Stadt teil, die erhaltenen Gotteshäuser wie die Nicolaikirche, die Friedenskirche und die Französische Kirche, stehen meist leer, in den Dorfkirchen – Schinkel, Persius und Stüler – von Caputh, Ferch und Sacrow sind nur an Feiertagen die ersten Reihen gefüllt. Will sich Potsdam mit dem Glauben auch von dessen Häusern verabschieden?

Merkwürdig geschichtslos ist das Bewußtsein der Bevölkerung, so weit es sich in Umfragen zu erkennen gibt. Man leidet unter vielerlei, was durchaus verständlich ist in einer Stadt, in der die offene und verdeckte Arbeitslosigkeit weit über zwanzig Prozent liegt. Aber es sind die Nöte des Tages, die das Empfinden der Menschen zu bestimmen scheinen, nicht der Verlust der Vergangenheit und damit der des eigenen Gesichts. Liegt das daran, daß jene Welt nicht mehr da ist, die Potsdam einst bestimmte – Adel, Bürgertum, Judentum und natürlich das Militär, das in den Kasernen lebte, die, vierzig Jahre von der Roten Armee genutzt, jetzt heruntergekommen leer stehen und demnächst zu Mietshäusern umgebaut werden sollen?

Die Menschen, die dem Stadtbild gestern seinen Charakter gaben, der bis ins Lachhafte hinein vom Preußentum geprägt war, fehlen ja ebenfalls, wie die Physiognomien auf den Straßen und in den Gaststätten zeigen. Man soll nicht leichthin von dieser Beamten- und Offizierswelt als einer Bastion der Rückschrittlichkeit sprechen. Wer war denn nicht in Potsdam von denen, die das Land von der Gewaltherrschaft zu lösen suchten, Beck, Hammerstein, Witzleben, Tresckow, von dem Bussche und schließlich auch Weizsäcker, als er in dem Traditionsregiment der Garde diente? Gemeinsam trafen sich die meisten von ihnen bei dem Potsdamer Gottfried v. Bismarck, mit Adam Trott zu Solz und dessen junger Begleiterin, der russischen Prinzessin Missie Wassiltschikow. Auch das sind versunkene Welten, deren Fehlen man auf Schritt und Tritt spürt, wenn man durch die verheerte Stadt wandert. Nur wenige von ihnen fanden ihr Ende nicht auf dem Richtblock.

Venedig hat in vergleichbarer Lage den anderen Weg gewählt, die einstige Handelsstadt machte sich selber zum Ausstellungsstück und konserviert das, was im Praktischen unnutzbar ist und Venedig doch seinen unwirklichen Zauber gibt und obendrein seine wirtschaftliche Existenz sichert. In Spanien, in England und natürlich in Frankreich schlug man ähnliche Wege ein, man verweigerte sich dem Einbruch der Moderne, wo sie das Stadtgesicht bedrohte. Die Wittelsbacher Herrscher verbannten die neuaufkommende Industrie aus München und siedelten sie in Nürnberg an, damit die Schlote und ihr Ruß ihnen die Residenzstadt nicht ruiniere.

Wäre das nicht vielleicht doch der angemessenere und im Grunde auch zukunftsreichere Weg Potsdams gewesen? Hätte die Stadt nicht auf ihre Vergangenheit setzen sollen, um die Zukunft zu gewinnen? Millionen von Besuchern kommen jährlich in die Lagunenstadt, St. Petersburg wird heute bereits von Hunderttausenden von Touristen der Zarenhinterlassenschaft wegen besucht, um das Winterpalastes willen und der Eremitage; das aus Trümmern wiederhergestellte Toledo mit seinem Alcázar, der im Spanischen Bürgerkrieg dem Erdboden gleich gemacht war, kann sich der Flut der Besucher kaum noch erwehren.

Potsdam ohne Knobelsdorffs Stadtschloß und die Kirchen des Soldatenkönigs, auch ohne seine Adels- und Bürgerpalais' – wer soll heute kommen, das jetzige Potsdam in Augenschein zu nehmen? Vorläufig geht man nur seiner Erinnerung wegen nicht ohne Melancholie durch seine Straßen. Bieten nicht viele Orte in Nord-, West- und Süddeutschland mehr von dem Reiz alter deutscher Kleinstädte? Vorläufig jedenfalls muß sich der Besucher aus der verhunzten Gegenwart der Kleinstadt in die Feenwelt der Schlösser Sanssoucis flüchten. Ihre Unwirklichkeit ist fast noch betörender, wo heute die Zeugen des untergegangenen Regimes in Form von Plattenhäusern die traurige Realität nicht vergessen lassen. Sie machen die zwei unterschiedlichen Potsdams greifbar, die Bürgerstadt und den Hohenzollerntraum, deutlicher als je voneinander geschieden.

*

Nur ein einziges Mal ist die liebliche Kleinstadt an der Havel selber Bewegungszentrum der Geschichte; sonst sieht Potsdam nur Geschichte. Es ist die Epoche, die von den Neigungen, den Vorlieben, den Voreingenommenheiten, auch den Launen eines Mannes geprägt wurde – in der Kriegskunst, in der Staatskunst, auch in der Baukunst. Diese Prägung ist so tief und nachhaltig gewesen, daß Potsdam bis in die Tage des Untergangs hinein die Stadt Friedrichs bleibt.

Der König hat zwar auch mit seiner eigentlichen Hauptstadt viel vor, denn er will das kleine Berlin an der Spree zu einer der großen Residenzen Europas ausbauen, einer gebauten Herausforderung an Wien und Paris. Aber Friedrich liebt Berlin nicht eigentlich. Nur selten nimmt er Wohnung im alten Stadtschloß, das Andreas Schlüter für seinen Großvater, den ersten preußischen König, zu einem der grandiosen Barockbauten nördlich der Alpen ausgebaut hat. Friedrich hat im Grunde überhaupt nichts mit dem Großen und Imposanten im Sinn. Der Herrscher, unter dem das kleine Brandenburg erst wirklich zu Preußen wird, will die Zurückgezogenheit, das Idyllische und weitab von den geschäftigen Bürgerstädten Gelegene.

Als Kronprinz schickt ihn sein Vater in das vergessene Rheinsberg im Norden Brandenburgs, und als König quartiert er sich gleich nach der Thronbesteigung in das wenig ins Auge fallende Potsdamer Schloß ein. Aber das war ursprünglich nicht viel mehr als eine kurfürstliche Burganlage, bis es dann von Preußens erstem König zu einem kleinstädtischen Schloß ausgebaut wurde, das aber noch immer nicht viel hermachte; die meisten geistlichen Fürsten Deutschlands haben prächtigere Residenzen, ob in Bonn oder in Aschaffenburg. Erst Friedrich wird durch seinen Jugendfreund Knobelsdorff ein wirkliches Schloß daraus machen. Aber auch dieser Bau war im Grunde ein Schloß en miniature. Was zählte es neben den Tuilerien, St. Cloud, Rambouillet, neben Fontainebleau, den Königssitzen der Bourbonen?

Friedrich aber war auch dieses Schloß im Grunde zu sehr inmitten einer Stadt gelegen, wenn auch wieder wie in Rheinsberg am Wasser, nämlich an einem Arm der Havel. War ihm das kleine Schloß tatsächlich noch zu groß? Auf jeden Fall machte es eine aufwendige Dienerschaft notwendig. Friedrich scheint wenig Repräsentationsbedürfnisse gehabt zu haben, wie ihm auch das spanische Hofzeremoniell der Habsburger oder das bourbonische Zeremoniell der Franzosen zuwider waren. Eine Handvoll Wachen, ein Piquet von ganzen fünf Mann, beschützte den Monarchen, wo immer er sich aufhielt, während sich die anderen Könige Europas doch mit Garden umgaben, wo immer sie gingen und standen.

Diese Einsamkeit fand der Philosoph von Sanssouci – wie er sich nicht ohne Koketterie in Briefen gern selber nannte – nur in dem kleinen Schlößchen in den Weinbergen, das er sich, kaum fünf Jahre nach dem Tod seines Vaters, 1745–1747 abseits von Potsdam wiederum von Kobelsdorff bauen ließ und das nun wirklich eher der Ort eines kunstliebenden Einsiedlers als Residenz eines weltbewegenden Herrschers war. »Weinberge« sind damals ganz wörtlich zu nehmen. Wie noch heutzutage an den Abhängen der Oder Dorfgasthäuser »Zum Weinberg« heißen, so tragen die Hügel zwischen dem Heiligensee und dem Jungfernsee damals alle Rebenhänge: Weinbauern, nicht Ackerbürger sind die wohlhabenden Landwirte.

Der Widerspruch zwischen den ins Europäische zielenden politischen Entwürfen Friedrichs und dem Einsiedlerhaften seiner Wohnsitze trägt zu dem Rätselhaften bei, das den König vom ersten Augenblick seiner Thronbesteigung an umgibt. Schon als Kronprinz hatte er in jenem Herrensitz Rheinsberg am Ruppiner See einen Freundeskreis um sich versammelt, der nicht aus Militärs und Staatsmännern besteht, sondern aus Komponisten, Malern, Schriftstellern und Architekten, darunter eben seinem vertrauten Freund Wenzeslaus Baron von Knobelsdorff. Seine Gemahlin, deren Namen heute kaum noch jemand kennt, hat Sanssouci ein einziges Mal in ihrem Leben gesehen, und auch das nur, weil Friedrich draußen im Felde seine Bataillen schlagen muß.

In Wien und Paris hat man bei der Thronbesteigung gedacht, daß der neue König, nur strafeshalber vom Vater nach Rheinsberg verbannt, sogleich in dem gewaltigen Schloß am Ende der »Linden« Wohnung nehmen wird. Friedrich richtet sich auch eine Flucht von Zimmern in dem massigen Bau ein, der damals übrigens noch ziemlich unvermittelt in Berlin gestanden haben muß, weil ihm alles fehlt, was man dann später in der Vorstellung mit dem klassischen Berlin verbindet. Es gibt ja noch keine Königliche Oper, die ihm sein Freund Knobelsdorff nach wenigen Jahren bauen muß, und es fehlt auch die spätere Königliche Bibliothek, die die Berliner ihrer dem Wiener Fischer von Erlach nachgemachten Architektur wegen nur die »Kommode« nennen. Schinkel wird später seinem König, dem verwitweten Gemahl der Königin Luise, immer wieder vergeblich vorschlagen, sie ihrer Mißgestalt wegen abzureißen. Die Straße ist so ländlich, daß ein Erlaß regeln muß, das Vieh nicht mehr entlang der nur mit wenigen einstöckigen Häusern bebauten Lindenstraße durch das damals noch hölzerne Brandenburger Tor zu treiben. Übrigens hält Chodowiecki Tor und Akzisemauer in einem entzückenden Stich fest.

Die »Linden« der ersten Jahrzehnte des achtzehnten Jahrhunderts sind noch immer eine ungepflasterte ländliche Straße zum Tiergarten hin. Heutzutage sieht man in Gedanken immer das Alte Museum, das aber Schinkel erst ein Dreivierteljahrhundert später bauen wird. Gegenüber der Oper erhebt sich das Palais für den Bruder des Königs, Heinrich, aber auch dies errichtet Friedrich erst nach seinen siegreichen Kriegen. Die Neue Wache Schinkels kommt sogar erst ziemlich genau acht Jahrzehnte später. Das Zentrum Berlins ist zu frühfriderizianischer Zeit das Schloß und nicht viel mehr, wenn man die eingeschossigen, seltener zweigeschossigen ländlichen Sitze der königlichen Familie, des Adels und der Handwerker abrechnet, die sich in Paris oder Rom sonderbar genug ausgenommen hätten.

Weshalb zieht es Friedrich in den Fischerflecken an der Havel, der früher den wendischen Namen Poztupimi getragen hat, dann Potstam hieß und ganz zum Schluß erst Potsdam wird? Es gibt mancherlei Erklärungen für die Verlegung der Hauptresidenz von Berlin nach Potsdam, worunter Friedrichs Abneigung gegen das städtische Leben die Hauptrolle gespielt haben mag.

Dieser Begründer der in ganz Europa mit einer Mischung aus Respekt, Mißtrauen, Abneigung und Furcht angesehenen Militärmonarchie ist ein aristokratischer Intellektueller, dessen misanthropische Züge mit den Jahren immer deutlicher zutagetreten. Er lebt ganz dem Staat, will gar dessen erster Diener sein, aber man kann nicht sagen, daß er dessen Bürger, die er kaum kennt, lieben würde. Ein Henri Quatre mit seinem Huhn im Suppentopf ist er nicht, und ganz so weit ist er nicht von seinem einst gefürchteten und zeitweise gehaßten Vater, der mit dem Krückstock die Zuneigung seiner Untertanen erzwingen wollte.

Friedrichs Verhältnis zu seinen »Kerls« hat mit leidendem Hochmut, sonderbar schwärmerischem Einsamkeitsverlangen und hochfahrendem Pflichtbewußtsein zu tun. Dieser König, der seinen kleinen norddeutschen Territorialstaat auf die große europäische Bühne stößt, ist ein Liebhaber des ländlichen Lebens, und er soll es sein Leben lang bleiben. Sehr bald schon wird sich zeigen, daß ihm selbst das winzige Potsdam noch zu groß ist. »Das Landleben«, schreibt er in diesen Jahren seiner Schwester Wilhelmine, »sagt mir tausendmal mehr zu als das Stadt- und Hofleben.«

Erst ein halbes Jahrhundert später wird das ländliche Leben außerhalb der Städte und Schlösser die letzte Mode von Europas Fürsten werden. Am Ende des Jahrhunderts bauen sich Europas Herrscher, die Zaren in Zarskoje Selo und die Könige bei Versailles, Plätze der Zurückgezogenheit, die meisten Miniaturschlösser, einige sogar Spielzeugdörfer, wie sie Marie Antoinette im Weiher von Hameau so liebte.

Sehr deutlich hat sich Friedrichs Vorliebe für die kleinen Herrenhäuser schon in seiner gerade eroberten Provinz Schlesien bereits gezeigt. Am 20. März 1742, zwei Jahre nach seiner Thronbesteigung – eben hat er den ersten Schlesischen Krieg glücklich hinter sich gebracht –, schreibt er an seinen Vertrauten Francesco Algarotti enthusiasmiert über ein Lusthaus in Seelowitz in Schlesien:

»Mein lieber Algarotti, ich bin hier an einem Ort, welcher Hof-Canzler Sinzendorff gehörte. Es ist ein außerordentlich schönes Sommerhaus, in Verbindung mit einem Garten. Das

Ganze ist an den Ufern des Flüßchens Schwarza gelegen, an dem Fuße eines Bergrückens, welcher durch seine Fruchtbarkeit sich unter den besseren Weinbergen dieses Landes einen Ruf erworben hat.«

Ist Sanssouci, zu dem er in eben diesen Jahren den Plan faßt, etwas anderes als ein schönes Sommerhaus mit einem Garten, in Verbindung mit Weinbergen? Friedrich zieht das Landleben dem höfischen Protokoll vor, weil es ihm ganz einfach »natürlicher, behaglicher, ehrlicher und ungezwungener« ist, wie er seinem Bruder Heinrich schreibt. In allem prägt sich diese Neigung zum Natürlichen aus. Sein Gefühl gehört den Schuten, die auf der Havel geschwellten Segels entlangziehen, und er liebt das Klappern der Windmühle, von der die Esel Säcke gemahlenen Korns tragen. Später, als er sein »Schlößchen im Weinberg« gebaut haben wird, kämpft er entgegen der Legende für den Erhalt der Mühle neben seinem Haus, weil ihm der Müller das wirkliche Landleben nahebringt, nicht nur vorspielt und vorgaukelt. *Vivre bourgeoisement*, wie es am Ausgang des Jahrhunderts der letzte Schrei auch in Europas Fürstenhäusern wird, ist aber seine Sache nicht; er ist und will es sein, ein Kind des feudalen Zeitalters.

In diesen vierziger Jahren des Jahrhunderts gibt er sich in einer Ode an seinen Freund, den Marquis d'Argens, dem Entzücken des ländlichen Lebens in Versen hin:

> Hoch auf eines Hügels Rücken,
> Wo das Auge mit Entzücken
> Schweift, so weit der Himmel blau,
> Hebt gebietend sich der Bau.
> Morgens taucht mein Schlößchen ganz
> Sich im goldenen Frühlingsglanz,
> Der es grüßt, wenn er erwacht.

Friedrich, das Staunen Europas, der schon ein halbes Dutzend Schlachten hinter sich gebracht hat, nennt es seine eigentliche

Leidenschaft, über die sechs Terrassen von Sanssouci niederzusteigen, um sich zu flüchten »in die grüne Dämmernacht«.

Das ist seine eigentliche Welt, wenn auch die Bataillen, meist siegreich, manche verloren, ihn zu einer Legende gemacht haben. Er ist längst eine europäische Zelebrität, in England heißen Dutzende von ländlichen Gasthäusern »King of Prussia«, und selbst am Ende Europas, an der Südspitze Siziliens, sind die italienischen Gastgeber des jungen Goethe tief betrübt, als aus dem fernen Preußen die Nachricht eintrifft, daß Friedrich II. in Potsdam gestorben ist. Oder haben sie den Hohenzoller mit jenem anderen Friedrich II. durcheinandergebracht, dem Hohenstaufen, der vor einem halben Jahrtausend im nahen Palermo residierte, *Federico Secondo il Svevo*, auch er ein Stupor mundi? Auf jeden Fall, der preußische König ist eine Legende, auch an der fernsten Küste Siziliens kennt man seinen Namen.

Übrigens gilt das auch umgekehrt. Die Herrscher in Potsdam träumen ihrerseits von Sizilien und suchen ihre heimatliche Havelwelt dem Mediterranen anzugleichen. Als ein Jahrhundert später wieder ein Kronprinz, der spätere 99-Tage-Kaiser Friedrich III., in Palermo steht, erinnert ihn alles an die heimatliche Havelwelt.

»Eigentlich alles wie in Potsdam«, sagt er beim Anblick der Conca d'Oro und ist sich des Erheiternden dieses Vergleichs gar nicht bewußt. Ein Fischerflecken in der Nähe Berlins und jenes Palermo, das Jahrtausende zurückreicht und alle hat kommen und gehen sehen, die Griechen, die Karthager, die Römer, die Araber, die Normannen, die deutschen Kaiser, die französischen Könige und die spanischen Herrscher. Es sind große Verhältnisse im Süden Italiens; im vertrauten Potsdam ist allenfalls der König groß, und nach ihm wird alles wieder bestenfalls europäischer Durchschnitt.

Und die Mitte von allem ist jenes Sanssouci, das nicht eigentlich ein Schloß ist, weshalb es denn Friedrich auch im Alter immer nur »mein Lusthaus in den Weinbergen« oder

»mein Schlößchen« nennt. Ganze neun Räume hat Sanssouci. Friedrich selbst hat den Grundriß gezeichnet, lange bevor sich Knobelsdorff an die Planung machte. Ein ovales Musikzimmer, das niemand einen Saal nennen wird – hier finden die berühmten Flötenkonzerte statt –, gibt die Mitte ab, dann das Arbeitszimmer und der Schlafraum mit dem Alkoven, in dem er ziemlich genau vierzig Jahre später sterben wird. Das Zimmer, in dem er meist nur seine sieben oder acht Personen umfassende Freundesrunde – beileibe nicht seine Familie – zum Essen um sich versammelt, mißt kaum fünfzig Quadratmeter, und dann kommen noch vier ebenfalls mittelgroße Räume, allerdings von erlesenem Dekor. Dort wohnt mitunter Voltaire.

Manches Dithmarscher Bauernhaus ist geräumiger, die Patrizierhäuser der alten deutschen Reichsstädte oder der Hansestädte des Nordens darf man gar nicht damit vergleichen. Selbst Goethes Weimarer Haus am Frauenplan hat fast das Doppelte an Räumen. Sanssouci ist wirklich ein kleines Schlößchen, behaglich und unaufdringlich, ganz wie der König es wollte. Die Innenräume, die der König und Knobelsdorff überall gemeinsam entwerfen, sind eigentlich immer das Bezauberndste an Friedrichs Architekturen, im Potsdamer Stadtschloß wie in jenem ländlichen Sommersitz, als der Sanssouci gedacht ist.

Aber ist dieses Sanssouci, als Werk der Architektur genommen, wirklich eines der Meisterwerke des Jahrhunderts? Man zögert mit der Antwort, hält man die Bauten dagegen, die in derselben Zeit in den anderen großen und kleinen Residenzen Deutschlands errichtet werden. Friedrich hat eben nur Knobelsdorff, es fehlt ihm ein Pöppelmann, Balthasar Neumann oder Fischer von Erlach, denn das Jahrhundert bringt eine Fülle von genialen Baumeistern hervor, neben denen sich zu behaupten schon Leistung genug ist.

Eher nimmt es wunder, daß dieses unscheinbare Brandenburg in der knappen Spanne eines Jahrhunderts drei solche

Männer hervorbringt, erst Andreas Schlüter – der auch am alten Potsdamer Stadtschloß Hand anlegen muß –, dann Wenzeslaus von Knobelsdorff und schließlich Karl Friedrich Schinkel, der das, was man erst sehr viel später »preußischen Stil« nennen wird, auf seinen Höhepunkt und gleich auch an sein Ende bringt. Kaum zu fassen, wie diese märkische Sandwüste, die jahrhundertelang niemand recht ernstgenommen hat, mit einem Mal die Bühne betritt, eine Athena aus dem Haupt des Zeus. Es hat schon seine Richtigkeit, daß man diese Welt zwischen Spree und Havel später ein Spree-Athen nennt.

Ist es nicht wirklich ein bengalisches Feuerwerk, das da zwischen Spree und Havel entfaltet wird, oder, wenn man Preußen als Ganzes nimmt, zwischen Memel, Pregel, Weichsel, Oder, Havel und Elbe? Aber es dauert kurz, eigentlich nur das eine Jahrhundert von 1750 bis 1850, bald soll es als Staat verlöschen. Alle, die Preußen groß gemacht haben, haben immer gefürchtet, daß es nicht lange dauern wird mit dem Kunstgebilde dieses Staates.

»Das Beste, was wir tun können, ist, uns nicht zu rühren«, schreibt Friedrich kurz vor seinem Tode an seinen leitenden Minister, den Grafen Finck von Finckenstein, denn er lebt ständig in Sorge vor einem Wiederaufleben der großen Allianz zwischen St. Petersburg, Wien und Paris. Es wird dieselbe Sorge sein, die den uralten Bismarck umtreibt, jener *cauchemar des coalitions*. Das neugeschaffene Deutsche Reich ist ja nach so vielen Siegen zwischen Leuthen, Belle-Alliance, Königgrätz und Sedan dem übrigen Europa zu groß geworden. Ein bloßes Feuerwerk, dieses Preußen?

Einmal aber kommt es auf seinen Höhepunkt, und es kann kein Zweifel sein, daß dies die Zeit Friedrichs des Großen und seiner drei Nachfolger ist, jener Friedrich Wilhelms, deren Namen zu Recht die beiden Querstraßen der »Linden« tragen, die Friedrich- und die Wilhelmstraße, die gutwillige Ahnungslosigkeit in »Toleranzstraße« umbenennen wollte. Die Berliner und Potsdamer Architekturen sind aber ganz und gar des

Königs eigenes Werk. Natürlich, erst Knobelsdorff, dann Bouman, Unger und Manger und schließlich Gontard müssen ihm alle Pläne zu Papier bringen. Der König selber hat zwar sehr exakte Vorstellungen, die bis ins Einzelne gehen, selbst was die Abfolge von Räumen, die Höhe von Fenstern und die Stellung der Halbsäulen anlangt. Aber er kann nur ungelenk zeichnen, mit Rührung sieht man das Gekritzel, mit dem er seinen Baumeistern verdeutlicht, wie er sich die Details vorstellt.

Nur: Er weiß, was er will, und er macht von seinem Königsein kräftigen Gebrauch und setzt seinen Willen gegen alle Einsprüche durch. Knobelsdorff scheint ihm geraten zu haben, Sanssouci ein Sockelgeschoß und einen Keller zu geben, aber Friedrich will zu ebener Erde in den »Frühlingsglanz« hinaustreten können, er wünscht keine Barrieren zwischen sich und der »grünen Dämmernacht«. So muß der Architekt ihm sein Landhaus gegen allen Brauch der Zeit auf die ebene Erde stellen.

Knobelsdorff weist immer wieder vergeblich darauf hin, daß man vom Fuße des Weinbergs dann nur die Hälfte des Schlosses sehen kann. Aus eben diesem Grunde will Knobelsdorff auch den Bau hart an den Rand des Abhangs stellen; der Betrachter soll von unten das ganze Schlößchen und nicht nur dessen obere Hälfte sehen. Aber Friedrich baut das Schloß für sich und nicht für die Besucher, ihm ist die Meinung der anderen gleich. Immer denkt er ja von sich aus und für sich, selten ist ihm die Geltung der Außenwelt wichtig. Diesem Unkonventionellen, das im Kriege seinen Bruder Heinrich zur Verzweiflung bringt, weil es oft genug gegen alle Kriegskunst verstößt, verdankt er auch in seinen Schlachten nicht selten seine Siege.

Solcher Verstoß gegen die Regeln ist wahrscheinlich das eigentlich Neuartige und Kühne an Sanssouci. Nicht die Architektur selber, die vielmehr den Übergang vom Barock zum Rokoko, der in Süddeutschland wie in Westdeutschland längst stattgefunden hat, lediglich nun auch in Brandenburg vollzieht. Die Zeit der großen Schloßbauten, wie sie in Versailles und Schönbrunn ihren architektonischen Höhepunkt gefunden hatten, neigt sich überall dem Ende zu. Als der preußische König gleich nach dem Siebenjährigen Krieg seine längst entwickelten Planungen für ein neues Schloß, das Neue Palais, in wenigen Jahren – ebenfalls im Park von Sanssouci – verwirklicht, ist er im Grunde nur noch ein Nachzügler.

Solche Schloßanlagen sind ja längst nicht mehr modern; weder die russischen Zaren noch die österreichischen Kaiser oder die französischen Könige bringen den Absolutismus in der zweiten Hälfte des 18. Jahrhunderts auf so altmodische Weise zur Geltung. Erst ein Jahrhundert später, in dem zu Ende gehenden 19. Jahrhundert, werden die dem Tode geweihten Dynastien kurz vor dem Ersten Weltkrieg noch einmal ins Große planen und bauen. Die Engländer bringen den Buckingham Palace zu Ende, Napoleon III. baut 1860 seinen neuen Louvre, den heute alle Welt für den alten Louvre hält, und Kaiser Franz Joseph läßt durch Gottfried Semper die alte Hofburg Fischer von Erlachs ins Imperiale steigern; 1913 wird das Halbrund, von dessen Empore dann Hitler die Eingliederung der »Ostmark« in das Deutsche Reich verkündet, festlich von dem bald neunzigjährigen Franz Joseph eingeweiht.

Nur ein Jahr noch, und der Krieg, der alles an sein Ende bringen soll, Kaiser, Dynastie und Imperium, im Grunde die ganze Welt, ist da.

# Bürgerliche Straßen in unbürgerlicher Welt

*Die Linden: der preußische Corso*

Mit der unverhofften Wiedervereinigung des Landes wie der Stadt erhielt Berlin über Nacht auch die »Linden«, den alten Prospekt der Residenzstadt, zurück. Plötzlich war die Chance gegeben, daß man anstelle des erst nach dem Krieg ruinierten wilhelminischen Kurfürstendamms den eigentlich preußischen Corso wiedergewann. Er hatte ja den Krieg zwar schwer beschädigt, aber doch in der Substanz ungemindert überdauert. Nun könnte sozusagen das Vergangene das Zukünftige werden: die Avenue des achtzehnten Jahrhunderts als der Boulevard des einundzwanzigsten.

Ging man 1950 vom Brandenburger Tor her über den nur kulissenhaft ausgeglühten Boulevard an Nerings und Schlüters Zeughaus auf der einen und Knobelsdorffs Königlicher Oper und Stacks Kronprinzenpalais an der anderen Seite vorbei in Richtung des Schlosses, so schien die historische Stadtmitte leidlich durch den Krieg gekommen zu sein. Zwar wurden das Stadtschloß, in dem in den ersten Jahren nach dem Kriege schon wieder Ausstellungen stattgefunden hatten, und der Pariser Platz, wo in den Ruinen des Hotels Adlon in den Trümmern des Kriegsendes ärmliche Menüs serviert worden waren, in den fünfziger und sechziger Jahren abgerissen; aber der östliche, der eigentlich monarchische Teil der »Linden« mit Boumans Palais des Prinzen Heinrich, das nach Jena und

Auerstedt Universität geworden war, und dem gegenüberliegenden, Mitte des neunzehnten Jahrhunderts aufgestockten und »embellizierten« Kronprinzenpalais, dem anschließenden Prinzessinnenpalais von Gentz und dem alten Palais von Langhans wurde doch wiederhergestellt. Das Politbüro brauchte eine repräsentative Allee, wo man die Genossen aus Moskau gebührend empfangen konnte, da man selber in einem halben Jahrhundert nur der barackenartigen »Protokollstrecke« zum jahrzehntelang nur provisorischen Flughafen Schönefeld fähig gewesen war.

Nur der im Grunde bürgerliche Teil der »Linden« zum Westen hin, also der Abschnitt zwischen der Friedrich- und der Wilhelmstraße, der beiden Straßen, die in ihren Namen schon für die Dynastie gestanden hatten, die in all den Friedrich Wilhelms sozusagen zu sich selber kommt –, wurde sonderbarerweise vom Sozialismus zehn, zuweilen erst zwanzig Jahre nach dem Kriege abgeräumt. Die ja nur ausgeglühte spätklassizistische Preußische Akademie der Künste fiel ebenso dem Wahn einer sozialistischen »Magistrale« zum Opfer wie die Botschaftsgebäude Großbritanniens, der Vereinigten Staaten und Frankreichs auf dem alten »Quarrée«, der dann nach den Freiheitskriegen der Pariser Platz geworden war. Noch jahrzehntelang führten rauchgeschwärzte Fassaden vor Augen, weshalb man im alten St. Petersburg die »Linden« im neunzehnten Jahrhundert den »glänzendsten Prospekt Europas« und den Platz am Brandenburger Tor den Salon Berlins genannt hatte.

Einen Boulevard dieser Art hatte es ja tatsächlich nirgendwo sonst gegeben, und die wilhelminischen Zutaten seiner westlichen Hälfte störten im Grunde nicht sonderlich. Es war eine Allee, die von dem Renaissanceerker des Schlosses bis zu dem Vorklassizismus des Tores von Langhans am Saum des Tiergartens reichte, und von Schlüter über Knobelsdorff und Schinkel bis zu Persius und Stüler reihte sich hier eine klassische Architektur an die andere, bis in das Frühjahr des Jahres 1945.

Was waren die Champs-Élysées aus dem Kaiserreich Napoleons III. und was Roms Via Veneto mit ihren Bürgerpalästen aus dem Fin de siècle dagegen? Bis in die Straßenkämpfe der Eroberung hinein war Berlin – sonst doch, nach Fontanes Wort, nicht viel mehr als eine hochgebuffte Ansammlung von Häusern – wenigstens an dieser Stelle eine der großen Städte Europas.

Der Sozialismus räumte diese ausgehöhlten Reste der »Linden« einen nach dem anderen ab, radikaler ging er noch vor als der Zukunftsenthusiasmus der anderen Stadthälfte. Westlich des Brandenburger Tores träumte man anstelle des verachteten Häusermeers von einst von einer heiteren »Stadtlandschaft« inmitten grüner Parkanlagen, die sich auf den Trümmern erstrecken sollte. Aber auch der erste Entwurf des »Planungskollektivs« nach dem Kriege sieht nicht einmal den Straßenzug der »Linden« vor. Die erhaltenen Bauten aus Berlins klassischer Epoche sollten nicht mehr entlang einer Straße »aufgereiht« sein, sondern als Erinnerung an die historische Stadt vereinzelt für sich auf Rasenflächen stehen.

Die Wandlung der »Linden« in den vier Jahrzehnten von der Zukunftseuphorie des Kriegsendes über die proletarische Palastarchitektur der Stalin-Ära bis zu den Notdurftbauten des untergehenden Systems spiegelt die ganze Misere der sozialistischen Welt. Die Mai-Aufzüge der fünfziger Jahre hatten noch über die Reste des Boulevards der aristokratischen und der bürgerlichen Welt geführt; zum Jubiläum des Oststaates zogen die Massen vorbei an Großplattenbauten oder durch leere Quartiere, über die nur noch der Wind strich. Dies ist das in die Augen Fallende an den vierzig Jahren sozialistischer Bauanstrengung: Die alten »Linden« waren das Gehäuse der aristokratischen Welt, die bis in die erste Hälfte des 19. Jahrhunderts hinein hier ihren Sitz hatte; der Kurfürstendamm war das Wohnquartier der bürgerlichen Gesellschaft, in die dann in der Republik die Geschäftswelt drängte, so daß er neben den Champs-Élysées der eigentliche

Boulevard des Europas der Zwischenkriegszeit war. Aber nach der aristokratischen und der bürgerlichen Gesellschaft ist nicht die verheißene proletarische Kultur gekommen, wie sie einst Liebknecht, Rosa Luxemburg und wohl auch der entlaufene Bürgersohn Brecht erwarteten. Die Großplattensiedlungen zwischen Berlin, Warschau und Bratislava zeigen, daß man auch im Städtebau die Gesellschaft nicht reformiert, sondern abgeschafft hat.

Aber natürlich stellt sich die Frage, ob die egalitäre Massengesellschaft des zu Ende gehenden Jahrhunderts auch im Westen eines Boulevards noch fähig – und bedürftig – ist. Ein Boulevard hat die zweckfreie Aufgabe aller großen Straßen der Welt: der Menge mit sich selbst zu imponieren, was Goethe angesichts von Veronas Arena über solche Versammlungsorte sagte. Das nämlich und nicht die Bereitstellung von Arbeitsraum für Angestellte oder das Feilbieten von Gütern – Bürokomplexe und Warenhäuser also – ist der erste und vornehmste Sinn aller Straßen dieser Art, ob man sie nun Corso im siebzehnten, Avenue im achtzehnten oder Boulevard im neunzehnten Jahrhundert nannte.

Geht man heute die Fifth Avenue und den Broadway entlang oder wandert man über Londons Regent Street und die Oxford Street, so lehrt einen der Augenschein, daß auch die Gesellschaft, die nach der bürgerlichen kam, solche Bedürfnisse zu haben scheint. Straßen sterben, und andere werden geboren; fast immer kann man die Ersatzstraßen nennen, die sich das Verlangen geschaffen hat, wo ihm seine angestammte Kulisse genommen wurde. Der Kurfürstendamm ist wie die Via Veneto und der Newskij Prospekt zwar als Boulevard verdorben, aber die Menschen sind noch da, die ihn einst bevölkerten. Sie erobern sich stille Nebenstraßen, in die nun mit den Geschäften auch die zugehörigen Menschen einziehen; in Berlin sind das die gestern noch dem Wohnen vorbehaltenen Quartiere am mittleren Teil des Boulevards. So ist es überall, in Wien in den Seitengassen der Kärntner Straße wie in Zürich neben der Bahnhofstraße.

Die Frage, die der Wiederaufbau der »Linden« aufwirft, gilt also der Fähigkeit unserer Zeit, neue Bühnen zu bereiten, auf denen das alte Stück stattfinden soll. Kann die Gegenwart, um es auf eine Formel zu bringen, noch einen Boulevard als Boulevard konzipieren, zu dem es den Besucher zieht, weil er, ein Flaneur in nachbürgerlicher Zeit, sich selber begegnen will? Oder wird wieder nur eine Ansammlung von Regierungsgebäuden oder eine Büro- und Ladenketten-Meile daraus, aus der das Leben in die unversehrten Räume flieht?

Das ist die wirkliche Aufgabe, vor die sich Berlin mit seiner alten Stadtmitte gestellt sieht und die nicht in erster Linie den Architekten und Stadtplanern gestellt ist. Stadtquartiere und Straßenräume werden von dem Leben bestimmt, das dort einzieht, nicht von der Architektur, die preisgekrönt wird; insofern hat die gedankliche Anstrengung der formalen Bemühung vorauszugehen.

Tatsächlich ist es der Mangel des Denkens, der an dem Mißlingen der Nachkriegsarchitektur noch mehr in die Augen fällt als das Versagen der Kunst. Über die banale Fassade eines Hauses kommt man hinweg; was einen Boulevard ruiniert, ist die Verkennung seiner Idee oder, schlimmer noch, daß niemand mehr zu sehen scheint, daß einer Straße eine bestimmte Aufgabe im Stadtzusammenhang zukommt. Die Logik der Sprache weiß das sehr genau; sie sprach früher von der politischen Gewalt als von Stadt*vätern*. Die Architekten sind demgegenüber nur die Geburtshelfer; sie sollen dem von einem Gemeinwesen Gewollten zum bestmöglichen Ausdruck verhelfen.

Das wurde früher immer gewußt, nicht nur in monarchischer Zeit, wo die Herrscher festlegten, welche Art von Häusern in welchem Quartier für welche Benutzer entstehen sollten. Auch in Republiken, in Florenz, Edinburgh oder in Lübeck, stimmte vor dem Auftrag an die Architekten der Rat darüber ab, wo Kirchen, Rathäuser, Waisenhäuser und die Häuser der Bürger errichtet werden sollten. In Berlin läßt sich das an den Entwürfen für die geplante Stadterweiterung der südlichen Friedrichstadt ablesen; am Rondeel zum Beispiel hat der Souverän den Verwendungszweck der Häuser festgelegt, bevor die Baumeister hinzugezogen wurden. In Potsdam kamen Bühring, Manger oder Gontard erst zum Zuge, als König Friedrich festgelegt hatte, welcher Aufgabe die neuen Stadtquartiere dienen sollten.

Die Misere des Nachkriegsbauens hat viel mit der Umkehrung dieses Verhältnisses zu tun. Immer wenn der Staat nicht weiterwußte, blickte er fragend auf die Architekten. Er schrieb also einen Wettbewerb aus, der ihm Ideen geben sollte. Im Grunde sollten die Architekten nicht zeichnen, sondern denken. Da die Architekten selber aber auch keinen zureichenden Begriff von der zukünftigen Gesellschaft hatten, lief das darauf hinaus, daß der Lahme den Hinkenden stützte.

Es geht also bei dem Neuentwurf von Berlins historischer Mitte um die Verständigung über das Leben, das zwischen dem ehemaligen Quarrée, dem Pariser Platz im Westen, und dem einstigen Ochsenmarkt, dem Alexanderplatz im Osten der »Linden«, stattfinden soll. Darüber hätte sich Berlin erst einmal verständigen müssen, dann erst wurde die Frage der Architektur wichtig. Die Architekturwelt zeigte sich in den Monaten nach der Vereinigung jedoch vor allem besorgt, ob die Stadt auch die einzigartige Chance begreife, die ihr zugefallen sei, nämlich die Avantgarde nach Berlin zu holen. Die Architektur interessierte sie, nicht die Stadt. Werde man wirklich die Elite der ganzen Welt zusammenrufen, Berlins neue Stadtmitte aus dem Boden zu stampfen? Nun müßten sich die ersten Köpfe der zeitgenössischen Architektur zusammenfinden, um die Stadtbrache zu füllen.

Berlins alte Mitte sozusagen als Internationale Bauausstellung, wie Berlin das schon dreimal in Szene gesetzt hat, 1931 mit der Deutschen Bauausstellung, 1957 mit der »Interbau« im

Hansaviertel und 1978 mit der »IBA« in der südlichen Friedrichstadt. In der Tat wurde in der Euphorie der Vereinigung hier und da vorgeschlagen, den klassischen Bereich zwischen den barocken Stadtplätzen Leipziger Platz, Pariser Platz, Belle-Alliance-Platz und Gendarmenmarkt zum Gegenstand einer neuen Bauausstellung zu machen. Wieder wurde der Architektur eine Rolle zugebilligt, die ihr nicht zukommt. Die Stadt ging den alten Weg, der sie seit Jahrzehnten schon in die Irre führt: Sie trat die eigentlich an sie gestellte Aufgabe an die scheinbaren Fachleute ab. Nicht das Stadtparlament beriet über Aufgabe und Funktion des historischen Zentrums der alten und neuen Hauptstadt, sondern delegierte diese vornehmste und wichtigste Aufgabe an die, denen es doch seinerseits Aufgaben stellen sollte: an die Architekten, aus deren Reihen dann die üblichen Jurys gebildet wurden. Berlin bezahlte solchen Verzicht auf einen der Politik verantwortlichen Stadtbaudirektor oder Generalbaumeister geistig mit der fehlenden sozialen Ordnung seines Wiederaufbaus, ästhetisch mit der Gesichtslosigkeit der neuen Quartiere.

Es liegt dem ein merkwürdiger Glaube an die Weisheit von Gremien zugrunde, der trotz allen Mißlingens der Vergangenheit unausrottbar scheint. Ein einziger Blick auf die Ergebnisse von solchen Preisausschreibungen während der letzten hundert Jahre zeigt ja, daß die Akademien, Hochschulen und Architektenverbände besonders schlechte Ratgeber in Fragen der Architektur sind. Es ist nicht so, daß die Stadt bei den katastrophalen Fehlentscheidungen der letzten Jahrzehnte – der Abrißeuphorie der fünfziger wie der Großsiedlungsideologie der sechziger Jahre – sich über die Empfehlungen der Fachleute hinweggesetzt hätte; sie ist ihnen nur allzu getreu gefolgt. Fast unter jedem verhängnisvollen Beschluß steht der Name eines Akademiepräsidenten oder Hochschulrektors, meist sekundiert von den Architekturverbänden.

Mustert man zum Beispiel die Entwürfe aus dem Wettbewerb für den Reichstag aus den siebziger, für den Dom aus den achtziger Jahren des letzten Jahrhunderts oder für den Königsplatz, den späteren Platz der Republik, aus dem Anfang dieses Jahrhunderts, so fällt es in die Augen, wie der Zeitgeist die Koryphäen in höherem Maße noch beherrscht als die öffentliche Meinung. Wilhelm II. hatte für die neue Hofkirche neben dem Stadtschloß alles erwogen – eine gotische Kathedralkirche, einen Dom im Stil der italienischen Hochrenaissance und ein romanisches Münster (das er dann in Gestalt der Kaiser-Wilhelm-Gedächtniskirche am jetzigen Breitscheid-Platz, dem einstigen Auguste-Viktoriaplatz, baute). Entscheidend war ihm, daß diese Kirche am Ende der »Linden« die Macht des neugewonnenen Kaiserreichs darstellte und in ihrer Zuordnung zum Schloß ein Sinnbild der Verbindung von Thron und Altar war.

Dies aber waren nicht Phantasien eines zeitenthobenen Monarchen, der ja auch sonst seinen Adlerhelm über die Industriewirklichkeit der Epoche stülpte, sondern Träume einer ganzen Generation, die sich in vergangene Größe zurücksehnte. In den Preisrichterkollegien, die all das trugen, saßen alle prominenten Vertreter von Raschdorffs Architektenschaft und Anton von Werners Akademie; meist gaben Ihne und Schwechten den Ton an. Nur wenige Außenseiter wie Karl Scheffler, Max Osborn und Alfred Lichtwark widersprachen dem Unisono der Zeitgenossen, die sich für Baustile entschieden, die für Deutschlands vermutete Größe standen. Aus dem Abstand eines Jahrhunderts fallen die damals so umkämpften Unterschiede ins Nichts zusammen; das gemeinsam Wilhelminische drängt sich statt dessen in den Vordergrund. Es ist ja üblich geworden, das alles Kaiser Wilhelm II. aufs Konto zu schreiben, der an der wirklichen Moderne vorbeigegangen sei, für die die Architekten vergeblich gekämpft hätten. Aber als seine Untertanen ihr eigenes Haus in Gestalt des Parlamentsgebäudes des neuen Reichs zu entwerfen hatten, fielen die Ergebnisse der Wettbewerbe fast noch trostloser aus. Sieht man heute die damals zur Debatte stehenden Entwürfe, so hat man die ganze Misere eines Zeitgeschmacks vor Augen, der die Hochschulen im selben Maße prägte wie die Hofgesellschaft.

Paul Wallots anstelle des Wettbewerbssiegers am Ende ausgewähltes Reichstagsgebäude von 1884 läßt sich ja auch nur intellektuell rehabilitieren, indem man den artifiziellen »Reichsstil« des deutschen Parlaments gegen den frühen Gotizismus von Londons Westminster Hall von 1840 oder die späten neugotischen Gebäude von Budapests Parlament der Jahrhundertwende ausspielt. Für sich genommen ist aber auch das Reichstagsgebäude aus der Epoche der Jahrhundertwende ein gedanklicher und formaler Anachronismus, dessen Rekonstruktion nach dem Kriege sich nur mit der wichtigen Rolle rechtfertigen läßt, die der Bau immer wieder in der deutschen Geschichte gespielt hat – mit der großen Friedensresolution des Kriegsjahres 1917, in den Tagen der Revolution im November 1918, beim Untergang der Republik im Feuer des Reichstagsbrands vier Wochen nach Hitlers Machtergreifung 1933, bei seiner Eroberung durch die Rote Armee im Mai 1945 und bei den großen Freiheitskundgebungen Ernst Reuters während der Blockade.

Was die Architektur anlangt, so war alles wirklich Neue, Messels Kaufhaus Wertheim von 1896, Peter Behrens' Turbinenhalle von 1909, Gropius' Schuhleistenfabrik von 1911 und Muthesius' Funkstation Nauen von 1917, Außenseiter-Unternehmung, von keinem Kollegium gestützt und von keiner Jury dem Bauherrn empfohlen.

Es sind vielmehr gerade die Verbände, die für den Triumph des Zeitgeistes sorgen. Die Misere des heutigen Wettbewerbsunwesens besteht gerade in dem, was das Mittelmaß zurückdrängen soll. Das Auswahlverfahren soll demokratisiert werden, indem die Machtvollkommenheit oder Urteilslosigkeit der Eigentümer in die Schranken gewiesen wird. Aber das heißt: Kein Emil Rathenau könnte mehr seinen Peter Behrens berufen, und die Familie Wertheim müßte Himmel und Hölle in Bewegung setzen, um einer Verwaltung die Genehmigung abzuringen, ihren Hausarchitekten Alfred Messel das Warenhaus am Leipziger Platz bauen zu lassen. Würde den fünf Brüdern Ullstein von einem Beratergremium aus den Reihen der Architekturverbände noch erlaubt werden, ihr Druckhaus in Tempelhof von einem Mann ihrer Wahl bauen zu lassen, und zwar nach einem internen Familienwettbewerb durch den Außenseiter Otto Schmohl?

Die Liste ließe sich unendlich verlängern. In fast jedem Fall waren es neue, weithin unbekannte Architekten, die von den Bauherren auf eigene Faust berufen wurden, und es waren zumeist Dreißigjährige, die gegen die großen Namen von gestern aufstanden. Das gilt nicht nur für die jungen Revolutionäre der Weimarer Zeit, Taut, Luckhardt oder Häring; auch Messel, Behrens oder Muthesius waren zu ihrer Zeit die nächste Generation, die gegen die damals Etablierten aufstand, gegen Ihne, Raschdorff und Schwechten also. Von den zwanzigjährigen Gilly und Schinkel über Semper, der mit dreißig seine ersten großen Entwürfe vorlegte, bis zu Gropius und Mies van der Rohe waren es immer die ganz Jungen, die den neuen Impuls brachten. Heute ist es schon eine Revolution, wenn die fünfzigjährigen Kollhoff und Sawade gegen die siebzigjährigen Behnisch und Ungers aufstehen; auch das gehört zu dem Verlust an Berliner Tradition.

Wichtiger vielleicht noch: Es waren erst einmal Bauherren vorhanden, bevor Baumeister kamen, wie denn eine Geschichte der großen Auftraggeber der Vergangenheit aufschlußreicher noch als ein Verzeichnis der Architekten wäre, deren Namen ohnehin zumeist nach einer Generation schon vergessen sind. Oder weiß noch jemand, wer Bonns Beethoven-Halle, Frankfurts Schauspielhaus und Berlins Schillertheater entwarf?

Die gegenwärtige Auseinandersetzung über den Stadtraum der »Linden« findet also auf einer falschen Ebene statt. Man streitet fast ausschließlich über die Wahl der Architekten. Sind die richtigen Leute eingeladen worden? Warum war diese oder jene internationale Koryphäe nicht dabei? Wie ist die Jury zusammengesetzt gewesen, die die Entscheidung getroffen hat? Ist das Ergebnis passabel, befriedigend oder sogar vorzüglich? Hätte sich etwas Besseres denken lassen? Das sind die Themen, die leidenschaftlich diskutiert werden. Aber damit begibt man sich auf das Feld, das man gerade zu vermeiden sucht. Besorgnis macht vielmehr, daß hier wieder einmal die Stadt abgedankt hat und alles den Bauherren überließ, die meist nur Bauträger sind, was oft genug auf Investorengemeinschaften hinausläuft. Der Staat, hier also die Stadt, überwacht lediglich die Einhaltung des demokratischen Vorgehens der Instanzen, vornehmlich also die Einschaltung der Architektenverbände in die Entscheidungsprozesse.

Aber das war genau die Manier, in der der Kurfürstendamm ruiniert wurde. Auch damals wurde den künstlerischen Instanzen ihr Recht nicht beschnitten; immer hatten Juroren oder Berater das letzte Wort. Und dennoch kamen der Rasterbau des Bayer-Hauses, der banale »Beamteneinkauf« und jener pazifizierte Monumentalbau zustande, in dessen Nobeletage die Berliner Niederlassung von Mercedes-Benz residiert. Man wechselt nur die Architektengeneration, nicht aber die Bevorzugung des gerade Modischen aus. Nach dem Stil der sechziger Jahre kommt heute der Geschmack der neunziger Jahre. Wirklich ein besserer? Daß die Verbände auch heute wieder diesem Verfahren akklamieren, versteht sich von selbst; aber es geht nicht um deren Zustimmung, sondern gerade um deren Ausschaltung.

Der Staat pflegt sich in dieser Situation immer auf seine Ohnmacht herauszureden, und in der Tat ist die Demokratie als Bauherr eine auf Zustimmung angewiesene Instanz. Deshalb schmückt er sich gern mit Namen, die seine Entscheidungen nach der Seite der Autoritäten hin absichern. Aber sind die Stadtväter denn wirklich so machtlos, daß sie keine Möglichkeit hatten, dem von ihnen Gewollten zum Ausdruck zu verhelfen? Nie haben der Staat und jene Instanzen, die man die öffentliche Hand nennt, solche Befugnis gehabt wie heute. In der Zeit immer neuer Befreiungsregelungen, Ausnahmebestimmungen und Finanzierungsmodelle ist der Staat im Grunde für alles verantwortlich zu machen, was in der Epoche der zweiten Gründerzeit nach dem Krieg entstanden ist, der in Berlin eben jetzt eine dritte Gründerzeit folgt.

In Berlin wären weder das Ku'damm-Karree noch der Steglitzer »Kreisel« ohne die Stadt möglich gewesen, und da diese Bauten sich nicht nur als ästhetische, sondern auch als finanzielle Katastrophen erwiesen haben – für die man die Bürgschaften Berlins mit Dutzenden von Millionen Mark in Anspruch nehmen mußte –, sind nicht die Bauträger oder die Architekten verantwortlich, sondern der Staat als heimlicher Bauherr. Immer hat die Stadt Möglichkeiten gehabt, das von ihr Gewollte mit sanfter Gewalt in die Wege zu leiten. Nichts, was in Berlin in der Nachkriegszeit entstanden ist, kam ohne Sondergenehmigungen aus, der Staat hätte von seiner Vollmacht nur Gebrauch machen müssen. Aber der Staat wollte nicht das Falsche; er wollte gar nichts.

Natürlich geht Stadtplanung, die nicht das Spektakuläre, sondern die Stadt im Auge hat, genau umgekehrt vor. Sie kommt zuerst mit sich selber ins reine, welche Funktionen im Stadtzusammenhang ein Areal haben soll und was daraus für die Straße folgt. Daraus geht dann alles Weitere hervor, auch und vor allem die Nutzung der Straße, also der Anteil und die Verteilung von Wohnungen, Geschäftsräumen und Büroflächen in den einzelnen Häusern. Dann müßte festgelegt werden, welchen Charakter der Straßenraum haben soll; Gestaltungsrichtlinien nannte man das in der Weimarer Zeit. Erst wenn alle diese Fragen entschieden sind, sind die Baumeister am Zuge, um mit den Mitteln der Architektur zu klären, wie die verschiedenen Baukörper, also die Häuser und deren der Straße zugewandten Fassaden, aussehen sollen. Nur so könnte der moderne Boulevard einer Metropole entstehen: der lebendige Schauplatz urbanen Lebens.

Natürlich, die »Linden« waren schon zwischen den Kriegen verdorben. Firmenniederlassungen verdrängten die alten Bewohner, und längst hatten die Mieten eine Höhe erreicht, die es gerade jenen Geschäften, die doch zu einem Boulevard gehören, unmöglich machten, hier ihren Platz zu behaupten. Auch die letzten privaten Wohnungen sahen sich zuletzt einem Verdrängungswettbewerb ausgesetzt. Die Anwaltskanzleien und Arztpraxen machten ebenso jenen Konzernniederlassungen Platz wie die Stadtwohnungen des Adels und die wenigen verbliebenen Quartiere der Bürger, unter denen Max Liebermann bis ganz zuletzt am Pariser Platz aushielt. Liest man die Tagebücher und Briefe, in denen vom Fackelzug der Machtergreifung am 30. Januar 1933 berichtet wird, so wird aber deutlich, wie offensichtlich noch bis in den Untergang des Mai 1945 hinein Einsprengsel des bürgerlichen Lebens an den »Linden« zu Hause waren. Die Adreßbücher der dreißiger Jahre belegen solche Eindrücke bis hin zu jenem Herrenschneider Ludwig, der in seinem ausgebombten Haus noch nach dem Kriege sein Geschäft betrieb. Ein Kunde prägt sich ihm besonders ein, weil der stets Arbeiteranzüge und Schiebermützen bestellte, aber aus feinstem englischen Stoff. Sein Name war Bertolt Brecht.

Insofern läuft jeder Prolog zu den neuen »Linden« auf einen Nekrolog hinaus. Bevor noch die ersten Gerüste stehen, weiß man schon, was alles mißlingen wird. Natürlich wird die einstige Avenue schon irgendwie wiedererstehen. Die Plattenbauten des Sozialismus werden den Luxusfassaden des Kapitalismus weichen. Aber nichts spricht dafür, daß der Boulevard als Boulevard wiederersteht. Daran aber werden nicht die Baumeister, sondern die Bauherren schuld sein – also die Stadt Berlin.

## Der Kurfürstendamm:
## der Boulevard der republikanischen Weltstadt

Berlin hatte in den letzten einhundert Jahren zwei Boulevards, die alten »Linden« und den seit der Jahrhundertwende entstehenden neuen Kurfürstendamm. Das Hochkommen der wilhelminischen Bürgerstraße hatte mit dem Absinken der alten aristokratischen Avenue zu tun. Niederlassungen großer Unternehmen verdrängten dort um die Jahrhundertwende jene Wohnhäuser, Gaststätten, Cafés und kleinen Hotels, die der Allee zwei Jahrhunderte lang ihren Charakter gegeben hatten. So zog sich das Leben der Stadt im neuen Jahrhundert an den Kurfürstendamm zurück, der zwischen den beiden Weltkriegen in seiner Mischung von großbürgerlichen Wohnungen, Luxusgeschäften, Vorgartencafés, Restaurants, Max-Reinhardt-Theatern und Uraufführungs-Kinos das eigentliche Schaufenster der Reichshauptstadt wurde. Zuletzt waren die »Linden« entthront; in der Zwischenkriegszeit war der Kurfürstendamm die Promenade der Metropole geworden. Hier, zwischen Kaiser-Wilhelm-Gedächtniskirche und Halensee, trafen sich auch, wie man in den Tagebüchern und Briefen der Epoche nachlesen kann, die Schriftsteller von Giraudoux über Isherwood bis zu Thomas Wolfe und die Künstler der Weimarer Epoche von Kirchner bis zu Beckmann.

Der Kurfürstendamm war der Boulevard der neuen Zeit, und er war, wie Maillol zu Graf Kessler sagte, dabei, die Champs-Élysées zu verdrängen; er schickte sich damals tatsächlich an, neben den Broadway zu treten. Die Halbwelt, die immer die andere Seite der großen Welt ist, hatte sich längst von den »Linden« zurückgezogen. George Grosz wie Otto Dix fanden ihre Modelle vorzugsweise in der Gegend des Kurfürstendamms, natürlich auch ihre Kunsthändler wie Flechtheim und Cassirer. Übrigens zogen jetzt auch die jungen Diplomaten in den »neuen Westen«, wo Martha Dodd, die Tochter des amerikanischen Botschafters, zusammen mit dem jungen Ledig-

Rowohlt die Bars zwischen Uhlandstraße und Gedächtniskirche unsicher machte. George F. Kennan erzählt in seinen Berliner Erinnerungen, wie er morgens von seiner Wohnung in der Giesebrechtstraße aus die Reiter auf dem Mittelstreifen des Kurfürstendamms gleich neben der Straßenbahn zum Grunewald ziehen sieht.

Diese Welt hatte sich in Ruinenkulissen noch nach dem Zweiten Weltkrieg erhalten, als sich die Literatur der Epoche, von Sartre und Gide bis zu Koestler, Orwell und Thornton Wilder, noch einmal auf dem Kurfürstendamm traf. Weit vor Roms Via Veneto und Londons Oxford Street war Berlins Kurfürstendamm die literarische Flanierstraße der Nachkriegszeit. Im »Monat«, der wichtigsten Zeitschrift dieses Jahrzehnts, erschien in den fünfziger Jahren ein geistreicher Aufsatz seines Herausgebers, Melvin I. Lasky, wonach die Dazugehörigen – Heimito von Doderer hätte »die Unsrigen« gesagt – wie auf allen großen Bummelstraßen der Welt vom Boulevard St.-Germain bis zu Barcelonas Ramblas auch auf dem Kurfürstendamm nur auf einer Straßenseite, der meteorologischen Sonnenseite, in den Vorgartencafés sitzen dürfen, wenn sie zu erkennen geben wollen, daß sie dazugehören.

Das Entscheidende ist: Der Kurfürstendamm wurde damals ganz selbstverständlich zu den großen Straßen der Welt gezählt. Würde heute noch jemand auf diesen Gedanken kommen? Denn mit den sechziger Jahren kam eine zweite Gründerzeit, die sich daranmachte, die Stadt von Grund auf neu zu entwerfen. Die alten Zentren des Verkehrs, die berühmten Bahnhöfe wie Schwechtens Meisterwerk, der Anhalter Bahnhof, und der Potsdamer Kopfbahnhof, wurden zwischen 1960 und 1970 abgerissen, da Berlin solcher Fernbahnhöfe nie mehr bedürfen werde. Dann wurden nicht nur die barocken Plätze der preußischen Residenzstadt wie das alte Rondeel, der spätere Belle-Alliance-Platz – der dann in einem wunderlichen Akt der Demokratisierung nach der Revolution 1918 nach einem sozialistischen Theoretiker in Mehringplatz umbenannt worden war (man war wohl zu verblüfft, daß man in der Schlacht von Belle-Alliance auf der richtigen Seite gestanden hatte und auch noch siegreich geblieben war) –, durch den Wiederaufbau ebenso zerstört wie das Oktogon, der Leipziger Platz, durch die Abräumung des ja nur ausgebrannten Kaufhauses Wertheim. Am Ende machten Berlins Städteplaner daraus jenes von Hochhäusern umgebene kleinstädtische Idyll, als das sich einer der großen Plätze des achtzehnten Jahrhunderts heute den Besuchern präsentiert.

Auch die Platzanlagen des wilhelminischen Jahrhundertendes, allen voran der nach dem Kriege noch vollkommen vorhandene »Platz der Republik« – der einstige Königsplatz – mit dem ausgebrannten Reichstagsgebäude, der in ihrer Baumasse nahezu intakten Krolloper und dem nur wenig beschädigten Generalstabsgebäude Helmuth von Moltkes, wurden jetzt als Arbeitsbeschaffungsmaßnahme beseitigt, wie übrigens auch der Leipziger Platz mit dem Messelschen Kaufhaus Wertheim und den Torhäusern von Schinkel erst damals abgeräumt wurde.

Die eigentliche Zerstörung Berlins kam nach den Bomben, und sie wurde von der Stadt als Fortschritt gefeiert. Wer in den siebziger Jahren aus dem Ausland in die eingemauerte Stadt kam, erkannte die ramponierte und doch glanzvolle Metropole der Nachkriegszeit nicht wieder. Noch immer war in dem Trümmermeer von 1950 ja die Weltstadt der Kaiserzeit und der Republik sichtbar gewesen, wie in einer gealterten Kokotte der Zauber von einst erkennbar ist. Jetzt half der Modernitätswahn einer fehlgeleiteten Provinzialität dem 5. amerikanischen Bomberkommando nach. Das Zeitgemäße stand auf der Tagesordnung. Selbst das Straßennetz, das alle Zeitläufte überdauert hatte, wurde der jeweiligen Zeitstimmung entsprechend alle zwanzig Jahre verändert. Erst wurde es durch Abrundung der Straßeneinmündungen und durch Straßenverbreiterungen »geschwindigkeitstauglich« gemacht, dann wieder durch Bodenschwellen und künstliche Verengungen in Spielstraßen verwandelt.

Auch das Bauen der vergangenen Epoche wurde in Acht und Bann getan; nicht nur die Hinterlassenschaft des Dritten Reiches wurde ästhetisch verdammt, auch der Architektur der bürgerlichen, der »bourgeoisen« Zeit galt die Verachtung. Der Stuck auf den Fassaden symbolisiere den Stuck in den Köpfen, sagte der Präsident der Akademie der Künste in einer allgemein mit Beifall bedachten Rede. Ein »Entstuckisierungsprogramm« ließ sich die Stadt mehr an Zuschüssen kosten, als heute für die Stadtbildpflege zur Verfügung stehen. Der gebaute Nierentisch, wie er sich im Zoo-Palast noch heute neben der Gedächtniskirche präsentiert, die Tütenlampen im Salonwagen Adenauers und Erhards Sesselchen mit den abgespreizten Beinen wurden gegen den Formwillen der Väter und Großväter ausgespielt.

Am schlimmsten spielte diese Neuerungssucht dem Kurfürstendamm mit. Sicher war er architektonisch niemals bedeutend gewesen, genausowenig übrigens wie die Champs-Élysées oder die Fifth Avenue, keiner der namhaften Architekten von 1900 hatte hier ein einziges Haus gebaut; er hatte die lebendige Bühne einer bürgerlichen Welt dargestellt. Nun, meist Ende der fünfziger, mitunter erst in den sechziger Jahren, wurden die oft nur in den oberen Geschossen ausgebrannten Gründerzeithäuser abgerissen und die einstige Kleinteiligkeit der Parzellen in übergroße Komplexe zusammengefaßt; mitunter wurden ganze Boulevardabschnitte mitsamt den Nebenstraßen in einen einzigen Block zusammengezogen und einheitlich bebaut.

Zugleich ergriff ein anderes Leben von dem Boulevard Besitz. Nicht mehr Ärzte, Rechtsanwälte und Geschäftsleute wohnten am Kurfürstendamm, sondern Firmenniederlassungen, die ihre Büros hier einquartierten. Fährt man heute nach Geschäftsschluß die drei Kilometer entlang, so sind nur die Ladenzeilen noch erleuchtet. Darüber erstrecken sich geschoßweise dunkle Etagen, die sich erst in den frühen Morgenstunden mit dem Einzug der Reinigungsfirmen wiederbeleben.

So wurde aus dem ausgebombten Boulevard der Nachkriegszeit die banale Straße, die sich heute dem Besucher darstellt. Zum drittenmal in knapp fünfundsiebzig Jahren wandelte sich damit auch das Publikum, das den Kurfürstendamm bevölkert. An die Stelle der großbürgerlichen Familien der Kaiserzeit und der demokratischen, oft jüdischen Anwälte, Ärzte und Geschäftsleute der Republik ist eine ganz andere Welt getreten. Es ist jene Menge, die ihre Bedürfnisse in Fastfood-Ketten und in Discountläden befriedigt und deren Anblick Besucher aus München wie aus Düsseldorf und Hamburg, die ihre zukünftige Hauptstadt besichtigen wollen, immer wieder verblüfft. Aber auch das ging nicht unmerklich und sozusagen unbeabsichtigt vonstatten, sondern unter dem Beifall der Akademie, deren Präsident Hans Scharoun diese neuerliche Verwandlung des Kurfürstendamms und seines Publikums ausdrücklich begrüßt. Alles andere entspreche nicht der Realität in dem zu Ende gehenden Jahrhundert.

Immer wieder fragt man sich, ob die Stadt eigentlich noch eine Vorstellung von dem Leben hat, das sich auf einem Boulevard begeben soll. Berlin leidet nicht an einem Zuviel, sondern an dem Zuwenig des staatlichen Bauwillens, der niemals einen intellektuellen Begriff von der Ersatz-City hatte, zu der man notgedrungen die eingemauerte Halbstadt ausbaute. Die Verbände aber taten, was sie immer tun: Sie achteten darauf, daß sie nicht zu weit von der Krippe sitzen. Nie gab es ein erkennbares soziales und geistiges Programm für den Kurfürstendamm, auf dem lediglich die Moden des betreffenden Jahrzehnts zur Geltung kamen.

Man kann fast auf das Jahr genau festlegen, wann eines dieser Monstren errichtet wurde – die Travertinfassaden der fünfziger Jahre, das Marmorgesicht der sechziger Jahre und die Kunststoffhaut der siebziger Jahre. Stets hat die Stadt darauf verzichtet, durch soziale und ästhetische Vorgaben festzulegen, welches Gesicht der Boulevard haben soll. Das ist keine Frage der Parteipolitik. Das konservative Bayern hat für seine Ludwigstraße zwischen Feldherrnhalle und Siegestor wie das sozialdemokratische Hamburg für seinen Binnenalster-Bereich festgelegt, welche Art der Bebauung zulässig ist: sogar die Art der Dächer oder die Form und Farbe der Lichtreklamen sind vorgeschrieben. Das gibt dem Jungfernstieg oder der Maximilianstraße ihre Einheitlichkeit auch im Ästhetischen, während in Berlin die Beliebigkeit der Häuser der der Bewohner entspricht.

Wahrscheinlich rächt es sich auch in der topographischen Banalität und typographischen Vulgarität, daß Berlin seit der Weimarer Zeit weder einen »Stadtbaudirektor« noch einen »Reichskunstwart« besessen hat. Nun handelt jeder Bausenator nach seinem persönlichen Geschmack, und damit keine Einheitlichkeit aufkommt, beharren auch die einzelnen Stadtbezirke auf ihrer Hoheit. Dann nennen sie Berlins Downing Street, die Wilhelmstraße, in »Straße der Toleranz« um, womit die Gesinnungsnamen des Sozialismus wie »Straße der Völkerfreundschaft« oder »Straße der jungen Pioniere« bei gleicher Mentalität sozusagen demokratisiert werden. Aber auch in West-Berlin haben sich die Bürgermeister aneinandergrenzender Bezirke oft nicht einigen können. Dann wechselt auf einer einzigen Straße, einer Parallelstraße zum Kurfürstendamm, der Kantstraße, alle paar hundert Meter der Laternentypus, weil diese Straße durch verschiedene Bezirke verläuft.

»An meinem Kurfürstendamm soll sich jeder Türke mit einer Boulette festmachen können«, so Hans Müller, der damalige Senatsbaudirektor, in einem berühmt gewordenen Satz, der den Verlust der Boulevardqualität zum offiziellen Programm erhob. Vielleicht hat er sogar recht gehabt. Es gab nicht nur die großen Stadtbaumeister von einst, Hoffmann und Wagner, sondern auch die Gesellschaft nicht mehr, für die alle großen Boulevards gedacht sind. Die Turnschuh- und Stretchhosenwelt hielt Einzug. Aber damit starb, was der Kurfürstendamm einmal gewesen war. Nun kam die Zeit jener vom Senat inszenierten Skulpturen-Boulevards und City-Feste, mit denen sich die zukünftige Haupt- und Regierungsstadt der staunenden Umwelt empfiehlt.

Die Geschichte des Kurfürstendamms dauert einhundert Jahre. Im letzten Jahrzehnt des neunzehnten Jahrhunderts werden seine ersten Häuser gebaut, und kurz vor dem Ersten Weltkrieg fallen die letzten Baugerüste; er ist die jüngste Straße unter den großen Avenuen Europas. Als Boulevard existiert er sogar nur ein halbes Jahrhundert, von 1920 bis 1970. Vorher ist er Wohnstraße mit Staketenzäunen und Vorgärten; hinterher ist er eine Einkaufs- und Geschäftsstraße, wie es sie viele gibt. Niemand würde mehr auf die Idee kommen, ihn den Salon Berlins zu nennen, wie das Walter Benjamin und Siegfried Kracauer taten, die hier die letzten Flaneure suchten, und wie auch Thomas Wolfe fand, als er zusammen mit Ledig-Rowohlt während der Olympischen Spiele 1936 in seinen legendären Bars saß. Der Kurfürstendamm lebte, bevor es seinen Mythos gab, und er lebt noch immer, lange nachdem sein Mythos gestorben ist. Als Boulevard jedoch hat er aufgehört zu existieren.

Die Banalisierung seiner architektonischen Gestalt ist jedoch nur der ästhetische Ausdruck seines geistigen Untergangs. Das macht den illusionären Charakter der postmodernen Architektur aus. Man kann zwar die Kulissen von einst wiederherstellen, aber es steht ein anderes Stück auf dem Spielplan; Architekturen wie die Palastbauten von Charles Moore im Rahmen der Internationalen Bauausstellung gehen zwar die Wege von gestern, aber diese Wege führen ins Nichts. Seine Mietsschlösser nahe Schinkels Humboldt-Schlößchen sehen zwar aus wie ein demokratisiertes Versailles, aber das Leben, das darin stattfindet, ist das Leben der Angestelltenwelt des zu Ende gehenden Jahrhunderts. Ist dies auch das Schicksal des Kurfürstendamms?

Aber darin teilt der Kurfürstendamm vielleicht das Schicksal aller großen Boulevards von Paris bis New York, nicht nur der Champs-Élysées und der Via Veneto, sondern auch des Broadway. Dann wäre der Kurfürstendamm noch einmal repräsentativ für die bürgerliche Welt. Mit ihr wurde er geboren, und mit ihr starb er.

## Berlin im Biedermeier

Nicht nur das Bild der Stadt ist von jeher ein Gegenstand der Kunst gewesen; auch die Entwicklung von Städten ist an den Bildern der Epoche abzulesen. Faßt man Berlin ins Auge, so wird sein Werden durch die Jahrhunderte in einer Fülle von Bildern greifbar – von jener berühmten Zeichnung vom Bauplatz des Rondeels, des späteren Belle-Alliance-Platzes, über Menzels »Beim Bau des Prinz-Albrecht-Palais« bis zu den Malern der Berliner Secession wie Lesser Ury und Ulrich Hübner; jedesmal wird die gerade entstehende Metropole festgehalten.

In diesem Sinne ist Hans Baluschek der Chronist der Unterseite der Kaiserzeit gewesen wie Anton von Werner der des gleichzeitigen Glanzes; er zeigte um die Jahrhundertwende die Verwandlung Berlins zur Millionenstadt, wobei seine besondere Aufmerksamkeit der Verkehrswelt galt. Dabei interessiert Baluschek nicht wie die Maler der vorausgegangenen Jahrzehnte das repräsentative Gesicht der Bahnhöfe, sondern die proletarische Atmosphäre der rauchverhangenen Gleise, die viel mehr von der Wirklichkeit der Industrialisierung zu erkennen geben als die humoristisch-besänftigende Bildwelt Zilles. Nach Lovis Corinths Gemälde des Eosander-Portals vom Schloß sind Ernst Ludwig Kirchners Großstadtbilder der zwanziger Jahre der Endpunkt dieser Reihe von Stadtporträts. Noch Albert Speer, der einem längst vergessenen Maler der späten dreißiger Jahre den Auftrag gab, den Bauplatz seiner Neuen

Reichskanzlei als Chronist zu verfolgen, fügt sich dieser Tradition ein. Die Künstler konstatieren stets, wie die Stadt durch die Architektur der jeweiligen Epoche ein anderes Gesicht annimmt; ob es nun Michelangelo, Borromini oder Bernini sind – oder, um in Berlin zu bleiben, Knobelsdorff, Schinkel und Messel.

Welche Gemälde, Aquarelle, Zeichnungen würde man namhaft machen, von denen die letzte Verwandlung Berlins registriert wurde? Es kommt einem natürlich als erster Werner Heldt in den Sinn, aber das führt in die Irre. Heldt zeigte in seinen Bildern der dreißiger Jahre, also aus der Zeit vor der großen Zerstörung, ja gerade nicht das Neue, sondern das vom Untergang Bedrohte, oder, in den Arbeiten der Ruinenstadt der vierziger Jahre, das durch die Vernichtung Hindurchgegangene. Nichts an seinen Bildern deutet darauf hin, daß Heldt die größte Bauanstrengung der letzten hundert Jahre erlebte, die das Antlitz Berlins so gründlich verwandelte wie seit der Gründerzeit des wilhelminischen Reiches nichts anderes mehr.

Im letzten halben Jahrhundert nahm Berlin noch einmal ein neues Gesicht an, aber das ist im Bild seiner Maler nicht festgehalten worden. Die Abwendung der Kunst von der äußeren Wirklichkeit ist auch in diesem Betracht radikal gewesen. Es würde schwer fallen, für ein imaginäres Berlin-Museum des 21. Jahrhunderts auch nur eine Handvoll Gemälde zu nennen, die den Nachlebenden ein Bild jener vollkommenen Neuschaffung der Stadt geben, die von den letzten drei Generationen ihrer Architekten vorgenommen wurde. Weder die Speersche Welthauptstadt Germania noch der Abschied Scharouns von dem geliebten und gehaßten Steinernen Meer zugunsten einer »Stadtlandschaft« ist in Gemälden bewahrt worden, und das eben jetzt entstehende Berlin der Ubiquität einer austauschbaren Moderne entzieht sich offensichtlich ganz der Malerei.

Das ist natürlich eine allgemeine Erscheinung, die London ebenso betrifft wie New York. Was das Paris Mitterrands anlangt, so ist man übereingekommen, das Centre Beaubourg, die Glaspyramide im Hof des Louvre, den Neuen Triumphbogen in La Défense und schließlich die gläsernen Türme der neuen Bibliothek für die markantesten Exempel zu halten. Kein Maler ist aber auch nur auf den Gedanken gekommen, diese Architekturen in Gemälden festzuhalten. Sehr merkwürdig ist der Gedanke, wie hoffnungslos in einem Jahrhundert der Versuch wäre, sich aus dem Werk der Maler von heute zu vergegenwärtigen, was mit den Städten Europas in der zweiten Hälfte des Jahrhunderts vorgegangen ist.

Gerade wo uns die Kunst der Gegenwart am meisten beeindruckt, gibt sie nur über die Bewußtseinsveränderung Auskunft, nicht über das, was das Bewußtsein an Veränderungen der äußeren Wirklichkeit registriert. Das Auseinandertreten der beiden Funktionen der Kunst – auf sich selber zu achten und auf die äußere Welt – macht uns vieles bedeutend, was als Kunstwerk nur ephemer wäre – vom Rom der Renaissance über das barocke Paris bis zum biedermeierlichen Berlin.

Eines der in diesem Betracht bedeutenden Bilder des Biedermeier ist jüngst mit Eduard Gärtners Ansicht der Schloßfreiheit von der Berliner Nationalgalerie erworben worden. Das großformatige Gemälde ist auch darin charakteristisch für diese eigentlich bürgerliche Epoche zwischen dem königlich Preußischen und dem kaiserlich Deutschen, daß es die Nebensache zur Hauptsache macht. Das Stadtschloß Andreas Schlüters, die größte Architektur Berlins, ist nur der Hintergrund des Bildes, das die winkligen Bürgerhäuser der Schloßfreiheit in das Gesichtsfeld rückt. Als Wilhelm II. diese Häuserzeile für das »Nationaldenkmal« für seinen Großvater abreißen ließ, griff er in die Substanz Berlins ebenso zerstörerisch ein wie Mussolini in das Herz Roms, als er jenes Borgo planierte, das seiner imperialen Achse zu Berninis Petersplatz im Wege stand.

Wenn eines Tages nach dem Abriß der sozialistischen Mehrzweckhalle das alte Schloß aufgebaut werden wird, müssen natürlich auch die Bürgerhäuser der Schloßfreiheit – und sei es in neuer Gestalt – wiederhergestellt werden. Die Mitte Berlins erhielt ja gerade durch das Gegenüber der großartigen Barockarchitektur Schlüters und der kleinteiligen Biedermeierarchitektur ihren formalen Charakter und ihre stadträumliche Lebendigkeit. Der jüngste Wettbewerb für das Schloßareal demonstrierte nicht nur das Versagen der Gegenwart vor der Einfügung von Neuem in alte Zusammenhänge; er machte auch deutlich, daß die moderne Stadtplanung, gerade wo sie um das ästhetisch Vorzügliche bemüht ist, vom Funktionieren einer Stadt nichts begriffen hat. Das ist es und nicht mangelnde Qualität, weshalb uns die Träume Le Corbusiers oder Scharouns für den Aufbau des kriegszerstörten Berlin zu Alpträumen geworden sind.

Es mutet uns angesichts der heutigen Abwendung der Malerei von der gebauten Wirklichkeit geradezu überraschend an, daß einst alle Neubauten Berlins – das Brandenburger Tor und die Neue Wache oder der Dom Raschdorffs – fast noch im Jahr ihrer Entstehung gemalt worden sind. Die Veduten jener Zeit zeigen den Bauplatz des Pariser Platzes oder den Lustgarten, an dem gerade Schinkels Museum entsteht, und sogar den späten Königsplatz, wo Ende des letzten Jahrhunderts die Krolloper, Moltkes Großer Generalstab, Wagners Wesendonkvilla, das Palais des Grafen Raczynski und die Siegessäule Stracks in noch nicht einmal drei Jahrzehnten aufgeführt werden.

Das Reichstagsgebäude Wallots, das als einziges die Tabularasa-Mentalität der Nachkriegsjahre überdauerte, ist ja entgegen dem allgemeinen Bewußtsein nicht das erste Gebäude an diesem Platz, sondern dessen Schlußstein. Erst 1894 wird es in der mißgelaunten Gegenwart des Kaisers eingeweiht, der es wegen seines nur der Krone zustehenden Pomps und natürlich als Sitz der parlamentarischen Gegenwart nicht mag. Aber es wird nur kurze Zeit dauern; schon wenige Jahrzehnte später, im Februar 1933, soll es unter bis heute nicht völlig zweifelsfrei geklärten Umständen niederbrennen.

Es ist die Malerei des Biedermeier, die uns immer wieder zu solchem Nachdenken über das Wesen des Städtischen bringt.

Heute wird diese Kunst mit anderen Augen gesehen, wo ihr Gegenstand, das Berlin zwischen 1830 und 1860, nur noch in Restbeständen erhalten ist. Im Abschiednehmen von dieser Welt von Gestern werden auch Architektur, Skulptur und Malerei der Jahrhundertmitte in ihrem Eigenrecht begriffen. Das zeigt sich übrigens auch an den Kunsthandelspreisen, den Millionen für Gärtner oder den Hundert- und Zehntausenden für Johann Heinrich Hintze oder Friedrich Wilhelm Klose. Neben Wilhelm Hensel, dem Schwager Felix Mendelssohns, und Carl Graeb sind es diese drei, in denen nicht nur das Gesicht der Stadt der Jahrhundertmitte bewahrt ist, sondern das bescheidene Kunstwollen der biedermeierlichen Welt zu seinem Recht kommt. Zeit- und Lokalinteresse sind dieser Kunst zugutegekommen, nachdem sie ein halbes Jahrhundert lang ein sparsames Dasein in den Hinterzimmern des Antiquitätenhandels fristete.

Gärtners Stadtansichten, Hintzes Interieurs, Kloses Veduten bewahren eine Epoche und eine Stadt für die Erinnerung, die schon von den nächsten Generationen zerstört werden sollten. Von den Gebäuden, die auf der berühmten »Linden-Rolle« in der Mitte des 19. Jahrhunderts festgehalten werden, steht schon wenige Jahrzehnte später fast nicht ein einziges mehr; deshalb ist der Umgang mit Bildern des Biedermeier heute ein archäologisches Unternehmen. Gleichgültigkeit gegenüber der Stadt der Väter, die schnell wechselnden Architekturmoden und zum Schluß der Krieg sind über Berlin hinweggegangen, während man doch in Rom am Corso noch heute in den Häusern wohnt, in denen Goethe wie Thomas Mann verkehrten, und in Paris die Arrondissements zur Zeit Madame de La Fayettes, Balzacs, Stendhals, Zolas, Prousts und Sartres noch immer dieselben sind.

Zu den gewissenhaftesten Chronisten Berlins gehört Friedrich Wilhelm Klose, 1804 in Berlin geboren und in dieser Stadt 1863 gestorben, von dem eben jetzt ein Bild des Stadtschlosses in der Schweiz versteigert wurde. Kloses wie Hintzes Arbeiten gelten zumeist, weil der Hof und die Aristokratie ihre Auftraggeber waren, den Schlössern Potsdams und Berlins – sei es, daß Klose das Arbeitszimmer Friedrich Wilhelms III. im »Palais an den Linden« malt oder Hintze die Räume der königlichen Familie in ihrer biedermeierlichen Bescheidenheit; sei es, daß Klose das Schloß Bellevue wiedergibt, das draußen vor den Toren der Stadt im Tiergarten liegt. Das bürgerliche Behagen des Vormärz kommt auch und gerade in der Sphäre des Hofes zum Ausdruck. Klose malte ja nicht die repräsentative Seite der Paraden, die fast gleichzeitig in den Bildern Franz Krügers festgehalten wird, sondern jene Eisbahn, die jährlich für die königlichen Prinzen bis zur Höhe des zweiten Stocks errichtet wurde, damit die Kinder mit dem Schlitten bis unter die Bäume des Tiergartens hinunterrodeln konnten.

Solche Blätter bleiben malerisch im Durchschnitt der Epoche, aber sie lassen einen Blick in die städtische Wirklichkeit tun. Das Schloß war für den Staat und natürlich für die Dynastie da; der Monarch als Person lebte aber im kleinen Weinberg-Schlößchen Sanssouci, im bürgerlichen Palais an den Linden oder in Babelsberg – einer Wohnwelt, die anspruchsloser war als die der Handelsherren in Köln, Hamburg oder Danzig. Man muß die Schlösser der Romanows in St. Petersburg, der Habsburger in Wien, der englischen Könige in Windsor und des dritten Napoleon in Paris dagegen halten, um am Bild solcher Interieurs gewahr zu werden, wie in Preußen das Gottesgnadentum der Heiligen Allianz durchaus mit dem Geschmack des *vivre bourgeoisement* übereingehen konnte.

Eine schöne Arbeit Kloses ist jetzt wieder aufgetaucht, die das barocke Stadtschloß Schlüters neben dem Turm der gotischen Marienkirche zeigt. Das Bild wird wohl um 1840 entstanden sein, denn noch fehlt die Schloßkuppel, die Friedrich Wilhelm IV. kurz nach dem Tode Schinkels nach dessen Ideen von Stüler aufführen ließ. Das Bild ist jüngst nach einer abenteuerlichen Irrfahrt in der Schweiz versteigert worden, nachdem es in den dreißiger Jahren, wohl in jüdischem Besitz, ins

Ausland ging und 1942 in Luzern nach Buenos Aires verkauft wurde.

Die leidenschaftliche Zuneigung zur eigenen Stadt, nüchterner ausgedrückt: das sachliche Lokalinteresse, war ja nirgendwo tiefer verwurzelt als im Berliner jüdischen Bürgertum – von den Ephraims über die Mendelssohns bis zu den beiden Rathenaus. Zugleich macht die nervöse Neugier an allem Neuen Familien wie die Oppenheims, Arnolds, Pringsheims und Simsons zu den vornehmsten Kunstsammlern – und übrigens auch Mäzenen – der Stadt, die als erste die französische und in deren Gefolge dann die deutsche Moderne sammelten. Der Verlust des Judentums durch das Dritte Reich hat deshalb Berlin beides genommen, die Historie und die Moderne.

Friedrich Wilhelm Klose und Johann Heinrich Hintze, die Dioskuren dieser biedermeierlichen Berliner Vedutenmalerei, zeigen den ganzen Reiz dieser Kunst vor dem Sieg des Naturalismus, der sehr bald schon auch den Triumph des Anekdotischen bringen wird. Den Bildhauern genügt in diesen Jahren nicht mehr wie in Gottfried Schadows »Prinzessinnengruppe« der Schmelz junger Mädchen; sie müssen nach dem Schmetterling auf ihrem Knie greifen, wie in einem Jugendwerk von dessen Sohn Ridolfo Schadow. Die Maler aber begnügen sich nicht mit dem dunstigen Licht über den Niederungen von Elbe und Oder, es muß der Postillon sein, der gerade dem Mädchen ankündigt, daß der Liebste kommt. In ihrer Akkutaresse, in ihrer Penibilität präsentieren sich diese lange bestenfalls mit Nachsicht betrachteten Maler als Söhne der eigentlich bürgerlichen Epoche der Berliner Malerschule, die im 19. Jahrhundert für ganz Deutschland den Ton angab. Die Revolution, das französische Kaiserreich und der Elan der Freiheitskriege sind vergangen; nun mündet aller Anstrengung ins Wirkliche und bald schon ins Behagen ein.

Aber Sympathie mit der bescheidenen Größe der biedermeierlichen Welt darf einem den Sinn für die Größenordnungen des Schönen nicht trüben; nirgendwo ist die Grenze zum Genialen überschritten. Das trennt die Malerei des Biedermeier – um auf dem deutschen Feld zu bleiben – vom fast gleichaltrigen Karl Blechen aus Cottbus, der selbst in seinen Bildern für den König, etwa in seinen drei Gemälden des Palmenhauses auf der Pfaueninsel, jene malerische Freiheit hat, die dann über Menzel zu Liebermann führen wird.

Die Stadtlandschaften aus der Mitte des 19. Jahrhunderts bleiben dem Biedermeier verhaftet, sie gehen in ihrem Verzicht auf malerisches Temperament und künstlerische Phantasie nirgendwo darüber hinaus. Aber die jetzt wieder aufgetauchten Arbeiten Gärtners und Kloses zeigen das Eigenrecht dieser biedermeierlichen Welt, die zwischen der Romantik Caspar David Friedrichs und der Nüchternheit Max Liebermanns allzu lange geringgeschätzt worden ist. Es ist eine Malerei, die zwischen dem Klassizismus und dem Impressionismus steht.

## Triumph der Vergänglichkeit

Es war »Hohenzollernwetter«, wie man damals noch sagte – erst später sollte das »Kaiserwetter« heißen –, als man am 2. September 1873 die Siegessäule enthüllte. Der Monarch, noch nicht der uralte Patriarch seiner späten Jahre, aber immerhin schon sechsundsiebzig Jahre alt, nahm die Einweihung selbst vor. Die Säule solle, wie der gerade zum Deutschen Kaiser avancierte König von Preußen in seiner Ansprache formulierte, allen künftigen Geschlechtern »die Zeugnisse der Thaten der Armee« in Erinnerung halten. Dann erklang unter 101 Kanonenschüssen und dem Geläute aller Glocken Berlins die Hymne »Heil Dir im Siegerkranz«. Das berichtete am nächsten Morgen hoch gestimmt nicht nur die rechtskonservative »Kreuzzeitung« oder eines der patriotischen Blätter der Mitte, sondern auch das liberale Sprachrohr der Residenzstadt, die »Vossische Zeitung«.

Die Säule stand damals noch, und das war wahrscheinlich der Grund der Wahl des Platzes, auf dem neuen Königsplatz, dem ehemaligen Exerzierplatz der Berliner Garnison, der seinen Namen »Königsplatz« erst wenige Jahre zuvor nach dem Sieg im deutsch-dänischen Krieg von 1864 erhalten hatte. Das aber hieß, daß die Siegessäule draußen vor den Toren des alten Berlin stand, und die Offiziere, Hofbeamten, Bürger und Arbeiter, die bei dem Festakt dabeisein wollten, mußten einen langen Kutschen- oder Fußweg zurücklegen.

Berlin endete im wörtlichen Sinn am nahen Brandenburger

Tor, wo der Königliche Tiergarten begann, dann kamen Äcker, Felder, Rüben und Kartoffeln und schließlich einzelne Waldstücke. Hier und da waren in die märkisch-karge Landschaft Dörfer eingestreut, Wilmersdorf zum Beispiel, Schmargendorf oder Zehlendorf. Ganz weit draußen lagen zwei brandenburgische Kleinstädte, die aber beide für die Monarchie ihre Bedeutung hatten. Das galt vor allem für Charlottenburg, wo das Schloß des ersten preußischen Königs lag, der das nördlichste Kurfürstentum Deutschlands in den Kreis der europäischen Königreiche erhoben hatte. In der anderen Stadt, Spandau nämlich, war die starke Festung, die schon im Siebenjährigen Krieg die königliche Familie aufgenommen hatte, als die siegreichen Russen Berlin besetzten. Friedrich selbst war natürlich bei der Armee.

Ziemlich genau ein Jahrhundert später sollte Spandau noch einmal eine Rolle in der preußischen Geschichte spielen. Hierher nämlich rettete sich der Kartätschenprinz Wilhelm, der Bruder des Königs, als 1848 über Berlin »das trikolorene Banner der Revolution« wehte, wie die Farben Schwarz-Rot-Gold voller Ekel der Erbauer des Schlosses Klein-Glienicke, der zweite Bruder des Königs, Prinz Carl, in diesen Tagen nannte. Von da floh eben jener Prinz, der nun der siegreiche Kaiser der Deutschen war, über die Pfaueninsel, wo er sich zwei Tage im Haus des Hofgärtners verborgen hielt, nach England. Auf Befehl des Königs Friedrich Wilhelm IV. durfte er erst nach Preußen zurückkehren, als Wrangel die revolutionäre Stadt besetzt hatte und überraschend schnell wieder Ruhe in Berlin hergestellt worden war, durchaus mit Zustimmung seiner Bürger übrigens.

Es waren also allgemein patriotische und sehr persönliche Stimmungen, die jene Menge erfüllten, die sich zu Füßen des Siegesmals auf dem noch ziemlich leeren Platz versammelte. Dort draußen in einem Vergnügungsgelände, auf dem sich nämlich zumeist das Volk zu sommerlichen Lustbarkeiten traf – woran noch heute der Straßenname »In den Zelten« erinnert –, erhoben sich nämlich gerade die ersten Gebäude: das Palais des preußisch-polnischen Magnaten Raczynski, das zwanzig Jahre später dem Reichstagsgebäude Wallots weichen mußte, das Krollsche Etablissement von Ludwig Persius, aus dem nach einem verheerenden Brand im Jahre 1851 und allerlei Umbauten in der Weimarer Zeit unter Otto Klemperer das dritte Opernhaus Berlins werden sollte, und das im Jahr zuvor fertiggestellte Haus des Generalstabs, in dem der siegreiche Feldherr von Königgrätz und Sedan, Helmuth von Moltke, Quartier nahm. Sonst waren da nur Reitwege, Rasenflächen und Spazierwege neben Rondells und Springbrunnen.

Das Baufieber der wachsenden Stadt ergriff aber in den nächsten Jahren Besitz von dem alten Exerziergelände, und nur zwanzig Jahre später war das Brachland ein Teil der überall nach Westen wachsenden Residenz geworden, die sich anschickte, eine Millionenstadt zu werden. Die vier alten Herren, die alles zuwege gebracht und sich oft genug gegen das Parlament durchgesetzt hatten, der siegreiche Monarch selbst – von dem der marxistische Historiker Ernst Engelberg ziemlich genau ein Jahrhundert später schreiben sollte: »Drei Kriege, drei Siege und nichts begriffen. Gefeiert, aber ein tumber Tor« – und neben ihm seine drei Mitstreiter, die sich wechselseitig nach manchen Disputen wenig mochten. Sie bekamen sämtlich Denkmäler, die ebenfalls auf dem Platz der Siegessäule aufgestellt wurden – der eigentliche Gründer des Reiches, Bismarck, der Stratege Moltke, der die Schlachten von der Präzision eines Uhrwerks inszeniert hatte, und der Kriegsminister Roon, der die moderne preußische Armee geschaffen hatte. Sie hatten Europa das Zittern gelehrt, erst Österreich und dann das kurzlebige Zweite französische Kaiserreich Napoleons III., das aber immerhin ziemlich genau so lange aushielt wie das seines Onkels Napoleon I.

Was werden die drei Schöpfer der deutschen Einheit, die zu Recht noch heute am Großen Stern stehen, bei dieser Einweihungszeremonie empfunden haben? Persönlich waren sie, sämtlich aus dem alten, aber niederen Adel kommend, avanciert, Fürst der eine geworden, Grafen die anderen. Aber liest man ihre Briefe aus jener Zeit, so macht es nicht den Eindruck, daß sie sich über die heikle Lage des neugeschaffenen Reiches in der Mitte Europas viel Illusionen hingaben. Wien hatte während des neuen europäischen Waffengangs insgeheim manche Sympathien mit dem französischen Erbfeind gehabt, Paris sann schon fünf Jahre später auf eine Revanche, denn es verschmerzte nicht den Verlust von Elsaß und Lothringen. London war zwar in der Vergangenheit zumeist mit Preußen gegen Österreich und Frankreich verbündet gewesen, aber so hatte es das nicht gemeint, daß nun ein vereinigtes Deutschland dem Kontinent sein Gepräge geben sollte. Moltke plante schon einen Präventivkrieg.

Tatsächlich leitete die Siegessäule, deren Hauptrelief auf der Vorderseite dem endlich erreichten Frieden galt, Jahrzehnte der europäischen Unruhe und Kriege ein. Am Ende schlossen sich die damaligen Zuschauer, Rußland und England, mit dem einstigen Besiegten, Frankreich, zu einer zweimal erneuerten Allianz zusammen, 1914–1918 und 1939–1945. Als die Waffen das zweite Mal schwiegen, gab es kein Deutsches Reich mehr, und die Stammlande Preußens – Ostpreußen, Westpreußen, Pommern, die Neumark und Schlesien – waren an Rußland oder an Polen gefallen. Soll man also der Aufstellung der Siegessäule an jenem Septembertag 1873 gedenken, und mit welchen Empfindungen wird man das tun? Wahrscheinlich doch wohl mit Betrachtungen, die der Vergänglichkeit alles Geschichtlichen gelten.

Dann hätte sie dieselbe Bedeutung wie eine andere in Berlin aufgestellte Säule. Ein Jahr zuvor nämlich war von den aus Paris zurückkommenden preußischen Truppen am Eingang zu Schwanenwerder eine Säule vom Tuilerien-Schloß Napoleons aufgestellt worden, das beim Aufstand der Commune niedergebrannt und dessen Skelett zehn Jahre später abgerissen worden war, da die Republik keine Verwendung für das Schloß der

Könige und Kaiser habe. Der preußische König, auf sein Gottesgnadentum bedacht, aber fromm, läßt sie hier nicht zum Zeichen des Sieges seines Hauses, sondern als Symbol der Vergänglichkeit aller Macht aufstellen. Sonderbare Militärmonarchie, dieses Haus Hohenzollern.

Fast hätte sich die Siegessäule selbst als vergänglich erwiesen. Die französischen Hilfssieger verlangten nämlich 1946, wie schon nach 1918, ihre Sprengung, und wie immer fand das den Beifall des deutschen Zeitgeistes. Der noch Gesamtberliner Magistrat selbst beschloß, beraten von einer Denkschrift Hans Scharouns, die Abtragung des Denkmals »aus Wilhelminischer und Vorwilhelminischer Zeit«, wobei man nicht weiß, was Scharoun an einem Bauwerk, das 1864 beschlossen worden war, wilhelminisch nannte, denn die wilhelminische Epoche begann ja frühestens erst nach dem Dreikaiserjahr fünfundzwanzig Jahre später, 1888. Am 15. August 1946 sollte das »militaristische Denkmal« aufgrund eines Antrags der Scharounschen Abteilung Bau- und Wohnungswesen beseitigt werden. Drei Tage später beschloß das denn auch die noch ungeteilte und freie Regierung Berlins, da für die Siegessäule »von vornherein eine Sprengung vorgesehen« sei.

Berlin verdankt die Erhaltung der Siegessäule allein den Amerikanern. Die Franzosen brachten in der Alliierten Kommandantura zwar den förmlichen Antrag einer Sprengung ein, und eine große Mehrheit der deutschen Volksvertreter billigte diese Forderung. Es war ein privates Komplott des CDU-Politikers Ferdinand Friedensburg und der SPD-Abgeordneten Louise Schroeder, daß man über die Forderung der Franzosen und die Zustimmung der Deutschen stillschweigend hinwegging, offensichtlich auf die Amerikaner gestützt. Dabei hatte doch Scharouns Behörde bereits ausgerechnet, »daß nach überschlägigen Feststellungen« dreihundert Arbeitskräfte, nämlich neunzigtausend Tagewerke, ein Jahr beschäftigt sein würden. Die Beseitigung von Preußens Glanz und Gloria als Arbeitsbeschaffungsmaßnahme.

Den Experten aus Politik, Kirche und Kunst ist immer zu mißtrauen, da sie meist in noch höherem Maße als das Volk dem Momentanen unterliegen. Drei Jahrzehnte später teilte die Kirchenleitung Ostdeutschlands, die, vertreten durch Bischof Schönherr, dem Politbüro mit, daß das Kirchenvolk eine Sprengung des Berliner Doms hinnehmen, weil verstehen werde; die Kirche selbst werde jedenfalls keinen öffentlichen Protest erheben. Waren es damals die Amerikaner gewesen, die die Siegessäule des preußischen Königs retteten, so verlangte jetzt Honecker die Erhaltung und den Wiederaufbau des Doms des Deutschen Kaisers – allerdings auf westdeutsche Kosten –, weil seine Masse dem Stadtzentrum Halt und Gewicht gebe.

Hat sich die Intrige – nicht nur gegen die französische Besatzungsmacht, sondern auch und vor allem gegen die eigene demokratische Mehrheit – in höherem Sinn gelohnt? Niemand hat die Säule eigentlich jemals geliebt oder gar als Werk der Kunst bewundert. »Schwerfällig und ungeschickt« nannte die zeitgenössische Kritik sie; Gersal schrieb 1892 in einer Stadtbeschreibung, daß die Siegessäule zu breit und der Unterbau zu hoch, kurz: »unschön« sei. Dabei hatten sie doch die ersten Künstler der Epoche geschaffen, der Architekt Johann Heinrich Strack, der kurz zuvor das Kronprinzenpalais um- und praktisch neu gebaut hatte, und der Bildhauer Friedrich Drake. Beide waren sie Erben des preußischen Klassizismus, der eine später Schüler von Schinkel, der andere Enkel Schadows und Rauchs. Man hatte ja niemand vornehmeren als diese beiden, denn Persius war schon gestorben, und Begas sollte erst unter dem zweiten Wilhelm auf die Höhe seiner Geltung kommen.

Liest man die Reden, die die Denkmalsenthüllung begleiteten, durchmustert man die Zeitungen jener Reichsgründungszeit, so mutet den Heutigen manches sehr gestrig an, die Ansprachen, das dreimalige Hurra, die Salutschüsse und die Militärkapellen, die zu allem ihren Tusch gaben. Aber eigentlich ist eher verwunderlich, wie nobel man doch in diesem zu Ende gehenden Jahrhundert dergleichen Aufgaben anfaßte und daß man die tatsächlich ersten Künstler bemühte. Eine vergleichsweise schlichte, nicht sonderlich martialische Säule mit drei Trommeln, die für die drei Einigungskriege stehen, eine Viktoria darauf, wie sie seit Rauch herkömmlich geworden war. In die Kannelierungen sind, Wunsch des Monarchen, erbeutete Kanonenrohre als Zeichen gewonnener Schlachten eingelassen. Nichts Herabsetzendes gegen die besiegten Feinde, kein Triumph über das niedergeworfene Kaiserreich, wie das seit dem Altertum üblich war.

Was können die Erbauer und die Künstler dafür, daß sie in der Zeit der Verflachung und Vergröberung des überkommenen Stilreservoirs lebten? Eine Generation vorher hätte man es besser, klassischer gemacht, und eine Generation später, zur Zeit von Messel oder Behrens oder der von Tuaillon oder dem jungen Lehmbruck, wäre ein neuer Formwille sichtbar geworden. Aber man sucht sich die Zeit nicht aus, in der man lebt, und das gilt selbst für Kriegs- und Siegesmale.

Und dieses späte 19. Jahrhundert war noch dem alten Kanon der Antike verpflichtet. Entweder errichtete man Triumphbögen oder Siegestore, was Paris mit dem Arc de Triomphe tat – der von Napoleon konzipiert, aber nach dem Sturz des Korsen und der erneuerten Herrschaft der Bourbonen erst Jahrzehnte später errichtet worden war – und Berlin mit dem vorausgegangenen Brandenburger Tor von 1789 bis 1791 getan hat, das nach dem Willen Friedrich Wilhelms II. der Akropolis nachgebildet war. Übrigens bildete Langhans kein Siegestor, sondern ein »Friedenstor«: Schadows Quadriga wurde allerdings erst 1794 daraufgestellt. Das war Preußens erster Rückgriff auf Athen, wo man sich doch sonst immer an Rom orientiert hatte. Das Münchner Siegestor von Gärtner denkt dann schon wieder ganz herkömmlich an einen römischen Triumphbogen.

Neben solchen Triumphbögen, die alle auf den Augustusbogen vom Forum Romanum zurückgingen, gab es in Europa sonst nur Obelisken – wie sie Napoleon aus Ägypten zur Place de la Concorde mitgebracht hatte – oder Säulen nach dem Muster der römischen Trajans- oder Marc-Aurel-Säule. Eben jetzt war die Trajanssäule, drei Jahre vor der Aufstellung der Berliner Siegessäule, während der neuen Pariser Revolution auf der Place Vendôme von der Commune unter Anfeuerung Gustave Courbets gestürzt worden; übrigens trägt sie heute wieder eine Statue des korsischen Welteroberers, die, den Wechselfällen der Geschichte folgend, immer wieder heruntergeholt und aufgestellt worden war. Auch London hatte zur Ehrung Nelsons 1843 mit seiner Trafalgarsäule ein halbes Jahrhundert später ganz selbstverständlich das Säulenmotiv verwandt.

Es war also antike Tradition, auf die man in Berlin zurückgriff, und die Wächter der reinen demokratischen Tugend verstehen wenig von dem europäischen Kulturzusammenhang, wenn sie deshalb die arme Säule als Beweis des imperialistischen Borussismus denunzieren und immer wieder abräumen wollen. Aber für jede geistige und formale Mode finden sich ja Fürsprecher, heute wie gestern. Dreimal haben sie sogar einen regelrechten Anschlag auf die Siegessäule unternommen. Am 13. März 1921 entdeckte ein Aufseher gerade noch einen Sprengsatz, denn ein »Hauptaktionsausschuß der Kommunistischen Partei« wollte durch die Sprengung der Säule ein Signal geben, daß die Revolution zu langsam gehe und man zu »schärferen Mitteln« greifen müsse. Dann kam, genau ein Vierteljahrhundert später, der Beschluß der Berliner Stadtverordneten, die Säule ihres militaristischen Charakters wegen niederzureißen, und am 15. Januar 1991 scheiterte noch einmal ein Sprengstoffanschlag, wobei ein Bekennerschreiben die nichtsahnende Säule ein »Symbolobjekt für Rassismus, Sexismus und Patriarchat« nannte.

Einhundert Jahre nach ihrer Einweihung am 2. September 1873 steht die Siegessäule trotz aller Wechselfälle der Geschichte noch immer, zwar nun nicht mehr vor dem Reichstag, sondern am Großen Stern, übrigens eine Trommel höher als ursprünglich. Hitler selbst hatte – völlig zu Recht – gefunden, daß sie zu kurz und gedrungen sei; es mangele ihr an dem richtigen Verhältnis. Vielleicht hatte Hitler allerdings eine vierte Trommel hinzugefügt, weil er einen vierten siegreichen Krieg voraussah, als er sie 1938 bis 1940, der Zweite Weltkrieg hatte schon begonnen, an ihren neuen Platz auf der Ost-West-Achse versetzte. An ihrem ursprünglichen Ort sollten der Führerpalast und Hitlers große Halle entstehen, die sich Hitler nach dem Vorbild von Roms Pantheon, Speer nach dem der Peterskirche dachte. Auf jeden Fall hatten beide Rom, nicht Athen im Auge. Die Berliner vor einhundert Jahren hatten Hitler übrigens in dessen Kritik an dem allzu kurzen Säulenschaft recht gegeben. Damals, noch im Kaiserreich, sagte der Volkswitz nämlich über die Viktoria: »Sie ist das einzige Mädchen in Berlin, das kein Verhältnis hat.«

Einhundert Jahre später ist die Säule nun auf diese Weise ein Symbol Berlins geworden. Krieg und Nachkrieg haben der Stadt fast alle bedeutenden Bauwerke genommen, die bis dahin für die historische Würde der Reichshauptstadt standen, das Stadtschloß Andreas Schlüters voran; fast wäre es den immer dem Zeitgeist hinterherlaufenden Gegnern einer Rekonstruktion von vernichteten Baudenkmälern gelungen, auch die Ruine des Schlosses Charlottenburg – oder doch große Teile davon – abzureißen, da sein Wiederaufbau nur ein Falsifikat ergeben werde. Es war die Leiterin der Schlösserverwaltung, Margarete Kühn, die den Wiederaufbau des Schlößchens Belvedere erzwang, indem sie sich in die Trümmer setzte, als das schon beorderte Sprengkommando anrückte.

Nun ist das Monument, das, für sich genommen, vergleichsweise wenig künstlerische Bedeutung hat, eines der wenigen Bauwerke Berlins, die für das Unverwechselbare der Stadt stehen. Sieht man die Stadtführer, die Berlin-Bilder und die Ansichtskarten an, so sind es eigentlich nur diese drei, denen eine solche Bedeutung zugewachsen ist: das Charlottenburger

Schloß, das Brandenburger Tor und eben die Siegessäule – das Lustschloß des brandenburgischen Kurfürsten, der dann der erste König Preußens wurde; das Stadttor mit der »Friedensgöttin« Schadows aus der Zeit des Nachfolgers Friedrichs des Großen, als Preußen durch die polnischen Teilungen dabei war, nach dem Vorbild Habsburgs ein übernationaler Staat zu werden; die Siegessäule, die Wilhelm I. als preußischer König plante und als Deutscher Kaiser einweihte.

Das hätte zur Zeit ihrer Erbauung niemand gedacht, daß eben dieser letzte Nachhall der Klassik einst eine solche Rolle spielen würde. Wenn man will, wird darin die Armseligkeit einer Stadt greifbar, die neben den großen Metropolen Europas – Rom, Paris und London – stehen will und so viel Mühe hat, auch nur eine Handvoll Architekturen vorzuführen, die europäischen Rang beanspruchen können.

# Zwei Jahrhundertgestalten

## Liebe als Erkenntnismittel

Der zwanzigjährige Thomas Mann stand, so wie Hauptmann und Liebermann, mit seiner ganzen Generation im Bann der europäischen Moderne. Das glanzvolle Reich Wilhelms II., offiziell auf Ernst von Wildenbruch, Adolph von Menzel, Anton von Werner und Reinhold Begas festgelegt, war der Punkt Europas, an dem sich die heraufziehende Epoche am entschiedensten zur Geltung brachte. Die Schlachten der Avantgarde wurden im deutschen Kaiserreich ausgetragen, und nirgendwo kamen Ibsen und Strindberg, Tolstoi und Dostojewski, oder auch Manet und Munch so früh und stark zur Geltung wie in der Metropole der konservativen Gegenmacht des liberalen Europa.

Es war nicht nur eine neue Kunst, es war eine neue Welt, die über die Generation von 1890 hereinbrach und der sie sich mit allen Sinnen hingab. Fremdartige und geheimnisvolle Welten hielten ihren Einzug in Europa; man bewegte sich in Städten, die bis dahin nur fremdartige Namen gewesen waren, von denen man noch nie etwas gehört hatte, Kristiania etwa oder Minsk. Der Segen der Erde und der Fluch des Geschlechts war das allerneueste Sujet in den Salons jenes Fin de siècle, das doch eben noch das ganz Andere gesucht hatte, das Raffinement der Verfeinerung, den Genuß des Sublimen.

Was für sonderbare Gefühlswelten hielten nun Einzug in die Wohnungen des europäischen Bürgertums. Mit Ehebruch, Verzweiflung und Tod waren die Leser von »Anna Karenina«,

»Madame Bovary«, »Vetter Basilio« und »Effi Briest« tief vertraut, die Literatur der Sekurität hatte die Brüchigkeit des bürgerlichen Instituts der Ehe ja in diesen vielen Varianten vorgeführt, als Leidenschaft, als Langeweile, als Zeitvertreib. Mit Strindberg und Ibsen, mit Dostojewski und Lesskow tat man nun aber Einblicke in ganz andere seelische Landschaften, wo die Liebe nicht mehr Versuchung oder Verirrung des Gefühls war, sondern Fessel und Geißel.

Die Verstrickung der Liebe in Schuld war das Thema der Literatur seit einem Jahrhundert gewesen; nun plötzlich erschienen bleiche Verbrecher und heilige Sünder, die Buße nicht in Kauf nahmen, sondern um der Sühne willen die Schuld suchten. Die aufgerissenen Augen im bleichen Gesicht des Mädchens – wie liebten sie alle die Welt Munchs, in der all das Bild geworden zu sein schien.

Die Skandinavier und die Russen – das waren nicht nur für Gerhart Hauptmann, sondern auch für Thomas Mann die Überwältigungen der Jugend gewesen, und noch als Sechzigjähriger feiert Thomas Mann Ibsen seiner »titanischen Morbidität« wegen; das Kränkliche, nein: das Krankhafte sprach nicht gegen, sondern für den nordischen Dramatiker. Thomas Mann bewunderte die einen wie die anderen, hielt wohl auch, wenn es die Gelegenheit ergab, eine Rede oder leitete ein Buch ein. Aber diese Verehrung bleibt selbst im Falle Tolstois, den er sich durch Goethe näherzurücken suchte, seltsam detachiert, gefühls-distanziert. Nie ist, wenn er von den Norwegern und Russen zu sprechen anfängt, jenes Entzücken zu spüren, das ihm zum Beispiel jede Begegnung mit Fontane vermittelt, diese »Sympathie und Dankbarkeit, dies unmittelbare und instinktmäßige Entzücken, diese unmittelbare Erheiterung, Erwärmung, Befriedigung«. Thomas Mann muß sich die Skandinavier und die Slawen, die er doch eigenem Bekunden nach zwischen seinem fünfzehnten und zwanzigsten Jahr mit Empfindungen las, in die sich Staunen des Gefühls und kaltes Interesse mischten, durch den Vergleich mit dem ihm eigentlich Vertrauten und ihm unmittelbar Nahen vermitteln, um sie recht zu schätzen. »Goethe und Tolstoi« und »Ibsen und Wagner« heißen die beiden Essays, in denen er, inzwischen selber ein Autor von europäischem Ruhm, seiner jugendlichen Faszination gedenkt. Die Überwältigung bei der Begegnung mit dem ganz Fremden ist das eine, das Sich-Wiedererkennen im Vertrauten das andere. Jenes macht staunen und gegebenenfalls verehren, dieses lieben.

Fragte man die fast neunzigjährige Katja Mann, was denn am Ende länger vorgehalten habe im Gefühl Thomas Manns – die Skandinavier, die Russen, die ein wenig später hinzutretenden Franzosen –, so lief ihre abwehrende Geste auf ein Papperlapapp hinaus. Das Herz Thomas Manns sei bei ganz anderen gewesen, bei Platen voran, dann bei Joseph von Eichendorff, schließlich bei Theodor Storm und natürlich bei Goethe und immer wieder Goethe. Das seien die eigentlichen Lebensbegleiter gewesen, schwer denkbar, ohne einen der alten Bände auf Reisen zu gehen; sie wußte kein Jahrzehnt im Leben Thomas Manns, wo sie nicht auf seinem Nachttisch gelegen hatten.
 Das paßt gut zu den Berichten von Klaus Mann und Erika Mann über die, übrigens ziemlich seltenen, Lesestunden im abendlich erleuchteten Zimmer des Vaters, wo sich die Kinder die Stühle erst freimachen mußten von »der Produktivität meiner lieben Kollegen, die anfängt, eine Kalamität zu werden«. Da habe der Vater dann unheimlich-komische Dinge von Gogol und Dostojewski vorgelesen, die Geschichten von Mark Twain, auch wohl einmal eine der Greisen-Parabeln von Tolstoi. Aber meist sei es doch Vertrautes gewesen, die seltsame Geschichte vom verlorenen Schatten des Schlemihl, Grillparzers Bericht vom armen Spielmann, die dunkle Chronik von Storms »Carsten Curator«, dann natürlich die Erzählungen von Mozart auf der Reise nach Prag und vom Taugenichts, den es stets in die Fremde zieht. Ein Höhepunkt aber sei Goethes

»Märchen« gewesen, die sinnverwirrende Geschichte, die der Vater so liebte.

Die Aufzählung, aus der uns ein traulicher, aber auffällig doppelbödiger Seelenton entgegenklingt, ähnelt sehr dem Inhaltsverzeichnis dieses [hier einzuleitenden] Bandes mit allen Essays, der die Huldigungen an jene Poeten nun noch einmal zwischen zwei Buchdeckeln zusammenfaßt, die vom Frühesten bis zum Spätesten das Entzücken Thomas Manns waren – Platen und Chamisso, Kleist und Fontane, Heine und Keller, dann natürlich Wagner und Nietzsche und schließlich den allzeit geliebten Goethe und den mit lächelnder Scheu bewunderten Schiller als Mittelpunkt.

Es ist ein bewegender Gedanke, daß sich dieser welthaltigste und weltfähigste aller deutschen Autoren des Jahrhunderts ein so ausschließlich deutsches Pantheon gebildet hat. Es ist ein deutscher Dichter, der hier seiner früheren Verzauberungen gedenkt, ein deutscherer ist nicht denkbar. Das Fremde hat nur in Begleitung Zutritt, muß sich dem Vertrauten anbequemen, um kommensurabel zu werden. Rührend auch die Beobachtung, wie unwandelbar die Neigungen Thomas Manns sind – niemand in den Preisungen des Alters, den nicht schon die Jugend liebte. Unaufhörlich weitet sich sein Gesichtskreis, sein Blick erfaßt immer neue geistige Landschaften, aber ins Gefühl wird nicht aufgenommen, was nicht der Zwanzigjährige ergriff. Platen, Storm, Chamisso waren die Tröstung seiner Gymnasiastenjahre gewesen, nach dem zwanzigsten Jahr kamen die Erschütterungen durch Schopenhauer, Nietzsche und Wagner, und sein Glaube hält ihnen die Treue, hinweg über alle zwiespältigen Erfahrungen, die man in der Zeit der Gewaltherrschaft mit ihnen hatte machen müssen. Mit dem fünfundzwanzigsten Jahr hat sich Thomas Manns Welt ein für alle Mal gebildet, nichts Wesentliches wird mehr hinzutreten, so mächtig sein Werk auch ins Europäische ausgreift. »Wagner und kein Ende«, heißt ein später Text, in dem er als Fünfundsiebzigjähriger noch einmal zu jener Kolossalfigur zurückkommt, die ihn sein Leben lang nicht losließ. »Kein Ende« – das könnte eigentlich über jeder der Reden, Aufsätze und Bekenntnisse dieses Buches stehen, denn sie alle kehren immer wieder zu frühen Erfahrungen zurück.

Thomas Mann weiß das sehr wohl, und er macht sogar aufmerksam darauf. Fast jedes literarische Porträt hebt mit einer Erinnerung an. Er ruft sich ins Gedächtnis, wie er zum ersten Mal gewissen »berauschenden Reizen« Storms, dem »sinnbenehmenden, entkräftenden Ton« Platens verfiel. Immer wieder beginnt er mit einem Rückblick. »Unter unseren Schulbüchern war eines ...« bei Chamisso; »So habe ich dieses Werk geliebt, vergessen und es gepriesen ...« über Kleist; »Wie liebte ich diesen letzten Akt mit Arnold Kramers Sarg im Schein der Kerzen ...« über Hauptmann; »Ja, ich habe ihn geliebt von jung an ...« über Goethe. Es sind die Seligkeiten und Verlorenheiten seiner Jugend, die ihm aufsteigen, wenn er die literarischen Begleiter seines Lebens preist. Der »Versuch über Schiller«, die Rede zum 150. Todestag Schillers, ist die letzte größere Arbeit, die der Achtzigjährige vor dem eigenen Tod abschloß, und sie ist eine gesteigerte, nun das Ganze des Schillerschen Werks überschauende Wiederaufnahme jener Schiller-Erzählung »Schwere Stunde«, mit der der Jüngling debütiert hatte.

Es ist der Herzenston, der seinem essayistischen Werk nicht nur die persönliche Note gibt, sondern auch das seelisch Bekenntnishafte; nie hat er so viel von sich hergegeben wie in diesen Danksagungen an die Begleiter seines Lebens. Es sind Porträts von Dichtern, die seine Jugend liebte, natürlich; aber es sind vor allem Selbstporträts, und da der Rang des Preisenden inzwischen in den meisten Fällen so viel höher steht als der des Gepriesenen, weiß man nicht, welche Begegnung einen mehr rührt bei der Lektüre.

Die literarischen Bemühungen Thomas Manns sind über die Jahrzehnte hinweg in immer wechselnder Zusammenstellung und unter stets neuem Titel gesammelt worden. Die Anordnung der Essays beschränkt sich auf die Porträts »Deutscher Meister«, wie eine Sammlung Anfang der dreißiger Jahre heißen sollte, aber nicht heißen konnte, da der Cervantes-Essay aufgenommen wurde, der eben entstanden war; es war ihm nicht recht vorgekommen, die Liebeserklärung an Gerhart Hauptmann wieder abzudrucken, wo der doch gerade seinen Frieden mit den neuen Herren Deutschlands gemacht hatte.

Thomas Mann liebte die ehrerbietige Formel vom *Meister*, und noch in seinen späten Jahren spielte er gelegentlich »deutsche Meisterschaft« gegen »europäisches Artistentum« aus. Das Meisterliche oder Meisterhafte, das ist die Verbindung des Handwerklichen mit dem Inspirierten; und was wäre mehr die Sache des Autors vom »Tod in Venedig« oder vom »Erwählten« gewesen, Büchern, in denen das Gefühlte mit dem Gemachten eine unvergleichliche Verbindung eingeht.

Das Prinzip dieses Sammelbandes, der Huldigungen an deutsche Geister vereint, verbat die Aufnahme des frühen Tolstoi-Essays und des späten Versuchs über Tschechow; aber was hätte nicht gefehlt, auch wenn man alle Texte zusammengenommen hätte? Thomas Manns Jugend war in die große Zeit der deutschen Geschichtsschreibung gefallen; als er anfing, mit den »Buddenbrooks« umzugehen, erhielt Mommsen gerade den Nobelpreis für Literatur. Aber er nahm Ranke kaum wahr, und Mommsen trat vorwiegend mit seiner politischen Publizistik in sein Gesichtsfeld. Stendhals große Bücher kannte er sehr genau; als Zwanzigjähriger hatte er »gewisse psychologische Blicke« bei Nietzsche gelernt, wie hätte er sie nicht bei Stendhal bewundern sollen? Aber was scherten ihn die Jünglinge, die darunter litten, zu spät geboren zu sein, nicht im Dezennium Napoleons?

Das waren nicht seine Sehnsüchte und seine Schmerzen, und so konnte er schätzen, würdigen, bewundern sogar, aber er blieb stumm. Stand es anders mit dem großen englischen Roman, von Defoe über Fielding bis Thackeray? Was für eine Kraft, welche Weite der Welterfassung und welche Tiefe des Blicks, sehr hat er sie bewundert. Aber wo soll er hier »das Glück des Sichselbst-Wiederfindens« erleben, auf das ihm im Grunde alles hinausläuft? Thomas Manns Lebenszeit hat man mit viel Recht »die Epoche des amerikanischen Romans« genannt; die großen Amerikaner betraten ja in seinen mittleren Jahren die Szene so mächtig wie in seiner Jugend die großen Russen. Ziemlich genau ein Jahrzehnt lebte er als Emigrant in dem Land und also mit der Sprache Dreisers und Steinbecks, Scott Fitzgeralds und Thomas Wolfes; aus Tagebüchern, Briefen und Erzählungen wissen wir, wieviel er davon las und wie deutlich er die Kraft dieser Epik sah. Aber da war nichts Vertrautes, kein Seelenton klang ihm entgegen, und so antwortete er nicht. So gibt es nicht eine Zeile über die beiden amerikanischen Romanciers, die ein Vierteljahrhundert nach ihm den Nobelpreis erhielten, Faulkner und Hemingway.

Thomas Manns Essayistik ist Selbstbegegnung und Selbstergründung, und den Ausschlag gibt nicht die Frage des Ranges, sondern das Maß der Nähe. Eben deshalb sind es die Verführer und Tröster seiner Jugend, denen er mit einer Dankbarkeit zugewendet bleibt, die der Empfindungen eingedenk ist, mit denen er sie einst zum ersten Mal las. Natürlich sieht er den Abstand zwischen Balzac und Storm, und dessen »Husumerei« geht ihm zuweilen ein wenig weit. Seine Kunstkenntnis sagt ihm, daß Fontane zumindest mit »Effi Briest« am Ende doch in die Weltliteratur ragt, aber er kommt nicht auf den Gedanken, das Buch neben seinen russischen und französischen Pendants, »Anna Karenina« und »Madame Bovary«, ernsthaft in Betracht zu ziehen. Über Platens »hypochondrische und kränkelnde Donquichotterie« macht er erbarmungslose Bemerkungen, und doch ist ihm sicher, daß die reine Spur seines Gedichts »erst mit unserer Sprache wie Kultur vergehen kann«.

Es gibt in Thomas Manns Hingegebenheit an die Dichter seiner Jugend kein einziges Zeugnis, das nicht aus Sympathie, Zutraulichkeit und aus der Empfindung von Verwandtschaft kommt; es ist die Liebe, die das Instrument seiner Erkenntnis ist. Das verstehende Erfassen des Wesensfernen, das sezierende Begreifen des als ganz fremd Empfundenen – was der Weg der Wissenschaft ist oder doch sein kann –, ist seine Sache nicht. Er muß gerührt und ergriffen sein, um ganz auf die Höhe seines Wissens von fremdem Künstlertum zu kommen. Es ist über alle Jahrzehnte hinweg das Sich-Wiederfinden im anderen, das ihn beredt macht, das Glück des: So allein bist du nicht.

Diese Natur seiner Essayistik war Thomas Mann nicht unbekannt. Er sah sehr deutlich, daß ihn das Vorkommnis der Größe allein nicht produktiv machte; was hätte er denn zu Homer, Vergil, Shakespeare, die doch dem von ihm so geliebten Goethe die Zunge gelöst hatten, sagen sollen? Einmal versuchte er es, bei der Begegnung mit der »Erotik Michelangelos«. Er mußte sich das gänzlich Fremde durch eigene Erfahrungen mit heikler Sehnsucht und gewagten Empfindungen parat machen, um einige rührende Seiten zustande zu bringen, die nicht viel für Michelangelo hergeben. Nein, bei Thomas Mann lief es am Ende immer auf Danksagungen hinaus. Es gerate ihm, bemerkte er einmal, alles zu »Huldigungen und Kränzen«.

Es ist die »Erfahrungsverwandtschaft zwischen allem hervorbringenden Künstlertum«, die für Thomas Mann der Begegnung mit fremden Lebens- und Produktionsmühlen das Tröstliche gibt. Sieht man die Dinge in diesem Licht, so wird die Tonio-Kröger-Stimmung offenbar, unter der nicht nur das Leben, sondern auch das Lesen des jungen Thomas Mann gestanden haben muß. Er liest die eigene widersprüchliche Empfindung von Einsamkeit und Weltverlangen aus allen Erzählungen und Versen heraus, die ihm begegnen; notfalls liest er sie hinein.

So kann er die Geschichte von Schlemihl ins Eigene deuten: Der abhanden gekommene Schatten ist die verlorene Bürgerlichkeit, weil der Künstler »durch frühe Schuld von der menschlichen Gesellschaft ausgeschlossen ist«. Wer sich der Kunst verschrieben hat, ist ohne Ordnung, ohne gesicherten Platz, ungebunden und fremd im Leben; die zweifelhafte Berufung muß ihm den Beruf ersetzen. So sieht er auch Storms Verlangen nach Bürgerlichkeit; sie kommt, meint er, aus dem Bewußtsein der Bedenklichkeit des eigenen Gefühls. Storm, zwei Ehen, acht Kinder, bescheidener Wohlstand und gesicherter Beruf: wer war denn, wenn nicht er, ein Bürger? Aber wie sonderbar die Leidenschaft zu Kind-Mädchen – der Zehnjährigen, der er so verfallen ist, daß er der Verstörten nach einigen Jahren des Wartens sogar einen Antrag macht? Was hatte Storm an sich, was ging von ihm aus, daß eine Fünfzehnjährige dem gereiften Mann bis zur Besinnungslosigkeit anhängt, seine ganze Ehe hindurch auf ihn wartet, bis sie endlich seine zweite Frau werden kann? Gibt es in der Geschlossenheit von Storms Dichterexistenz Abgründe? Ist ihm deshalb »die rote Rose Leidenschaft« so nahe, Liebe immer wieder etwas Tödlich-Ausweglose und Verhängnishaftes? Kann Storm darum Liebe von verschwiegener Schuld nicht trennen? Man erfährt zumindest so viel von Thomas Mann wie über Theodor Storm, wenn man die Bewegung sieht, mit der er des Dichters von »Pole Poppenspäler« gedenkt.

Dies ist das Gesetz der literarischen Essayistik Thomas Manns, die gleicher Art und gleichen Ranges neben seinem erzählerischen Lebenswerk steht, auch sie ein Höhepunkt deutscher Literatur des Jahrhunderts. Der Dichter beschwört seine frühen Verzauberungen, weil es die Tröstungen seiner Einsamkeit waren. Über der Begegnung mit fremdem »Dichter-Dasein« wird er der Erlösungsbedürftigkeit nicht nur des eigenen, sondern allen Künstlertums gewahr, das aus Selbstrettungsgründen zur Produktivität verdammt ist.

Als Thomas Mann jung war, hatte er an seinen Bruder Heinrich geschrieben, daß er allen Ernstes gelegentlich mit »Selbstabschaffungs-Gedanken« umgehe. Eine Zeitlang hatte er gemeint, daß Liebe, Ehe und Hausstand ihn vor dem Selbstzerstörerischen seiner Natur bewahren könnten; er zwang sich, ein soignierter Bürger zu sein, und war es am Ende auch: »Ich bin vermählt, ich habe eine außerordentlich schöne junge Frau ..., ich bin Herr einer großen Wohnung in feinster Lage mit elektrischem Licht und allem Komfort der Neuzeit ..., mein Hausstand ist reich bestellt, ich befehle drei stattlichen Dienstmädchen und einem schottischen Schäferhund ...«

Das war hübsch gesagt, und es spiegelte wohl auch jenen Moment des Glücks, scheinbar beruhigter Liebe, die gleichzeitig in den Roman »Königliche Hoheit« einging. Aber im Grunde blieb doch das Gefühl des Nicht-Dazugehörigen, es blieb die »Sehnsucht hin zur heiligen Nacht«, die Liebe zu jener »Form oder Unform des Vollkommenen, welche ›Nirwana‹ oder das Nichts benannt ist«. Es ist kein Zufall, daß es im Werk des größten Romanciers der deutschen Literatur dieses Jahrhunderts keinen Wald gibt und keine Wiese, keine Hügelwellen und Bachwindungen – all das, was er im Werk der anderen doch sehr liebte. Es sind die immer gleichen Wellen des Meeres und die von irgendwo her schwebenden Flocken des Schnees, in deren Bild er Landschaft gibt. Die Lieblichkeit der Natur feiert er in deren Abwesenheit.

Einsamkeit, Verlorenheit überall, nicht nur im eigenen Innern, sondern auch im Draußen. Rettung versprach nicht die Zuflucht in der Normalität, sondern die Qual des Werks. »Dichtertum ist die lebensmögliche Form der Inkorrektheit«, heißt es in dem Porträt des scheinbar korrektesten aller Dichter, Theodor Storms. Auf diesen Satz läuft Thomas Mann am Ende alles Nachdenken über fremdes und eigenes Dichtertum hinaus.

Die Existenzform des Künstlers ist also die Rechtfertigung des Außenseiters, die Unbürgerlichkeit findet Zuflucht im Werk, die Erleuchtungen der Kunst kommen für die Untauglichkeit zum bürgerlich Nützlichen auf. Es kann kein Zweifel sein, daß der aus Schule und Banklehre entlaufene Zwanzigjährige den Rettungscharakter der Kunst tief empfunden hat und daß es so das ganze Leben hindurch geblieben ist.

Das war das eine, aber man konnte die Dinge doch auch von einer ganz anderen Seite sehen. Kunstübung war ja Mühe, Anstrengung, sogar Qual, und das Ethos des Fertigmachens, also der Dienst am Werk – war nicht sehr viel Bürgerlichkeit darin, Entschlossenheit zur Leistung? Produktivität, sagt Thomas Mann, kaum daß er sich mit einigen eigenen Büchern bewiesen hat, »ist der primäre Ausdruck des Willens selbst«. Der Künstler kommt zwar aus der Sehnsucht nach Verlöschen, aber im Kunstwerk hebt sich dieses Verlangen auf. »Der ist gewiß der Größte«, schreibt der fünfunddreißigjährige Thomas Mann, die Mühe der großen Kaufmannssaga hinter sich und das zarte Märchen von der »Königlichen Hoheit« kurz vor dem Abschluß, »welcher der Nacht die Treue und Sehnsucht wahrt und dennoch die gewaltigsten Werke des Tages tut.« Thomas Mann meint hier zwar Wagners »Tristan«, aber er spricht natürlich auch von sich selbst.

Das Wort »Werk« meint jetzt etwas sehr anderes, ist nicht mehr der schwebende Ton, in dem der Künstler sein Leiden in Worte verwandelt; es ist, ganz im Gegenteil, die Absage an den Tod um des Lebens willen. So früh, nämlich 1909, kündigt sich das Motiv an, das dann in die Romane seines Lebens eingehen soll, den »Zauberberg« und »Joseph und seine Brüder«. Es wird das Thema seines Lebens werden und zunehmend eine pädagogisch-politische Färbung annehmen, bis dann im vierten Band der großen Tetralogie das Prinzip der Demokratie in mythischer Form verklärt wird. In das Bild des Pharao gehen Züge Roosevelts ein, der Gegenfigur zu dem Verderber in Deutschland.

Ja, es ist richtig, er hält den Sehnsüchten seiner Jugend die Treue, noch der Achtzigjährige bekennt sich zu den frühen Erschütterungen seiner gefährdeten Natur. Aber wie er selber fortschreitet zu immer ausgreifenderen Unternehmungen – keine Rede mehr von erzählerischen Übungen, das riesenhaft Epische wird seine Sache –, so treten nun anstelle der gefährdeten Poeten mit ihren schmalen Dichtungen die großen alles Zuendebringenden vor sein Auge, jene Heroen, die nicht nachlassen im Willen zum Werk und notfalls Jahre ihres Lebens daran wenden. Er wird selber mehr als ein Jahrzehnt an die vier mächtigen Bände der Geschichten von Jaakob und Joseph wenden; mit wieviel Befriedigung weist er jetzt auf den »Zug von Bedächtigkeit und Langsamkeit« in der Produktion Goethes hin. Für den »Egmont« habe der zwölf Jahre gebraucht, für die »Iphigenie« acht, für den »Tasso« neun Jahre. Als Dichter habe Goethe eigentlich sein Leben lang von seiner Jugend gelebt, sei kein Mann immer neuer Erfindungen und Entwürfe gewesen, vielmehr sei seine Produktion im wesentlichen »ein Auf- und Ausarbeiten von Konzeptionen« gewesen, »die in die Frühzeit seines Lebens zurückgingen, die er durch die Jahrzehnte mit sich führte und mit dem ganzen Reichtum seines Lebens erfüllte, so daß sie Weltweite gewannen«.

Das sagt Thomas Mann 1932 in der Preußischen Akademie der Künste zu Berlin. Er weiß, daß er es ebenso hält; den »Krull«-Stoff trägt er ja beispielsweise ein ganzes Leben mit sich herum, um ihn endlich halbwegs zu Ende zu bringen, nachdem er sein eigentliches Lebenswerk getan hat. Hat er denn immer neue Erfindungen, stets neue Weltentwürfe? Im »Doktor Faustus«, der schwierigen Anstrengung seines Alters, die er zu Ende, aber nicht ans Ziel bringt, steigt das Lübeck seiner Kindheit noch einmal auf, die krummen Gassen und das bedenkliche Personal, das sie bevölkert.

Zwar ist der Künstler ein aus der Bürgerlichkeit Entlaufener, aber in der ruhigen Ausdauer, zu der ihn sein Wille zum Werk zwingt, ist »ein Zug bürgerlicher Ordnungsliebe«. Seine Liebe zu Goethe, der zu den »Fixsternen am Himmel meiner Jugend« zählt, hat tausend Gründe und Quellen. Aber es ist doch auch tiefe Neigung zu dem Pathos der Pflichterfüllung dabei, vielleicht sogar vor allem anderen. Mit welcher inneren Zustimmung erzählt Thomas Mann, wie Goethe die Gewissenhaftigkeit als solche, ganz jenseits von deren Gegenstand, zu seiner Tugend macht. »Und wäre es meine Aufgabe«, habe Goethe gesagt, »diese Streusandbüchse, die hier vor mir steht, immerfort auszuschütten und wieder zu füllen, – ich würde es mit unermüdlicher Geduld und genauester Sorgfalt tun.«

Mit Wohlwollen berichtet Thomas Mann, daß Gerhart Hauptmann, der von Gesichten Getriebene, aus dem Schlaf mit Versen auffahrende Gegenpol seiner eigenen Schaffensart – in dem er gleichwohl zeit seines Lebens seinen einzigen Pair sah –, von der schweren und mühseligen Entstehung des »Fuhrmann Henschel« erzählt habe: Täglich seien nur immer ein paar Zeilen hinzugekommen, mitunter hätten auch die sich nicht eingestellt. Und wie gern zitierte er dieselben Berichte von Mühsal und Qual bei Lessing und Fontane, dem Pumpen- und Röhrenwerk, das das Gedicht aus der Tiefe zwang, dem »Dribbeln«, mit dem das Schöpferische sich mühselig einstellt.

Es ist dieser Wille zum Werk, der nicht nur sein eigenes mächtiges Lebenswerk hervorgebracht hat, sondern der auch sein Bewundern der Titanen des neunzehnten Jahrhunderts prägt. Immer ist es ja das vergangene Jahrhundert, welches das seine ist, erst in der Melodie Platens und Storms, dann im Epos der Giganten mit ihrem Riesenwerk. Warum spreche man immer so despektierlich von dieser Epoche, die doch der »schmächtigen eigenen Epoche so weit überlegen« sei?

Damit meint er die Riesen, die es unter Gebirgen von Versen und Tönen nicht lassen können, Dutzende von Akten, stets vielbändige Romanmonster, immer gleich Zyklen bei Wagner wie bei Balzac oder Zola, unbändiges Verlangen nach Totalerfassung. In diesem Willen zum Kolossalen tritt ihm alles nebeneinander, auch das einander eigentlich ganz Fremde. Jetzt ist es nicht mehr der Flötenton, der ihn für die Poesie der Einsamkeit einnimmt, sondern ganz im Gegenteil der Zug ins »Monumentale und grandiose Massenhafte«. Das verachtete bläßlich-epigonale neunzehnte Jahrhundert: »Welche Riesenlasten wurden damals getragen, *epische* Lasten, im letzten Sinne dieses gewaltigen Wortes, – weshalb man dabei nicht nur an Balzac und Tolstoi, sondern auch an Wagner denken soll.« Da stehen ihm dann plötzlich Zolas »Rougon-Macquart« neben Wagners »Ring des Nibelungen« und Ibsens »Wenn wir Toten erwachen«. Es macht ihm nicht viel aus, daß der mythische Aristokratismus des einen mit der »demokratischen Massenhaftigkeit« des anderen nicht viel zu schaffen hat. Worauf er jetzt blickt, ist das »Umfangsmächtige«, das ein Triumph des Willens ist, abgerungen der Zartheit der eigenen Natur und deren früher Sehnsucht nach Verlöschen.

Thomas Mann hat sich in den Schmerzen und Verlorenheiten jener Dichter wiedergefunden, die die Besänftigung seiner Jugend waren. Aber es ist keinen Augenblick zweifelhaft, daß er sich verwandt auch den großen Ausdauernden fühlte, den unbeirrbar Weitermachenden, die es zur Mächtigkeit von Leistung und Werk brachten. Den Abstand sah er wohl, übertrieb ihn sogar mitunter, wenn er etwa Knut Hamsun als einzigen seiner Lebenszeit dem Geschlecht der Riesen vom Schlage Tolstois zuwies. Aber er wußte doch auch »Anch'io sono pittore«, und wenn er sich den gleichen *Rang* mit den Heroen der Vergangenheit auch absprach, so wußte er doch von seiner *Ebenbürtigkeit*.

Es war und blieb Liebe, die ihn beredt machte, mit achtzehn wie mit achtzig, als er zur Feier von Schillers einhundertfünfzigstem Todestag sprach und dabei, ohne es zu wissen, selber vom Leben Abschied nahm. Er hatte sein eigentliches Geschäft des Erzählens nur kurz unterbrechen wollen, um aus

Pflicht und Neigung wieder einmal auf dem Podium zu stehen und zu huldigen. Aber es war die letzte Arbeit, die er in Angriff nahm und abschloß, zurück blieben nur Pläne und Vorhaben, nicht ein einziger Entwurf. Bürger bis zuletzt, hatte er alles zu Ende gebracht, was ihm aufgegeben gewesen war.

Und auch dies hatte seine Richtigkeit, daß es eine Liebeserklärung war, der seine letzte Mühe galt. War nicht sein ganzes Werk Liebesliteratur gewesen? Seine so viel beredete Kälte war ja immer nur Maske gewesen, Schutz einer Empfindsamkeit, die mitunter nicht ein noch aus wußte. Wann hatte er je von anderem erzählt als von Liebe, von der Liebe zum Tode und von der Liebe zum Leben, von der Liebe zum Schönen, das sich ihm in vielerlei Gestalt genähert hatte und zu seinem Entzücken noch dem Fünfundsiebzigjährigen in der Gestalt jugendlicher Anmut begegnet war, so daß er nach den Sonetten Shakespeares und Michelangelos griff, um sich zu beruhigen und zu genießen?

Alles hatte von Liebe gehandelt, der »Tod in Venedig« und das »Wälsungenblut«, die »Königliche Hoheit«, der »Erwählte« und ganz zum Schluß noch die Vortäuschung der Liebe in der »Betrogenen« – Liebesliteratur in ihrer scheuesten und ihrer leidenschaftlichsten Form, wie sie das Jahrhundert, das sich nun am Ende auch als ein großes zu erkennen gibt, sonst nicht kennt. Und in dem Gipfelwerk seiner Meisterschaft, den Büchern der Josephs-Tetralogie, findet alles ineinander, Tod und Liebe, die Zartheit des Geschlechts und das Maßlose des Schmerzes, die Seligkeit des Gefühls, das unrettbar ist, weil es die Dauer nur in der Vergänglichkeit erlebt. Es ist die Rede von der Liebe Jaakobs erst zu Rahel und dann zu Joseph, und in sie ist alles eingegangen, was Thomas Mann von Liebe wußte und dem er alles verdankte, was er war und konnte, im Dichten und im Danken.

# Der große Unzeitgemäße

Dergleichen hat es noch nicht gegeben. Ein Autor begeht bei vollkommener physischer Gesundheit und ungebrochener literarischer Produktivität seinen 100. Geburtstag. Und nicht nur sein eigenes Land huldigt Ernst Jünger in diesem März, Bundespräsident und Bundeskanzler allen voran; auch das Land, gegen das er zweimal im Felde stand, das geheime Mutterland der europäischen Zivilisation, ehrt ihn als unbestrittenen Doyen. Frankreichs Staatspräsident, François Mitterrand, der ihn schon zweimal mit Helmut Kohl zusammen in Wilflingen besuchte – wo Jünger seit Jahrzehnten im alten Forsthaus der Stauffenbergs mit seinen Büchern und seinen Käfern lebt – will auch diesmal bei Ernst Jünger sein, wenn es ihm seine eigene Gesundheit erlaubt.

Einhundert Jahre. Alle Zeitgenossen, die Begleiter wie die Widersacher, sind schon vor Menschenaltern dahingegangen. Und die Dichter der klassischen Epoche? Goethe, das Muster an kraftvollem Greisentum, brachte es auf wenig mehr als achtzig Jahre. Schiller war Mitte Vierzig, als ihn die Schwindsucht wegraffte. Hölderlin versank schon in seinen Dreißigern in die Umnachtung, wo er noch Jahrzehnte in seinem Tübinger Turm, längst ein Relikt seiner selbst, vor sich hindämmerte.

Das muß man sich vergegenwärtigen, um sich ganz deutlich zu machen, was es heißt, daß jetzt Ernst Jünger 100 Jahre alt wird. In diesem Frühjahr 1995 wird ein neuer Band seiner dann neunzehnbändigen »Gesammelten Werke« angekündigt, der wieder Hunderte von Seiten Tagebücher bringen wird, die seit einem halben Jahrhundert die äußeren und inneren Erfahrungen dieses Lebens notieren.

Aber wieder, wie bei Ernst Jünger seit jeher, werden diesen Geburtstag schrille Töne begleiten. Wen feiert das intellektuelle Deutschland, wenn es sich anschickt, Jünger zu ehren? Das ist durchaus nicht ausgemacht. Wieder wird der Streit anheben, welchen Rang dieses Werk hat und auf welcher Seite der Weltbürgerkriege des Jahrhunderts Ernst Jünger in der Zeit der Diktaturen eigentlich stand. Gibt es ein Hauptwerk Jüngers, das gleichen Ranges neben den anderen Schlüsseltexten des Jahrhunderts steht, neben dem »Ulysses« von Joyce, der »Suche nach der verlorenen Zeit« von Proust und dem »Prozeß« von Kafka?

Ernst Jünger hat es nicht zum Nobelpreis gebracht, und dreimal haben sich die Mitglieder des Ordens Pour-le-mérite geweigert, ihn in die Friedensklasse des Ordens aufzunehmen, dessen militärische Klasse er als junger Leutnant im Ersten Weltkrieg erhalten hat; Jünger wäre das zweite Mitglied gewesen, das Kriegs- und Friedensklasse zugleich besaß. Vor allem die naturwissenschaftlichen Mitglieder des Ordens befanden aber immer wieder in geheimer Abstimmung, daß Ernst Jüngers militaristische Vergangenheit der frühen zwanziger Jahre gegen seine Aufnahme spreche.

Das ist die Art, wie Deutschland mit seinen Dichtern umgeht. Eine Nation, die selber alle Irrlehren des Jahrhunderts mitgemacht hat – den deutschnationalen Koller des wilhelminischen Reiches, die faschistische Ausschweifung der dreißiger und vierziger Jahre und die kommunistische Raserei der Jahrhundertmitte – hält sich an den Köpfen schadlos, die als Handelnde moralisch unbeschädigt aus den Katarakten der Geschichte hervorgegangen sind. Denn die Vorwürfe sind absurd, die Ernst Jünger eine Verwicklung in die Verbrechen des Nationalsozialismus nachsagen. Sein enger Freundeskreis und sogar seine eigene Familie wurden Opfer jener Gestapowelt, die ihm fünfzig Jahre später vorgerechnet wird.

Im Januar 1944 stand der siebzehnjährige Sohn Ernst Jüngers zusammen mit sechzehn Kameraden vor einem Militärgericht. Die Internatsschüler, die als Marinehelfer bei der Alarmflak eines Feldflughafens auf Wangerooge Dienst taten, waren der »Wehrkraftzersetzung« und »Heimtücke« angeklagt, da sie im Kameradenkreis nicht nur von der sicheren Niederlage des Deutschen Reiches, sondern auch von den Verbrechen der SS im Osten gesprochen hatten. Darauf stand Todesstrafe, aber sechs Monate vor dem 20. Juli war der »weiße Kreis« innerhalb des Militärs noch intakt.

Ernst Jünger, zum Stab des Militärbefehlshabers in Paris gehörend, erreichte durch seine vielfältigen Beziehungen zu den Gruppierungen, die den Staatsstreich vorbereiteten, daß die jungen Leute wider das Militärgesetzbuch nach dem Jugendstrafrecht abgeurteilt wurden; so kamen sie mit Gefängnisstrafen und also dem Leben davon. Nach einem halben Jahr wurde ein Urlaub des Obersten Gerichtsherrn der Marine, des hitlertreuen Großadmirals Dönitz, zu einer Rettungsaktion unauffällig ausgenutzt. Sein Stellvertreter bestätigte nach der vertraulichen Absprache mit dem Vater das rechtlich fragwürdige Urteil und begnadigte nach einigen Monaten die Jugendlichen »zur Frontbewährung« und schickte sie an die italienische Front. Aber der Sohn Ernst Jüngers fiel schon in den ersten Tagen bei einem Himmelfahrtskommando.

Vorkommnisse dieser Art gab es in jener Zeit viele; einige sind, wie die »Weiße Rose« um Sophie und Hans Scholl, in die Geschichte eingegangen. An dem Fall jenes Militärprozesses vom Januar 1944 ist eigentlich vor allem eine Geschichte bemerkenswert. Nach einigen Tagen erhielt der Vater von seinen Pariser Chefs – von den wenige Monate später wegen ihrer Verwicklung in den 20. Juli zum Selbstmord gezwungenen oder gehängten oder bis zur Befreiung durch die Alliierten von der SS gefangen gehaltenen Marschällen und Generälen Rommel, v. Stülpnagel und Speidel – Urlaub aus Paris, um seinen Sohn in der Strafanstalt aufzusuchen.

Ernst Jünger, einer der höchstdekorierten Offiziere des Ersten Weltkriegs, legte seinen Pour-le-mérite an, als er sich aufmachte, seinen Sohn und dessen Freund in Wilhelmshaven zu besuchen. Den tadelnden Blick des Wachhabenden auf seine militärischen Auszeichnungen – man trägt Orden nicht in einem Gefängnis – beschied er mit dem knappen Satz: »Ja, das ist in diesen Zeiten die einzige Gelegenheit, da man seine Orden anlegen darf – wenn man seine Söhne in der Zelle besucht.«

Das war die vorletzte Begegnung des Vaters mit dem Sohn, der ein paar Monate später in den Marmorbrüchen von Carrara bei einem Stoßtrupp durch einen Kopfschuß fiel. Der Vater aber, bereits in den ersten Tagen des zweiten Krieges als Hauptmann reaktiviert, wurde nach dem fehlgeschlagenen Attentat aus der Armee entfernt und bis zum Ende des Krieges in seinem Heimatort von der Gestapo observiert.

Die Begebenheit macht deutlich, wie Ernst Jünger immer ein Dazugehöriger und Außenstehender zugleich war. Ganz ohne Zweifel war der frühe Jünger ein glühender Nationalist; aber er trat in eben diesen Jahren in Berlin in die »Gesellschaft zum Studium der sowjetischen Planwirtschaft« ein. Er traf sich in den revolutionären Zirkeln von Berlin mit Joseph Goebbels, Hitlers Gauleiter für Berlin; aber er war ein unzuverlässiger Verbündeter der nationalistischen Rebellen. In denselben Jahren suchte ihn als Abgesandter der Moskauer Volkskommissare Karl Radek in Berlin auf und versuchte den Nationalbolschewisten Jünger für die Weltrevolution zu gewinnen.

Diese intellektuelle Neugier Jüngers, die sich auf das Rekognoszieren der Lage anstelle jedes Solidarisierens mit Parteien beschränkt, wird in einer Szene anekdotisch greifbar. Zusammen mit seinem jugendlichen Adepten Alexander Mitscherlich, der ein halbes Jahrhundert später zum linken Establishment der Bundesrepublik gehörte, besichtigte er in den Arbeitervierteln Berlins die Straßenkämpfe zwischen Kommunisten und Nationalsozialisten. Aber als sich auf der Straße die Dinge zuspitzen, zieht sich der siebenmal verwundete Stoßtruppführer des Ersten Weltkrieges zum Staunen Mitscherlichs in einen Hausflur zurück, um nicht in die Auseinandersetzungen verwickelt zu werden.

Jünger bestand immer und in jeder Situation darauf, kühl zu beobachten, statt emphatisch Partei zu nehmen. Deshalb ist seine Denunziation als Verherrlicher des Krieges so grotesk, ob es nun die seit mehr als einem halben Jahrhundert wiederholten Vorwürfe wegen seines kriegerischen Tagebuchs aus dem Ersten Weltkrieg »Stahlgewitter« sind – von André Gide zwanzig Jahre später das bedeutendste Buch des Weltkriegs genannt –, oder das absurde Jünger-Ballett, mit dem ein verspäteter deutscher Linker kürzlich in der »Berliner Volksbühne« Jünger attackierte, weil er vor einem Dreivierteljahrhundert einige antisemitische Texte geschrieben hat, die sich in der Tat schlecht in das demokratische Klima der Bundesrepublik einfügen.

Es ist sehr merkwürdig, wie solches Aufrechnen einstiger Irrtümer immer nur der einen Seite gilt. Bertolt Brecht werden seine Bolschewismus-Elogen aus den dreißiger Jahren mit großer Nachsicht als Illusionen der Epoche nachgesehen; es gilt auch als unfein, Lion Feuchtwangers glühende Apotheose der Moskauer Schauprozesse in Erinnerung zu rufen; Heinrich Mann gilt als großer Mann – was er tatsächlich ist – trotz seiner Verklärung Stalins als einer »Verheißung der Milde für das 20. Jahrhundert«; und Ernst Bloch ist noch heute eine unantastbare Größe, obwohl er doch in den späten vierziger und frühen fünfziger Jahren die brutale Sowjetisierung Osteuropas als eine Verteidigung des Sozialismus gegen die amerikanische Reaktion rechtfertigte.

Aber Jünger rechnet man seine nationalrevolutionären Jahre vom Anfang des Jahrhunderts noch an dessen Ende vor; in jeder neuen Debatte werden ihm irgendwelche Sätze vorgehalten, die er als Fünfundzwanzigjähriger in der Bürgerkriegszeit nach dem Ersten Weltkrieg gesagt hat. Jünger selber hat angesichts dieser Auseinandersetzungen einmal an die deutschfranzösische Marokkokrise des Jahres 1906 erinnert; es sei dabei um Mietrecht in Häusern gegangen, die längst von Erdbeben zerstört worden sind.

Seit Jahrzehnten wird nun darüber gestritten, ob Ernst Jüngers Frühwerk, Bücher wie »Feuer und Blut« oder »Der Kampf als inneres Erlebnis« aus den zwanziger Jahren ein Lobpreis des Militarismus gewesen seien und ob der legendäre Roman »Auf den Marmorklippen« von 1939 tatsächlich ein Dokument der inneren Emigration war. Gehörten die »Strahlungen«, Jüngers Tagebuch des Zweiten Weltkrieges – neben Ernst v. Salomons »Fragebogen« der größte Skandalerfolg der Nachkriegszeit – im strengen Sinn zur Nachkriegsliteratur? War der Ästhetizismus, mit dem hier zum Beispiel die Erschießung eines deutschen Deserteurs scheinbar mitleidlos beobachtet wurde, nicht der Barbarei nahe verwandt, die Jünger gleichzeitig in den »Schinderstätten« des Ostens registrierte? Auf jeden Fall stand Jünger immer außerhalb des herrschenden Klimas der Nachkriegsliteratur, die damals mit der »Gruppe 47« auf den Höhepunkt ihrer Wirkung kam.

Dieses Außenseitertum machte Jünger stets zu einem unzuverlässigen Zeitgenossen. In den zwanziger Jahren hatte er wenig mit der Literatur der Weimarer Republik im Sinn, die von Arnold Zweig, Friedrich Wolff, Lion Feuchtwanger, Jakob Wassermann und Erich Maria Remarque beherrscht, dann 1933 verbannt wurde und nach dem Dritten Reich ihre Wiedergeburt erlebte und inzwischen erneut vergessen ist. In den dreißiger Jahren hielt Jünger sich fern von dem neuen Regime, obwohl Hitler dem bewunderten Weltkriegsoffizier sein Buch »Mein Kampf« mit einer schmeichelhaften Widmung geschickt hatte. Nach 1945 sagte Ernst Jünger, daß er im Dritten Reich nichts zu fürchten gehabt habe als Ehrungen.

Aber Jünger entzog sich nach der Machtergreifung allen Ehrungen und lehnte es ab, erst Präsident der Preußischen Dichterakademie, dann Präsident der nationalsozialistischen Reichsschrifttumskammer zu werden. Um seinen Abstand zu den neuen Machthabern auch geographisch auszudrücken, verlegte er seinen Wohnsitz aus Berlin nach dem kleinen Pfarrdorf Kirchhorst bei Hannover.

In den fünfziger Jahren wiederum, als jedermann, Frank Thiess und Walter von Molo an der Spitze, darauf bestand, der heimlichen Opposition angehört zu haben, stritt er hochfahrend ab, seine Bücher aus der Zeit des Dritten Reiches seien Widerstandsschriften gewesen. Jünger wollte nicht zur nachgeholten inneren Emigration gerechnet werden, als jedermann Wert darauf legte, seine Literatur sei eine Art von Flaschenpost gewesen, die leider nur niemand entziffert habe.

Seitdem wurde Ernst Jünger eigentlich immer von allen als gestrig abgetan, die an der Tête ritten, ob es nun Hans Erich Nossack, Ilse Aichinger, Hans Werner Richter oder Günther Eich waren; Heinrich Böll und Günter Grass, die jahrelang um den Nobelpreis wetteiferten, nahmen ihn überhaupt nicht zur Kenntnis. Jünger war ein Mann aus vergangenen Zeiten, der fremd in die Welt des Nachkriegs reichte.

Aber heute, da nicht nur Deutschland, sondern fast noch leidenschaftlicher Frankreich Ernst Jüngers 100. Geburtstag feiert, stellt sich heraus, daß er nicht nur als Person seine Epoche überlebte. Jünger ist in vielem moderner als die Modernen von gestern. Er beschrieb die Figur des klassenlosen »Arbeiters« 1932, bevor sich Hitler daranmachte, die bürgerlichen Scheidungen in seiner »Volksgemeinschaft« aufzuheben. In der Utopie des »Weltstaates« sagte er 1960 voraus, daß die Entwicklung die Völker, Nationen und Kontinente notfalls wider ihren Willen zur Einheit zwingen werde. War dieser Unzeitgemäße wirklich unzeitgemäß?

Wahrscheinlich gibt es von Jünger kein einzelnes Buch, das neben den großen Werken der Weltliteratur des 20. Jahrhunderts steht. Vielleicht bestehen noch am ehesten die frühen Schriften aus den späten zwanziger und frühen dreißiger Jahren wie »Das abenteuerliche Herz« in seinen beiden Fassungen von 1929 und 1938 und der »Sizilische Brief an den Mann im Mond« von 1930. Jüngers großer Roman »Heliopolis«, mit dem er 1949 anstelle des psychologischen den theologischen Roman begründen wollte, ist nahezu vergessen, und auch die »Gläsernen Bienen« von 1963 sowie das erzählende Werk des Achtzigjährigen »Die Zwille« von 1973 sind inzwischen in die Zeit zurückgesunken.

Wahrscheinlich verhält es sich mit solchen Büchern so, wie Ernst Jünger es von der Lektüre der Zeitungen sagte – daß man sie am Tage ihres Erscheinens oder nach hundert Jahren lesen solle; es könnte sein, daß sich dann ihre Zeitlosigkeit erweisen wird. Auf jeden Fall sind sie schon jetzt gegenwärtiger als jene literarischen Sensationen, die sie seinerzeit zurückdrängten.

Ernst Jünger hatte eine untrügliche Witterung für die Möglichkeiten und Gefahren seiner Epoche, der er eigentlich immer im voraus die Diagnose stellte. Wer hätte in der Ära der Weltrevolution die Banalität der Täter so mitleidlos beschrieben wie Ernst Jünger, der über die Unauffälligkeit all der Eichmanns, bevor man den Namen Eichmann kannte, den Satz fand: »Erst lochen sie uns die Fahrkarte, und dann den Hinterkopf.« Das sagte Ernst Jünger Jahrzehnte bevor Hannah Arendt von »der Banalität des Bösen« sprach. Die meisten seiner Kritiker waren damals der einen oder anderen Irrlehre verpflichtet, die sie jetzt Ernst Jünger vorrechnen.

Er ist der Seismograph des neuen Jahrhunderts gewesen, vor dessen Beginn er im alten geboren wurde. Und er hat seine Rolle als ständig Angeklagter mit dem kühlen Satz konstatiert, daß nur die Primitiven nach den Erdbeben auf die Seismographen einschlagen. Er hat sich niemals hervorgetan, und er hat sich niemals verteidigt; er war kein Ankläger und kein Advokat. Jünger war der große Nüchterne, der seiner Epoche die Diagnose stellte. Er ist wirklich der Autor eines Jahrhunderts.

# Der Fluss der Geschichte

## Des Stromes und der Geschichte Wellen

Sinnt man über das Abenteuer der Flußschiffahrt nach, während man sich in Passau anschickt, durch Deutschland, Österreich und die Slowakei nach Ungarn aufzubrechen, so will es einem scheinen, als sei das vorige Jahrhundert die eigentliche Epoche des Reisens gewesen. Nie war man so viel und so ausschweifend unterwegs wie heute, aber das wirkliche Reisen gehört einer anderen Zeit an, ziemlich genau jenem Jahrhundert zwischen dem späten Biedermeier und dem Anbruch der Moderne.

Wer ist vorher schon in fremde Länder gefahren? Außer den Pilgern vielleicht die fahrenden Gesellen, die die eigentliche Internationale der alten Zeiten bildeten, lange bevor es einen Tourismus gab. Die Gilden hatten ihre Häuser in den Städten Frankreichs wie Italiens, überall sind ihre Unterkünfte noch heute zu sehen; die Zünfte aus aller Herren Länder besaßen ja ihre eigenen Herbergen in der Fremde.

Dann gab es natürlich die alteuropäische Aristokratie, Graf Dönhoff aus Preußen wie Lord Byron aus Großbritannien, die ihre *grand tour* in den Süden führte, den Weg über die Niederlande und Paris nehmend. Nicht selten machte man, wohl an die Ursprünge des Deutschen Ordens denkend, der hier den Sitz seines Großmeisters hatte, am Ende in Malta Station, wo auch Derfflinger auf seiner Tour fast ein ganzes Jahr lebte, bevor er in seinen heimatlichen Oderbruch in Brandenburg zurückkehrte. Zuletzt kamen die geistlichen Herren mit Luther und dann die Künstler, die mit Goethe das Land, wo die Zitronen blühen, suchten.

Aber war das ein wirkliches Reisen? Der Aufbruch in den Süden, gar das Wandern der Künstler, die zumeist im wörtlichen Sinne des Wortes wanderten, war etwas anderes als das Ferienmachen der Jahrhundertwende. Wen führte sein Leben um 1800 schon in fremde Welten, selbst das nächste Dorf oder die benachbarte Stadt blieben oft unerreichbar. Achtzig Prozent der Deutschen starben um 1820 am Ort, meist sogar im Haus ihrer Geburt; sechzig Jahre später, 1880, waren es noch ganze zwanzig Prozent. Die Beweglichkeit, die man auch Unstetigkeit nennen könnte, kurz: die Modernität hatte sich des Menschen bemächtigt.

Eine Geschichte des Reisens, die eine Geschichte der Ära zwischen der Mitte des 19. und der Mitte des 20. Jahrhunderts wäre, müßte von dieser Lebensform zwischen der alten Seßhaftigkeit und der neuen Unbehaustheit erzählen. Nun plötzlich reist alle Welt, es gehört auch und gerade zum neuen Bürgertum, daß man seine Hochzeitsreise in die Schweiz, nach Österreich oder, wenn irgend erschwinglich, nach Italien antritt, wo Venedig, Florenz oder Rom das Ziel sind. In Fontanes »Stechlin«, als die Liebenden aus Florenz zurückkommen, von dem ihnen vor allem die Uffizien in Erinnerung bleiben – »immer rechts eine Himmelfahrt und links einen Höllensturz« –, aber zum Beispiel auch in Heinrich Manns »Untertan«, der in Rom seine Begegnung mit dem deutschen Kaiser hat, hat die Literatur dieses Jahrhundert des Reisens bewahrt.

Es war die Welt der Ozeanüberquerungen, wo man, in sein Plaid gehüllt, auf dem Deckstuhl sich vom Steward umsorgen ließ, als die großen Liner zum Bild der Häfen gehörten, an deren Kais Kapellen die Ausfahrt begleiteten. Man fuhr den Nil hinauf, sah vom Mahagonideck links und rechts des Stroms den Wechsel von Fellachen mit ihren Wasserbüffeln, die die Schöpfeimer gleichmäßig hoben, die Ruinen der verfallenen Tempel von Luxor und am Ende natürlich die Pyramiden von

Gizeh – das alles, während einem Boys die eisgekühlten Getränke reichten. Man reiste auch auf Bananendampfern nach Afrika, teils weil das Geld für Luxusreisen nicht langte, teils weil man genügend Zeit hatte. Nicht das Ziel, sondern die Bewegung selbst liebte man ja. Es gab sogar eine eigene Art von Büchern zum »Zeitvertreib« unterwegs: die Reiseliteratur.

Zum Ozeandampfer oder zum Orientexpreß gehörte ganz selbstverständlich die Reisebibliothek, die der Schaffner oder Steward verwahrte und die auf die Lesebedürfnisse ihres Publikums Rücksicht nahm. Selbst die späteste und luxuriöseste Form des Reisens, die Fahrt mit dem Zeppelin, den man aber schon längst Luftschiff nannte, hatte eine Bordbücherei, wie Max Schmeling noch erzählt, der in den dreißiger Jahren seine Fahrten zum New Yorker Madison Square Garden auf diese Weise unternahm, wenn er zu seinen Kämpfen mit Joe Louis aufbrach. Hoch über dem Atlantik brachte ihm der Steward Zeitschriften und Kriminalromane, damit er sich die Zeit vertreibe, wenn der Blick auf die unendlichen Wellen des Atlantiks ermüdete.

Der Fortschritt hat auch das zunichte gemacht. Kein Jet hält heute eine Bordbücherei bereit, keine Hochgeschwindigkeitsbahn hat eine Bibliothek, und sei sie auch noch so klein; bestenfalls stehen einem ein paar Illustrierte bereit. Der Luxus ist immens geworden, aber er betrifft nur die pure Geschwindigkeit der Fortbewegung, nicht diese selbst. Während man mit mehreren hundert Stundenkilometern von Paris zur Côte d'Azur fährt oder mit annähernd zweitausend Kilometern in der Concorde sich auf New Yorks Kennedy Airport zubewegt, muß man jene Bequemlichkeiten entbehren, die um die Jahrhundertwende selbstverständlich waren, wenn man sich in Wien oder in Bremerhaven auf den Weg machte.

Unsere Eltern kannten solches Reisen kaum, eigentlich nur noch aus Büchern. Es waren unsere Großeltern, in deren Zeit solches Reisen der Luxusklasse stattfand. Der Anfang und das Ende des Jahrhunderts begegnen sich. Damals allerdings war das Reisen vor allem ein solches der Eisenbahn, deren Endstationen die eigentlichen Paläste des 19. Jahrhunderts waren, die großen Bahnhöfe: der Anhalter Bahnhof in Berlin, der Leipziger Hauptbahnhof, der größte Kopfbahnhof des Kontinents, oder der Frankfurter Hauptbahnhof, der mehr als der halbvergessene Dom der Kaiserkrönungen oder die Paulskirche der 48er Revolution die eigentliche Mitte der Stadt war.

Der Mythos der Eisenbahn durchzieht das ganze 19. Jahrhundert und hat sich auch der Literatur der Epoche tief eingeprägt. Einer der größten Romane dieser Zeit vor dem Anbruch des Neuen, Leo Tolstois »Anna Karenina«, hebt mit der Eisenbahn an, auf der Anna dem Grafen Wronski begegnet, und endet mit den Gleisen, auf denen sie nach Entrückungen und Verzweiflungen ihr Leben endet. Mit der Eisenbahn fährt Nietzsche zusammen mit Malwida von Meysenbug zu jenen kurzen Monaten des leidlichen Glücks nach Sorrent, und mit der Eisenbahn macht sich Richard Wagner immer wieder nach Palermo auf, dem Grand Hotel Villa Igiea zu und dem Zaubergarten des Conte Tasca, der ihm das Urbild der Venusgrotte wird.

Immer ist die Bahn Schauplatz des Lebens – die Kinderreise in die großen Ferien, die Fahrt zu geheimen Treffpunkten mit der Geliebten, dann aber auch der Aufbruch zu den großen Truppentransporten, die in die ersten Schlachten führen, die durch die Eisenbahn entschieden werden. Das ist die Bedeutung von Königgrätz und Sedan, wo das Schicksal des Krieges bereits besiegelt wird, ohne daß jemand es ahnt. Das bürgerliche Leben endet, das Fin de siècle ist wirklich ein Finis gewesen.

Die vom Qualm erfüllte Bahnhofshalle, die hohl klingenden Ansagen durch die Lautsprecher, die Rufe der Zeitungsverkäufer und das Stimmengewirr der Hierbleibenden oder der dem kommenden Zug Entgegenwartenden – das alles gehörte zu den Bahnhöfen und zur Reise, ob es nun die Fahrt in die Sommerfrische war oder die Heimkehr von ihr. Die Reise war auf jeden Fall stets so ausnahmehaft, daß die Familie den Ankommenden oder Abfahrenden begleitete.

Nie ist man mehr unterwegs gewesen als heutzutage, aber das bedeutet nicht mehr viel. Man fliegt kurz für ein Wochenende zu einer Konferenz oder zu einer Premiere, die Hochgeschwindigkeitsbahn wird den Geschäftsmann morgen kreuz und quer durch Europa tragen. Hochbrücken überspannen die Meerengen, Tunnels machen Inseln zum Festland, überwinden den englischen Kanal, der einst Philipp II., Napoleon und Hitler schreckte. Aber Reisen, wie sie die Großeltern kannten, gibt es nicht mehr; die Zeit des Tourismus ist eine Zeit ohne Reise.

Zur Goethezeit war es etwas ganz und gar Unerhörtes, daß sich jemand in die Ferne aufmachte. Ganz Weimar war in Aufregung, als der Freund des Herzogs – und der der Frau von Stein – plötzlich in den Süden aufgebrochen war. Weder Goethe noch Kleist sind je in London, Paris oder Amsterdam gewesen, und die lieblichen Matten im »Wilhelm Tell« sind nur mit den Augen des Herzens gesehen worden, nie hat Schiller das Hochgebirge erblickt. Noch ein oder zwei Generationen später war die Hochzeitsreise oft genug das Erlebnis des ganzen Lebens, ob nun der Beamte den schiefen Turm von Pisa wenigstens einmal gesehen haben wollte oder der Kaufmann sein heimatliches Kontor verließ, um den Eiffelturm in Augenschein zu nehmen. Spanien aber war kein Reiseland, der Escorial bei Madrid so fremd wie der Alcázar von Toledo; man wußte, daß es sie gab, aber das wußte man ja auch von der Großen Mauer.

Einmal aber hatte man zwischen Jugendtraum und Berufsalltag die Welt gesehen, den Rest des Lebens bewegte man sich im heimatlich Vertrauten. »Davon zehren wir, das war alles«; so Gottfried Benn über seine Eltern.

Sonderbare Gedanken kommen einen an, während man auf seinem Deckstuhl liegt und die Wolldecke um sich zieht. Selbst bei der Flußschiffahrt muß man sich vor der herbstlichen Luft in acht nehmen; die Fahrt flußabwärts geht ja dreimal so schnell wie die Bergfahrt, und der Fahrtwind ist eben doch ein richtiger Wind. Die Decke muß für das Plaid aufkommen, in die gestern der Steward die Reisenden der Ersten Klasse hüllte, wie es Gerhart Hauptmann oder Thomas Mann auf ihren Atlantiküberquerungen erging. Ist das wirklich unwiederbringlich vergangen, gehört solches Erleben tatsächlich einer versunkenen Welt an, durch kein Träumen in die Gegenwart zurückzuholen?

Mit der Fahrt auf den großen Flüssen, dem langsamen, fast geräuschlosen Gleiten auf den Strömen, tauchen wir unversehens in ein Lebensgefühl ein, das so fern nicht ist von dem der Großeltern. Vielleicht ist die Flußschiffahrt, ist die Kreuzfahrt im allgemeinen, die vor hundert Jahren Mark Twain auf dem Mississippi zum ersten Mal literaturfähig machte, die einzige Art, in der wir noch an dem Reisegefühl der Jahrhundertwende teilhaben.

Das Fliegen ist eine reine Beseitigung der Distanz, niemand wird auf den Gedanken kommen, den Flug von München nach Paris oder den von Hamburg nach London eine Reise zu nennen. Man fliegt nicht des Fluges wegen, man fliegt, um anzukommen; das Ziel ist der Zweck der Reise, nicht diese selbst. Man will die fernen Städte und Länder erleben, das Hinter-sich-Bringen der Entfernung ist ein reines Mittel dazu.

Wird es mit der Bahnfahrt morgen anders sein? Die Türen schließen automatisch, die Fenster lassen sich nicht öffnen, des hohen Luftdrucks wegen. Bei der Geschwindigkeit von zweihundert, morgen schon dreihundert Kilometern nimmt man wenig genug von den Landschaften wahr, die man durchmißt. Auf manchen Strecken in bergigem Gelände fährt man fast mehr auf Viadukten und in Tunneln als inmitten der Felder und Wälder samt ihrer Marktflecken, die einen gestern noch entzückten. Wenn es irgend geht, sind die Strecken ja auch um die Städte herumgelegt, denn die Schnelligkeit ist das

Ziel aller Anstrengungen. Jeder Aufenthalt ist ein Hindernis, Beeinträchtigung der Geschwindigkeit, um die es doch im Kampf der Verkehrsmittel gegeneinander geht, der Hochgeschwindigkeitszüge gegen die Düsenflugzeuge.

Die Flußschiffahrt ist in allem das Gegenteil, und sie zieht ihr Lebensrecht gerade daher, daß sie die Geschwindigkeit verneint. Man fährt langsam auf dem wenig bewegten Wasser dahin, man kann sich des Gedankens nicht erwehren, daß man viel schneller vorankommen könnte, wenn man nur wollte. Das gemächliche Dahingleiten, weil Wind und Wellen auf dem Fluß nicht oder ausnahmehaft vorkommen – und auf jeden Fall der Fahrt nichts anhaben können –, ist das Gesetz der Flußschiffahrt.

Eine Baumgruppe tritt langsam in das Blickfeld, wird allmählich in ihren Umrissen immer deutlicher erkennbar, und erst nach einigen Minuten gleitet sie an einem vorüber. In der Ferne wird zwischen dem Ufergestrüpp das Gehöft eines Bauern oder die Hütte eines Fischers sichtbar, am Horizont taucht ein Kirchturm auf, kaum je ein wirkliches Dorf oder eine kleine Stadt, die, wie die Landkarte lehrt, selten genug an Flüssen liegen. Warum eigentlich? Weil der Städter das Hochwasser scheute, das immer wieder Überschwemmungen mit sich brachte, oder weil der Bauer seine Äcker in Gespann-Nähe bei sich haben wollte?

Wahrscheinlich ist dies die erste Überraschung, die die Fahrt auf der Donau mit sich bringt: Man fährt stunden-, fast tagelang durch unbebaute Landschaften. Eben noch, bevor man in Passau das Schiff bestieg, bewegte man sich in einer städtischen Welt; Stadt reihte sich an Stadt, die Verstädterung ist das Gesetz der modernen Welt, zuweilen geht ein Ort in den anderen über. Vom Fluß aus aber – denn die Donau ist bei Passau oder bei Linz noch ein Fluß, kein Strom, was sie erst bei Wien wird – sieht es aus, als seien Deutschland und Österreich eine menschenleere Landschaft. Man fährt immer wieder durch eine stille Hügellandschaft, die sich hier schroff steigert, dort milde in die Ferne weitet. Hin und wieder taucht eine verfallene alte Burg auf, auf halber Höhe stehen barocke Mauern, von denen man nicht zu sagen wüßte, ob sie ein Kloster ankündigen oder ein Schloß. Natürlich sind da hin und wieder Dörfer, auch kleinere Ortschaften, aber man könnte fast vergessen, daß Bayern und Niederösterreich zu den Regionen mit einer staunenswerten industriellen Entwicklung zählen, die in Ingolstadt oder in Linz Hydrier- und Stahlwerke ansiedelte, was ein Gutteil der wirtschaftlichen Dynamik des Südostens trug.

Nichts davon nimmt man wahr, während das Schiff die Donau entlangfährt, übrigens nur zwei oder drei Mal an einem ganzen Tag einem anderen Schiff begegnend. Es scheint fast, als sei die Donau ein Strom der Einsamkeit.

Nur die wirklich großen Städte liegen überall an den Flüssen, nicht nur in Europa, sondern auch im Mittleren Osten, den man auf englisch richtiger *Near East* nennt. Gibt es eigentlich eine wirkliche Großstadt, die nicht am Wasser liegt, an einem Strom? Kairo liegt am Nil wie Bagdad am Euphrat, und Konstantinopel liegt sogar an der Wasserscheide zwischen Europa und Asien, dem Bosporus, dem Marmarameer oder dem Goldenen Horn. Immer sind es Flüsse, Ströme, Buchten oder Ozeane, an denen sich die Millionenstädte drängen.

Einzig in Europa scheint es eine Ausnahme zu geben, denn das zweitausendjährige Wien liegt gut zwanzig Kilometer fernab seines Stroms, der Donau. Aber das ist ein Augentrug. Während das Schiff an Wiens trostlos-nüchternem Anlegeplatz aus Sichtbeton festmacht, ruft man sich in Erinnerung, daß die alte Kaiserstadt einst natürlich die Donau mitten in ihrem Mauerkranz hatte, wie Florenz den Arno und St. Petersburg die Newa.

Viel mehr sogar als Rom, Paris oder London war Wien die Stadt eines Flusses, weil der sich in ihr vielfach verzweigte und in vier großen Armen durch sie hindurchfloß. Aber eben deshalb, der ständigen Hochwasser wegen nämlich, die immer wieder die Form einer Katastrophe annahmen, ließ Maria Theresia ein neues Bett für die Donau graben und den Strom in sicherer Entfernung an der Stadt vorbeiführen.

Der Augenschein trügt, Wien ist wie alle Kapitalen Europas eine Stadt am Strom, und seine scheinbare Flußferne ist künstlichen Ursprungs. Damit die Kaiserstadt zwar vor den Überschwemmungen geschützt sei, aber dennoch einen Zugang zur Donau habe, gruben die Stadtbaumeister der Kaiserin einen »Donaukanal« – der noch heute so heißt –, auf daß das gezähmte Wasser seinen Zugang in die Metropole habe, die ja bis in die Mitte des vorigen Jahrhunderts von gewaltigen Fortifikationen gesichert war, die dann unter Kaiser Franz Joseph dem »Ring« gewichen sind, an dem das Parlament, die Hofoper und das Burgtheater liegen.

Unweit des Zusammenflusses von Donau und Donaukanal, der im größten österreichischen Roman der Nachkriegszeit, Heimito von Doderers »Strudlhofstiege«, eine so große Rolle spielt, fährt man jetzt an Hütten und Ferienhäusern vorbei, die sich die Wiener am Ufer des Stroms gebaut haben. Manche gleichen Schreberhäuschen, andere Luxusausführungen von Datschen, nicht wenige von ihnen stehen auf hochbeinigen Stelzen, der vielen Hochwasser wegen wohl, die die Donaulandschaft hier unten immer wieder heimsuchen. Sie wirken als neuzeitliche Pfahlbauten, wie sie nicht weit von hier am Plattensee, am Neusiedlersee, aber auch am Bodensee in Urzeiten errichtet wurden.

Verbringt man Tage auf der Donau, so will es einem sonst aber scheinen, als mieden die Städte die Ströme. Stunden-, fast tagelang fährt man wie durch unbewohnte Natur, überall säumen Wälder den Flußlauf, Tannenwälder in bergiger Gegend bei Passau etwa, Weidengestrüpp und Silberpappeln, wo nun hinter Wien das Flußbett sich allmählich im Glast der Ebene verliert. Überall Aulandschaft entlang der Ströme, von Wien über Preßburg, das jetzt Bratislava heißt und davor einen römischen Namen trug, bis nach Esztergom, das in Habsburger Zeit Gran hieß – woher Franz Liszts »Graner Messe« ihren Namen hat – und wahrscheinlich über Budapest hinaus, wo die Fahrt jetzt aber unterbrochen ist des Bürgerkriegs wegen, der nicht enden will.

Sonderbar, für jede Stadt hier unten lassen sich immer wieder neue Namen nennen. London hieß doch immer London, und Paris trat schon als Paris in die Geschichte ein; selbst der Parvenü unter den Hauptstädten Europas hieß in all den Jahrhunderten seiner Geschichte immer Berlin. Aber hier unten, am jetzt breiten Lauf des Flusses, hat jede Stadt immer wieder neue Namen. Eben noch trug sie einen ungarischen Namen, dann gaben ihr die Türken eine neue Benennung. Irgendwann wurde sie von neuen Siedlern slawisch benannt, wobei aber die Slowaken besonderen Wert darauf legen, daß es kein tschechischer Name war. Am Ende wurden es österreichische Namen, eben Preßburg oder Gran. So auch bei den vielen kleinen Orten.

Aber was heißt schon »Ende« in diesem südöstlichen Raum Europas? Jahrhundertelang war diese Welt habsburgisch, aber nun ist sie wieder slawisch. Führe man weiter, über Ungarn hinaus am Rande des früheren Jugoslawien – das jetzt wieder Serbien, Kroatien oder Bosnien-Herzegowina ist – entlang nach Belgrad, fände man sich im Gewirr der Namen gar nicht mehr zurecht. Irgendwann muß Attila hier seine Zelte aufgeschlagen haben. Wann eroberten die Erben Dschingis Khans die Donau, machten mongolisches Gebiet daraus, bis sie plötzlich ihre Pferde sattelten und zurück nach Innerasien ritten, wohl irgendwelcher Stammeskämpfe in der Mongolei wegen? Und wann schlugen die Osmanen ihr Lager vor den Mauern Wiens auf, bis die Polen unter König Johann Sobieski zu Hilfe kamen? Es ist eine geschichtsgesättigte Erde, auf der man sich bewegt, und die Donau ist ihre Lebensader.

Das war der Strom in den letzten tausend Jahren immer wieder, in ganz anderem Maße als der Main oder die Weser oder die Elbe. Auf der Donau zog Karl der Große nach Südosten in die pannonische Ebene, der Kaiser selber zu Schiff mit der stärksten Abteilung seines Heeres, je ein weiteres Heer auf beiden Ufern des Flusses. So sahen Reisen in alter Zeit aus, als es noch kein ausgebautes Wegenetz gab und man Flüsse, auch kleinere wie den Inn oder die Ilz, deren Zusammenfluß man bei Passau gesehen hat, als Transportweg benutzte. Viele der großen Kriegszüge von der Antike bis zum Mittelalter fanden auf dem Wasser statt. Der Strom ruft große Erinnerungen hervor, während er Budapest entgegenfließt.

Die österreichischen Kaiser und die russischen Zaren, allen voran Zarin Katharina, riefen deutsche Einwanderer in ihren menschenarmen Süden, die Banater Schwaben und die Siebenbürger Sachsen, damit sie brachliegendes Land besiedelten und es oft genug erst urbar machten. Aber es gab ja kaum Wege zwischen dem Rhein und dem Schwarzen Meer, und so bewegten sich die ins Land Gerufenen auf speziellen »Donau-Koggen« südwärts. Man zimmerte sich Kähne am Oberlauf des Flusses und trieb ohne Mast und Segel abwärts, an Bord die Bauernfamilien mit Kind und Kegel, die nötigsten Tiere für die Fremde und der unentbehrliche Hausrat.

Die Gedanken führen den Reisenden seltsam in die Ferne. Wie mag es gewesen sein in jenen Zeiten, als die Deutschen aus dem fernen Westen sich auf den ungewissen Weg in Länder des Ostens machten, von denen man Verlockendes oder Bedrohliches gehört hatte? Es waren wohl Werber gekommen, die einem alle möglichen Versprechungen machten, Abgabenfreiheit zum Beispiel oder auch Befreiung vom Soldatendienst in den Heeren der beiden großen Kaiserinnen. So ließ man sich auf das Abenteuer ein, auch setzte man ja nicht viel aufs Spiel, denn es waren fast ausnahmslos zweite und dritte Bauernsöhne, die die heimatliche Enge verließen, um sich auf den Weg ins Ungewisse zu machen. Brachte einen das ganze Dorf an den Fluß, nahm Abschied von den Brüdern und Söhnen, von denen man nie wieder etwas hören würde? Wahrscheinlich doch wohl, es wird nicht viel anders gewesen sein als mit den anderen Aufbrechenden, die in denselben Jahrzehnten den Weg in umgekehrter Richtung machten, den Auswanderern in die Neue Welt.

Auf jeden Fall hatte man wenig zu hämmern und sägen, es waren nur notdürftig zusammengezimmerte Boote. Die Kähne mußten ja wenig manövrierfähig sein, man änderte die Richtung nur mit dem Flußlauf, und so langte ein einfaches Steuer aus; Staken verhinderten, daß man auf Grund lief. Während man am Oberlauf der Donau bei Donaueschingen die Fahrzeuge zusammenzimmerte, bedachte man schon deren spätere Verwendung. Wenn man im Banat oder in Siebenbürgen angekommen war, nahm man die Boote auseinander und baute daraus seine ersten Hütten, aus denen erst Häuser, dann Dörfer und schließlich unverwechselbar deutsche Städte wurden, Hermannstadt oder Klausenburg.

Jahrhundertelang prägte so die Donau das Land, auch fern des Flusses. Alle Stürme der Geschichte überdauerten die deutschen Siedler, die vielen Kriege und Katastrophen, selbst die russische Revolution und die deutsche Invasion. Stalin kam und ging und nach ihm Hitler; die alten deutschen Sprachgebiete, wo die Bewohner noch nach Jahrhunderten ihre alten Dialekte sprachen, blieben bestehen. Erst in unseren Tagen, nach dem Zerfall beider Großreiche, ist das Ende gekommen.

Das Elend der postkommunistischen Welt, die Hoffnungslosigkeit, der überall, nicht nur im einstigen Völkergemisch Jugoslawiens, aufbrechende Nationalismus vermochten, was autokratische Herrscher, kommunistische Kommissare und faschistische Ideologen nicht fertiggebracht hatten: neue Wanderungen in Bewegung zu setzen. Die Geschichte von drei Jahrhunderten wird eben jetzt rückgängig gemacht. Erst zu

Zehntausenden, dann zu Hunderttausenden machen sich Rückwanderer auf, um das Land zu suchen, aus dem einst ihre Vorfahren kamen. Flüchtlinge, Asylsuchende, Auswanderer, Umsiedler, Heimkehrer?

Auch das sind Gedanken, die dem Reisenden kommen, während er auf den Wellen fährt, die so vieles gesehen haben. Ist dies die letzte Woge der Geschichte?

Heute ist der Südosten eine verschlossene Region. Hunderte von Schiffen, die einst die Güter in den östlichen Wirtschaftsraum brachten oder von dort holten, liegen jetzt an der Kette, in der Slowakei wie in Ungarn. Frachtschiffe aus Jugoslawien, Bulgarien, Rumänien oder gar der Ukraine sieht man kaum noch. An die Stelle des Eisernen Vorhangs ist eine nicht minder strenge Abschließung getreten, die des Elends.

Aber man soll die Dinge auch in der richtigen Größenordnung sehen. Die östlichen Wasserstraßen, die der Donau wie die der Oder und wohl auch der Weichsel, sind nie die verkehrsreichen Ströme des Westens gewesen, wo die Schleppzüge gar nicht zu zählen sind; gleich ob man in Bingen oder in Koblenz am Ufer steht, immer schieben sich neue Schiffsverbünde in den Blick. Liegt das daran, daß der Rhein wirklich eine Verkehrsstraße ist, Basel in der Schweiz mit Rotterdam in den Niederlanden verbindend, die Lebensader Westeuropas? Der Rhein ist nicht nur ein Vehikel des geschäftigen Westens, er ist der Westen selber, von den Alpen bis zur Nordsee reichend, die ihrerseits mehr verbindet als trennt, denn jenseits von ihr beginnt ja schon die englische Industrielandschaft. Längst ist jener einheitliche Wirtschaftsraum gewachsen, vor dem die Politik zurückschreckt.

Wie anders im Osten. Fährt man die Donau entlang, so bewegt man sich fern der industrialisierten Welt, Esztergom ist kein Duisburg, auch wenn da nicht die Donaubrücke, die Ungarn hier mit der Slowakei verband, seit den letzten Kriegsmonaten Ende 1944 gesprengt wäre. Die einzige Anstrengung, zu der es der Sozialismus in dem halben Jahrhundert hier brachte, war die Abtragung des rostigen Gestänges. Zwei sozialistische Bruderländer.

Nur selten begegnen einem andere Schiffe, Schleppzüge hat man zwischen Passau, Wien und Budapest gar nicht zu Gesicht bekommen. Fast möchte man sagen, daß man durch unberührte Natur fährt, gleich ob man an Dürnstein vorbei durch die Rebhügel der Wachau gleitet oder ob man bei Györ die ungarische Tiefebene erreicht.

Danach erst erschließt sich dem Reisenden das östliche Europa. Breit und nur selten durch Untiefen oder Stromschnellen beengt, bringt sich eine andere Welt zur Erscheinung. Man ahnt, daß sich der mächtige Strom – von ferne an die Kinderbilder vom Missouri oder Mississippi erinnernd, auf denen Tom Sawyer und Huckleberry Finn ihre Abenteuer hatten – in Serbien, das Restjugoslawien genannt werden will, Bulgarien oder Rumänien ähnlich urtümlich präsentieren wird. Das ist die Welt, die ohne viel Nachdenken Ostmitteleuropa genannt wird. Und dann beginnt ja erst das wirkliche Osteuropa. Irgendwann wird auch dieses wieder in den wahren Osten übergehen. Man weiß nicht zu sagen, wo endet eigentlich Europa, und wann beginnt Asien?

Das Land macht einen zeitenthobenen Eindruck, nimmt man es vom Wasser her wahr. Hat der Fluß, haben die kleinen Orte, die an ihm liegen, vor hundert, vor fünfhundert, vor tausend Jahren sehr viel anders ausgesehen? Es ist eine merkwürdig zeitlose Welt, durch die man sich bewegt, nicht zivilisatorisch zurückgeblieben, sondern vom Gang der Geschichte unberührt. So vernichtend ist die Zivilisation gar nicht gewesen, wie es einem von der Autobahn her dünkt, wo unentwegt die Fabrikwelt sich aufdrängt, Kühltürme von Kraftwerken oder das Gestänge von Raffinerien.

Einem Aussatz gleich frißt sich die Zivilisation in die Welt hinein. Hat wirklich der Kommunismus Europa für dauernd geprägt? War es nicht viel eher die moderne Industriegesellschaft, die durch keine bolschewistische Revolution erzwungen wurde, aber auch von keiner demokratischen Revolution rückgängig gemacht werden kann? Aber das alles gilt nicht für die Donau-Welt.

Sonderbarerweise geht die Reise die Donau entlang rückwärts in die Geschichte; die Städte werden immer jünger, wenn man dem Flußlauf folgt. Vieles an Wien kommt aus gotischer Zeit, zuallererst das Wahrzeichen der Stadt, der Stephansdom. Die ältesten Teile der Hofburg wurden in der Renaissance gebaut, obwohl es davor wohl auch schon ein »Festes Haus« gab, in dem erst die Babenberger, dann die Habsburger saßen. Wien ist wirklich eine der ältesten Städte Europas, wobei man gar nicht an das römische Lager denken muß, auf das die Stadt zurückgeht.

Ein paar Stunden Donaufahrt später kommt Bratislava in seiner Gestalt als barockes Preßburg in den Blick. Sicher, die Stadt war uralt und wurde ganz modern; ihre habsburgische Epoche war nur ein Zwischenspiel. Im 17. und 18. Jahrhundert war sie Residenz der ungarischen Könige, denn die Türken hatten fast ganz Ungarn erobert. Dieses barocke Preßburg, in dem Maria Theresia den ungarischen Adel um Hilfe gegen Friedrich den Großen angefleht hatte, tritt vor das Auge, kaum hat man einen Schritt in die Altstadt getan. Nicht ein Name des großen mährischen Adels fehlt unter den Palais', die die winkligen Plätze und kleinen Straßen der Altstadt umstehen.

Das war das alte Preßburg, aber es gibt auch das neue Bratislava, und das ist so trostlos wie alle diese Neubaustädte, die der Kommunismus im Osten aus dem Boden gestampft hat. Bratislava, jetzt Hauptstadt der unabhängigen Slowakei – früher durch eine »Elektrische« mit Wien verbunden –, wurde in vier Jahrzehnten zu einer Industriestadt ausgebaut. Diese sozialistischen Städte gleichen einander überall, ob man an Berlins Marzahn denkt oder an die alte sächsische Tuchmacherstadt Chemnitz, die unter Ulbricht und Honecker Karl-Marx-Stadt hieß, oder an jenes Industriegebirge, das die polnische Volksdemokratie direkt vor den Toren der schönsten aller polnischen Königsstädte, Krakau, als Nova Huta errichtete.

War das pure Gedankenlosigkeit oder eine Demonstration der neuen proletarischen Zeit, bewußt neben und gegen die bürgerliche und aristokratische Welt gesetzt? Es bleibt rätselhaft wie so vieles an dem Sozialismus, der jetzt untergegangen ist.

Nach weiteren zwei Tagen legt das Schiff zwischen den Ufern von Buda und Pest an, den beiden Städten, die 1872 zur Hauptstadt Budapest vereinigt wurden. Dieses Budapest wird immer wieder zu den schönen Städten an der Donau gezählt, aber das kann sich nur auf die in der Tat unvergleichliche Lage der Stadt beziehen, in die der Strom tief eingeschnitten ist. Natürlich gab es auch hier alte Ursprünge, kleine Paläste, Klöster und Kirchen. Aber Budapest ist in Wahrheit schön ohne wirkliche Schönheiten.

Die ungarische Metropole ist eine Stadt des späten 19. und frühen 20. Jahrhunderts. Das weltberühmte Parlamentsgebäude, das Londons Westminster in seinem neugotischen Stil nacheifert und übertreffen will, wurde erst 1902 erbaut, und die Burg, in der die ungarischen Könige und österreichischen Kaiser residierten, ging zwar auf das 13. Jahrhundert zurück, aber in seiner jetzigen Gestalt wurde ihr Bau erst 1890 begonnen; in Deutschland würde man sie wilhelminisch nennen. Aber was macht das schon, mit dem Einbruch der Dämmerung wird die Burg aus unzähligen Scheinwerfern angestrahlt und nimmt sich tatsächlich in der Dunkelheit wie ein altes Märchenschloß aus.

Man versteht schon, daß die Ungarn dieses Budapest zweimal wiederhergestellt haben, als es zerstört war: zuerst 1944, als die deutschen Truppen den Burgberg noch wochenlang gegen die Rote Armee verteidigten, und dann 1956, da sich wiederum um die Stephanskirche die letzten Verteidiger des ungarischen Volksaufstandes zusammenzogen. Tagelang wurde um jedes Haus gekämpft, bevor sie die Waffen streckten. Blickt man heute von hier oben auf die Donau hinunter, will man es gar nicht glauben, daß dies alles ein einziges Ruinenfeld gewesen ist.

So steht es mit der ganzen Stadt, die wahrscheinlich die einzige Hauptstadt Europas ist, die nicht wenigstens in ihrer Mitte ein historisches Zentrum birgt. Und doch nimmt einen die Stadt immer wieder gefangen, und am Ende denkt man an sie tatsächlich als eine der schönen Städte Europas zurück. Liegt das daran, daß uns nach all den Neubauquartieren der Nachkriegszeit das Alte, auch wo es nur einhundert oder bestenfalls einhundertfünfzig Jahre alt ist, schon als das Schöne erscheint und wir nicht viel fragen, ob es aus der Zeit der Jahrhundertwende oder aus dem theresianischen Zeitalter stammt? Oder findet tatsächlich so etwas wie eine Umwertung des Historischen statt? Vermögen wir mit größerer Gerechtigkeit das Kunstwollen der Väter zu sehen, nachdem wir durch die Desillusionierungen der Enkelgeneration gegangen sind?

Die Flußschiffahrt hält eine weitere Überraschung für den Reisenden bereit. Immer präsentieren sich die Städte Europas dem Ankommenden auf besonders unvorteilhafte Weise, ob er nun mit dem Flugzeug weit draußen in Orly oder in Heathrow landet oder mit der Eisenbahn im Häusermeer ankommt. Die Städte sind aber dort am schönsten, wo ihr Strom durch sie hindurchfließt, in Paris am Louvre entlang oder in London am Tower vorbei; nirgendwo ist Rom so schön, wie vom Tiber aus gesehen, an dessen Ufern sich seine ältesten Quartiere drängen. Aber nie hat man das wahrgenommen, die modernen Verkehrswege folgten ihrem eigenen Gesetz, nicht denen der Sehenswürdigkeiten.

Jetzt fährt man in das Herz Budapests ein, wie man in Passau auch seine Reise dort begonnen hat, wo die Stadt am schönsten ist – am Fluß. Gemächlich gleitet das Schiff den Strom entlang, nicht ein Gebäude entgeht dem Blick, fast kommt man sich wie in einem Reiseführer vor. Eine Brücke nach der anderen zieht vorbei, zuletzt fallen die Anker unweit der berühmten Kettenbrücke, die zu ihrer Zeit ein Wunder der neuen Eisentechnik war, was sie in ihrem Namen stolz hervorkehrt. Betritt man eine Stadt mit der Eisenbahn, so fährt man durch vorstädtisches Gelände, bis einen die Gleise in düstere Bahnhofshallen geleiten, so daß man angelangt ist, ohne von der Stadt viel wahrgenommen zu haben. Heimito von Doderer sagt in seiner »Strudlhofstiege«, daß das Gewirr der Gleise immer nach Ernstfall aussieht. Hat man es so nicht selber empfunden, wenn einen der Fronturlauberzug für zehn Tage nach Berlin in das zerbombte Häusermeer brachte?

Das Schiff aber führt einen sozusagen feierlich nach Budapest, und noch eines bleibt bei dieser Art der Ankunft festlich. Immer verläßt man ja sein Transportmittel am Ziel, fast als wäre man glücklich, nicht länger gefangen in dem Behälter aus Eisen zu sein, den Waggons oder den Flugzeugen. Auf dem Fluß bleibt man an Bord, man fühlt sich geborgen, und selbst vom Stadtbesuch wird man nach einigen Stunden zurückkommen, um in der inzwischen längst vertrauten Kabine zu Hause zu sein.

Die »königliche Art des Reisens« nannte man einst die Fahrt auf den Flüssen, weil sich die Reisenden der Mühe der Postkutsche ja nicht unterziehen mußten. Die französischen Könige kamen auf der Seine, wenn sie zu ihrem Louvre wollten, und die brandenburgischen Kurfürsten reisten auf der »Staatsgondel«, wenn sie von Berlin zu ihrer Nebenresidenz Potsdam fuhren. Bis gestern hatten die Schlösser von Berlin, Charlottenburg und Potsdam alle Anlegestege. Etwas Königliches hat die Flußschiffahrt noch heute, und man ruft sich frühere Städtebesuche in Erinnerung, wo man sich nach ein paar Tagen gepäckbeladen zum Bahnhof aufmachen mußte, um die Rückreise anzutreten.

Die Donau wird immer jünger, je weiter man ihrem Lauf folgt, wenn auch die Völkerschaften, die ihren Saum besiedelten, immer älter werden und mit Türken, Ungarn, Mongolen, Hunnen und Awaren allmählich ins Vorgeschichtliche übergehen. All das war über Jahrhunderte hinweg Nomadenkultur; die Stämme, die das alte Europa immer wieder überschwemmten, kamen zu Pferde und trugen alle möglichen Krummschwerter.

Man findet sich erst allmählich in der Widersprüchlichkeit der Geschichte zurecht. Westeuropa ist ein junger Boden, aber es brachte alte Städte hervor, von Trier und Worms bis nach Speyer. Der Osten ist sehr alter Boden, immer wieder fluteten die Völker über ihn hinweg, aber er hat nichts wirklich Altes hinterlassen, so absurde Sonnenkönigs-Schlösser eben erst Ceaucescu in Bukarest auch bauen ließ. Mit einer Spur von Geringschätzung sieht der Westeuropäer diese geschichtslosen Städte und zugleich mit Ehrfurcht auf ein Land, das so viel Geschichte erlebt hat.

Die Flußschiffahrt ist auch in anderer Hinsicht eine Reise in die Vergangenheit. Man sagt, daß der moderne Verkehr verbindet, nie seien Städte, Länder und Kontinente einander so nahe gewesen wie heute. Früher, zur Zeit der Postkutsche, brauchte Peter der Große Wochen von St. Petersburg nach Rotterdam oder Bertel Thorvaldsen von Rom nach Kopenhagen. Monate sogar dauerte es, bis man die Meere überwunden hatte, eine Fahrt nach Japan oder gar Australien war ein Abenteuer, für das man sich von der Familie auf lange verabschiedete. Die großen Weltreisen, von denen etwa Adelbert v. Chamisso in seiner »Weltumseglung« berichtet, nahmen sogar Jahre in Anspruch.

Heute macht es nicht viel Unterschied, ob man in das Reich der Mitte aufbricht oder nach Afrika, wo Stanley oder Nachtigall gestern erst die letzten weißen Flecken auf dem Globus erkundeten. Jetzt ist man hier wie da in wenigen Stunden; was macht es schon für einen Unterschied, ob man acht Stunden nach New York fliegt oder vier nach Bagdad? Die Welt ist tatsächlich kleiner geworden, die Menschen sind einander näher gerückt.

Aber sind sie das wirklich? Mitunter kommt es einem so vor, als wären sie einander nie so fern gewesen wie heute. Schon die Sitzordnung in den neuen Verkehrsmitteln isoliert die Reisenden, die als Fremde das Flugzeug oder die Eisenbahn betreten und als Fremde auseinandergehen. In der Postkutsche lernte man einander während der Reise kennen, und in der Eisenbahn war es nicht viel anders. Unterwegs verwickelte man sich in Gespräche, wenn man nicht gemeinsam zum Speisewagen ging oder aber den Proviantkorb teilte. Das machte den Orientexpreß nach Konstantinopel zu einem Symbol des Reisens der Belle Epoque in seiner Luxusform. Die Fahrt der Transsibirischen Eisenbahn von Moskau nach Peking zeigte das andere Gesicht dieser Reisen über Kontinente hinweg. Über Tage, fast Wochen teilte man das Abteil mit zufälligen Reisegenossen; nach dem zweiten Tag schon ging man fast familiär miteinander um, und man schied voneinander als Vertraute.

Das neue Reisen im Düsenflugzeug oder im Hochgeschwindigkeitszug aber vertieft nur die Fremdheit, und der anonyme Reisende verläßt das reine Transportmittel so isoliert, wie er es betreten hat. Es ist eine Legende, daß die Reise die Menschen einander verbindet.

In all dem ist die Flußschiffahrt das genaue Gegenteil. Man fährt durch diese Region, von der man nicht zu sagen weiß, was sie eigentlich ist – auf jeden Fall eine Vielzahl von Nationalstaaten, die gestern noch den Rand des sowjetischen und davor des russischen Imperiums bildeten und zu einem guten Teil zur habsburgischen Doppelmonarchie gehörten.

Aber das Schiff fährt nicht nur durch alle diese Donauländer, durch Deutschland, Österreich, die Slowakei und Ungarn. Es ist selber eine Welt für sich, fast jeder, der den Passagier umsorgt, stammt aus einer anderen Welt. Der Steward im Speisesaal ist sogar ein ehemaliger Jugoslawe, wobei man aus Höflichkeit nicht fragt, ob er aus Serbien, Kroatien oder Bosnien kommt. Der Weinsteward ist ein Slowake, die Kabinenstewardeß kommt aus Ungarn, und so geht es weiter. Der Reisende wäre nicht überrascht, wenn die Deckstewards, die einem die wärmenden Decken bringen, aus Böhmen kämen, also aus dem jetzigen Tschechien; Deutsche und Österreicher werden ohnehin unter ihnen sein. Auch Rumänen und Bulgaren?

Sie alle sprechen ein Deutsch, das die unverwechselbar östliche Färbung hat, und wenn man nach ihrem Umgang miteinander urteilt, kommen sie auf das beste miteinander aus. Wo ist die Nationalitäten-Feindschaft, die sich doch »im Balkan« so blutig entlädt? Der Raum triumphiert über die Nation, die Donau ist das eigentliche Element. Was spielen Grenzen, die ohnehin morgen schon wieder verschoben sein werden, noch für eine Rolle, wo nicht Nationen oder Religionen, sondern Menschen miteinander zu tun haben?

So muß man früher einmal gereist sein, als die berühmten »Bremen«, »Normandie« oder »Queen Elizabeth« die Atlantik-Passage machten. Es ist tatsächlich so: Nur auf Kreuzfahrten, auf den Meeren oder auf den Flüssen hat sich die alte Weise des Reisens erhalten. Vorübergehenderweise hat man noch einmal teil an dem Lebensgefühl der bürgerlichen Epoche. Man fährt am Ende des 20. Jahrhunderts, aber man tut es auf die altmodische Weise des vorigen.

Könnte es sein, daß die Zeit der großen Mississippi-Dampfer Mark Twains bei uns noch bevorsteht? Daß die Schiffe, die jetzt die Rhône aufwärts an Lyon vorbeifahren, die den Rhein entlang in Richtung Utrecht gehen, die Elbe und Moldau nach Dresden und Prag ziehen und die Donau nach Budapest entlangfahren – und die morgen schon die Weichsel und den Dnjepr erobern werden –, Vorboten der Zukunft sind?

Sollte das Abenteuer der Vergangenheit der Luxus der Zukunft sein?

## Die Bilder, die lang man vergessen geglaubt

Die eigentlich bewegenden Reisen sind jene, die in die Vorstellung oder in die Vergangenheit führen. Sind sie sehr weit voneinander? Keine Traumreisen sind es, träumerische Reisen.

Vor den freigelegten Spuren der Straßen und Plätze von Sybaris steigt plötzlich das Bewußtsein auf, daß dies die Stadt der Glücklichen war. Ist die Empfindung vor den Steildünen von Pommern so anders, wo man Kindheitswochen in den großen Ferien verbrachte? Nun ist nicht nur die Kindheit, auch Pommern ist verweht wie die griechische Stadt, über die ihre eifersüchtigen Nachbarn den Strom aus den Bergen Kalabriens leiteten, damit der Schwemmsand den Platz unkenntlich mache. Dutzende oder Tausende von Jahren, gleichviel. Die vergangene Zeit, das versunkene Land.

Also Pommern. Die großen Ferien in Prerow oder Misdroy, wohin man fuhr, weil dort Freunde waren, in der Baltenschule, überklar stehen sie im Gedächtnis. Mit den Fischern auf dem Meer, Kutschfahrten in den Wäldern, Pilze sammeln.

Mitunter ging es nach Heringsdorf, wo der Seesteg, die Kaiser-Wilhelm-Brücke, so weit hinausreichte ins Meer, daß vom Kurkonzert nur Fetzen durch die Brandung drangen. Der Steg war abends eine zweite Promenade, die Herren in weißen Hosen, die Damen mit Hüten. Weit draußen, am Kopf der Brücke, Buden, Fahnenmaste, Bänke, Anlegestufen für die Boote, die nach Ahlbeck oder Zinnowitz gingen, ein Ponte

Vecchio in der Ostsee. Hörte man, als man zehn oder zwölf war, den Reim, der in Büchern hier und da auftaucht?

> Juden raus aus Zinnowitz,
> Heringsdorf ist euer Sitz.

Tatsächlich hatte jedes Seebad seine soziale Topographie, in Swinemünde verkehrte ein anderes Publikum als in Bansin. Misdroy war eher die Sommerfrische von Beamten und Offizieren, Heringsdorf das Bad von Bankiers und Anwälten. In das eine fuhr man aus Lichterfelde oder Wilmersdorf, in das andere kam man vom Grunewald oder vom Wannsee. Heringsdorf war wohl dem Bürgertum zu elegant und auch zu teuer. War das der Gegensatz zwischen Kampen und Wenningstedt? Aber all das denkt man hinterher, damals spielten die geräucherten Aale und die kandierten Walnußstangen eine größere Rolle. Jedenfalls ist der Vers, ohnehin ein Wort der zwanziger, nicht der dreißiger Jahre, dem Rückschauenden nicht im Gedächtnis.

Auch war er wohl nicht bösartiger als jener andere Reim:

> Im Winter ist der Pommer
> noch dümmer als der Sommer.

Erst im nachhinein nimmt alles eine andere Qualität an. Damals summte das Kindermädchen »Pommerland ist abgebrannt, Maikäfer flieg«, und niemand dachte sich etwas dabei. Nun beide verweht, Juden und Pommern, was würde man geben, sie wiederzuhaben.

Unausdenkbar die Bescheidenheit. Nur wenn die Eltern im September noch einmal allein für eine Woche an die See fuhren, wohnten sie im Hotel »Seeblick«, wo der Portier 1943 zum Abschied sagte: »Nun kann es nicht mehr lange dauern, Herr Doktor. Wenn Sie das nächste Mal kommen, haben wir Frieden.« Es gab kein nächstes Mal mehr, Misdroy heißt jetzt Miedzyzdroje.

War die Familie während der Schulferien in Prerow oder

Misdroy, lebte man in einer Pension, die Holzveranda verglast. Mittags war man in den Zimmern, die bauschigen Vorhänge zugezogen: Die hochstehende Sonne, die selten genug wolkenlos schien, war ungesund. Die Kinder der Fischer, deren dunkelrote Segel das Meer belebten, kamen mit Blaubeeren, die nach Litern berechnet wurden, 15 Pf das Maß; das war das Mittagessen, wenn es nicht die Satte Milch mit Zucker gab; das Mädchen brockte sich Schwarzbrot darauf. Dunkel ist in Erinnerung, daß die Leute nach Mandel und Schock zählten, wenn sie Eier brachten.

Kaum noch zu rekonstruieren ist das Leben zwei, drei Generationen zurück. Als es noch möglich gewesen war, interessierte man sich nicht dafür, wie es aussah, wenn die Großeltern den Vetter Desiderius in Danzig besuchten, den Reeder, oder die Verwandten in Hirschberg, wo sie auf dem Rittergut Lomnitz saßen, von dem sie mehr schlecht als recht lebten. Wurde man eigentlich vom Bahnhof in der Kutsche abgeholt? Vermutlich, denn wer hatte schon einen Wagen? Einen Braten gab es überall, auch im bescheidenen Gutsmilieu, nur am Sonntag, den Sonntagsbraten; aber immer drei Gänge, Suppe, Hauptgericht, Nachspeise, meist Kompott, mitunter einen roten Flammeri, »gestürzt« aus einer Fischform.

Man wüßte gern mehr, aber nun lebt niemand mehr, den man fragen könnte. Die Bilder, die lang man vergessen geglaubt.

Nicht nur der Umsturz der Landkarte hat das alles ausgelöscht, selbst wo alles beim alten blieb, gleicht nichts mehr dem Früher; Zeitalter liegen zwischen der Kindheit und der Gegenwart. Wo sind die Knickerbocker geblieben, die Gerhart Hauptmann beim Wandern und Thomas Mann beim Radeln trugen? Der Vater zog Hosenklammern vor, damit die Aufschläge nicht in die Kette kamen.

Ach, Hosenklammern, Leibchen und Lochgummis mit Knöpfen, wo seid ihr geblieben? Versunken die Zeit der Buchstabennudeln, Béchamelkartoffeln und des Grießpuddings. Spielt man allmählich wieder Mikado, Domino und macht das Pflasterhüpfen Himmel, Hölle, Erde? Aber wo ist das Einkehrgasthaus und wo die Gartenwirtschaft? Nun hat man die Schnellraststätte.

Wie sah das Lebensgefühl aus, als man noch nicht in den Urlaub, sondern in die Sommerfrische fuhr? Die touristische Revolution hat so viel verändert wie die beiden Gewaltherrschaften, die sich gegenseitig umbringen wollten. Die Plätze von gestern sind verwaist, Scheveningen wie Bad Gastein. Jetzt fährt man in Regionen, die man früher nur aus Romanen kannte, denen von Joseph Conrad oder Captain Marryat, und aus den Expeditionsberichten von Nachtigall und Peters – durchglühte Küstenstriche, Bergplateaus weit über der Baumgrenze, tropische Gegenden, wo die Bücher schimmeln, die aber ohnehin niemand im Koffer hat im Zeitalter der Sonnenölkultur.

Damals reiste die Familie in die Berge oder an die See. Zum Abitur bekam die Schwester acht Tage in Abbazia geschenkt. Als die Weltausstellung kam, fuhren die Eltern nach Paris, was schwierig war, der Devisenbewirtschaftung, nicht geschlossener Grenzen wegen. Das waren lange beredete Ereignisse, sonst gab es nur Königssee und Ostsee. Sehr selten ging es in die Umgebung Berlins, die man nicht Mark nannte, obwohl man in der Schule lernte: Märkische Heide, märkischer Sand. Aber Mark war ja Bauern und Adel, und das waren andere Welten. Außerdem: Wer sah in der Welt zwischen Parchim und Schwiebus schon eine Ideallandschaft?

Sieht man nicht mit dem gefühlsbeladenen Blick von heute, sondern mit den nüchternen Augen von gestern auf die Wirklichkeit, so wird deutlich, daß man nicht ernsthaft sagen kann, die Mark sei den Deutschen die Landschaft der Seele gewesen, wie doch fast jedes Land sie hat. Für Frankreich gibt es keinen Zweifel; das war über Burgund hinaus die Ile de France, Inbegriff von *la douce France* noch für die Impressionisten. In

Italien freilich stellte niemand die Frage; für den Sizilianer bedeutete ja Umbrien nie viel, und keiner sehnte sich aus Piemont nach Apulien. Es ist der Fremde, dem die Toskana ein aufs höchste gesteigertes Italien ist; kein Römer oder Neapolitaner hat so empfunden. In Großbritannien war wohl mehr noch als in Wiltshire England in der hügeligen Landschaft von Kent und Sussex am englischsten, auch für die eigenen Bewohner.

Das alte Deutschland vereinigte größere Gegensätze als das übrige Europa, masurische Wälder und Schneekoppe, bayerisches Hochgebirge und Frisches Haff, Loreley-Felsen und Dom-Insel im Pregel. Auf seinen Begriff aber kam das Land wohl doch in der Mitte, in der Caspar-David-Friedrich-Welt. Mehr noch als Schwaben und Franken ist Thüringen deutsches Herzland: Sängerstreit auf der Wartburg und Musenhof der Herzoginmutter, sechshundert Jahre dazwischen.

Brandenburg dagegen war etwas für die Brandenburger, die Mark nur den Berlinern ein Arkadien. Aber es ist nicht in Erinnerung, daß die Familie wirklich an die Oder oder an die Elbe fuhr, wo doch die Mark ganz märkisch war, Neuhardenberg hier und Schönhausen dort. Die Mark war ja nie Reiseland, vorgestern nicht und heute nicht, der Stacheldraht hat da nicht viel geändert.

Schon die Zahl der Betten in den alten Gasthöfen, Hospize und Waldschenken mitgerechnet, macht offenbar, daß niemand dieses Land mit der Schweiz verwechselt hat oder auch nur mit Österreich. Ein Vierwaldstätter See war der Kalksee nicht gerade, auch wenn da, an der Rüdersdorfer Schleuse, Fontane mehr als einmal vor der schlechten Luft des Landwehrkanals Zuflucht suchte, schon weil das Geld für Biarritz oder Rapallo nicht reichte. Wäre jemand auf den Gedanken gekommen, etwa aus München zum Rheinsberger See zu reisen, nur weil da der junge Friedrich mit Gondelfahrten zu Flötenspiel seine watteauschen Träume in die Wirklichkeit geholt hatte?

Unverachtet, aber unbeachtet war die Mark; sie mußte aus der Geschichte kommen, um in das Gemüt einzuziehen. Nun steht sie für viel Untergegangenes, nicht nur für sich selber. Was östlich von ihr lag und südlich, Ostpreußen und Schlesien, ist nur mit Mühe noch zu bereisen, wenn überhaupt. Formalitäten beim Grenzübertritt, Hotelbesorgungen Wochen vor dem Aufbruch. Man muß Transitpapiere haben, fährt man durch das andere Deutschland in die versunkene, jetzt polnische oder tschechische Welt. Ist man angekommen, findet man sich nicht zurecht, weil niemand die Ortsschilder lesen kann, denn nun heißt ja Hirschberg Jelenia Góra und Allenstein Olsztyn. Königsberg aber ist Kaliningrad, doch da kann ohnehin niemand hin, sowjetisches Sperrgebiet: der eisfreie Kriegshafen, den Rußland so lange haben wollte, eigentlich wohl immer.

Aber Brandenburg ist noch da, auch wenn es jetzt diesen Namen nicht mehr trägt, wie ja auch Sachsen nicht mehr Sachsen ist und Mecklenburg nicht mehr Mecklenburg. Das war schon zuviel Erinnerung an Vergangenheit, und so schaffte man die Länder ab und machte Bezirke daraus nach sowjetischem Vorbild. Aber das Land ist da mit den alten Städten zwischen Stendal und Fürstenwalde, wenn auch niemand mehr weiß, daß hier 1373 Markgraf Otto der Faule, der Wittelsbacher Herr Brandenburgs, aus ständiger Geldverlegenheit die ganze Mark an Karl IV. verkaufte, den böhmischen König in Prag, der deutscher Kaiser war.

Selbst die Reiseführer des anderen Staates, gleich geschichtslos wie die unseren, haben keine Ahnung mehr, daß Fürstenwalde im fünfzehnten und sechzehnten Jahrhundert eines der geistigen Zentren des Landes war, weil die Bischöfe von Fürstenwalde die gelehrten Berater der Kurfürsten waren. Sogar Universität ist der Flecken, der jetzt nahe der östlichen Staatsgrenze liegt, einmal gewesen, wie Helmstedt gleich jenseits der westlichen Staatsgrenze auch. Das aber lag an der Pest, die in den großen Städten wütete.

Geschichte, wohin man tritt, und gar nicht so geringe. Es lohnte schon, die Mark auch heute noch zu durchwandern, auch wenn die Zwanzigjährigen aus dem glücklicheren Teil des Landes in Siena mehr zu Hause sind als in Potsdam und mit Aix-en-Provence vertrauter als mit Rheinsberg. Soll man es ihnen verdenken?

Für alte Knöppe, wie Fontane sagt, gehört sich das aber nicht, und man fährt in das Land der Herkunft.

So geht es dann also in das alte Brandenburg, weißer Sand, glitzernde Wasser, rote Kiefernstämme. Niemand hat es beachtet, als es noch Brandenburg war, die Streusandbüchse des Römischen Reiches. Preußen mußte es werden, damit Faszination von ihm ausging, zum Guten oder zum Bösen. Aber Preußen war der König, war die Armee, war die Beamtenschaft und dann natürlich die Idee, die alles zusammenhielt. Das Territorium selber war ziemlich unergiebig, nicht nur in ästhetischer, sondern auch in ökonomischer Hinsicht; Rüben, Gerste und Roggen, das war alles.

Fontane mußte kommen, diesen Boden ans Licht zu ziehen, das der Geschichte und das des Gefühls. Plötzlich, kurz bevor alles zu Ende ging, war das Land durch ihn wieder, auch im Sprachgebrauch, was es gewesen war, bevor es Preußen wurde: die Mark. Immer sind es die Dichter, die eine Welt für die Seele schaffen, Hellas, Rom oder Mark.

Rein schönheitlich ist es nicht so weit her mit der Mark, man muß hier zu Hause sein, daß sich einem das Herz weitet beim Anblick der Birkenwälder und Föhrenhügel zum Spreewald hinunter oder zur Schorfheide hinauf, wo erst die Hohenzollern ihren Jagdsitz hatten, dann der Reichsmarschall und nun die Staatsratsvorsitzenden. Unscheinbar die paar Dutzend Häuser von Ribbeck, für das einen bei Lichte besehen vor allem der Birnbaum einnimmt, der hier im Havelland stand.

Keine Geranien wachsen die Hauswände hinunter, Flaschen umrahmen die Beete, auf denen nicht viel blüht. Aber selbst auf dem Schloß des Dubslav säumten ja leere Glaszylinder die Auffahrt und erinnerten den Alten an die Gefährlichkeit des heraufziehenden Zeitalters der Chemie.

Eingeschossige Häuser, mehr Katen als Bauernhöfe, staubige oder morastige Straßen, die Nebengebäude oft genug mit Wellblech oder Teerpappe gedeckt. Mit dem Dorfanger hat es nicht viel auf sich, Schwäne wie in Schleswig-Holstein schwimmen nicht gerade auf dem Teich. Pauvre war alles, selbst die Gutshäuser, wenn es nicht die Sitze der großen märkischen Familien waren, von denen diese und jene ja auch in europäische Verhältnisse ragten. Die meisten aber waren weit davon entfernt, Schlösser zu sein, auch wenn sie von den Leuten natürlich so genannt wurden. Drei gute Ernten, damit man die Scheune decken lassen kann, sagten die Standesgenossen zwischen dem Fränkischen und dem Westfälischen über das Land zwischen Spree und Oder, da sie doch selber auf wirklichen Schlössern und in Wasserburgen saßen.

In die Mark zu heiraten, hieß nicht gerade Karriere machen, die Dohnas wären nie auf den Gedanken gekommen und die Donnersmarcks schon gar nicht; da verschwägerten sich die Dönhoffs doch lieber mit dem polnischen Adel und die Finkensteins mit dem baltischen. Bei den Stackelbergs und den von der Osten-Sackens herrschten andere Verhältnisse, als sie zwischen Barnim und Fläming zu Hause waren, wo eigentlich alles klatrig war, vor allem die Schulhäuser.

Was für ein Mißverständnis, daß die neuen Machthaber das alles abrissen. Zu Hunderten fielen die Herrenhäuser der Marwitzens an der Oder und die der Bismarcks an der Elbe, die alten Gemäuer von Friedersdorf und Schönhausen.

Zwingburgen der Junker – ach, wie sah die Welt für jene aus, die so von den Landsitzen in der Mark sprachen. Oft genug waren sie baufällig und nur mit Mühe halbwegs instand gehalten; Elbchaussee-Villen glichen sie nicht gerade. Wenn der Efeu stirbt, stürzen die Mauern, spottete der alte Zastrow über das eigene Haus. Keiner von denen, die hier die Macht ergriffen, stammte von hier, kannte das Land, hatte jemals Rüben verzogen oder Disteln gestochen. Großstadtwerk war die Bauernbefreiung, vor der die Bauern zu Hunderttausenden über die Grenze flohen.

Fährt man wirklich noch durch das alte Land, wenn man den Weg von Prenzlau nach Neuruppin nimmt oder den von Fürstenwalde nach Treuenbrietzen? Die Reisenden, die aus dem fernen Westen kommen, meinen mitunter, so sei es wohl in der Mark immer gewesen, weniges habe sich verändert, lasse man das fremde System beiseite, das dem Land auferlegt worden ist. Aber daran ist nichts, dies ist jetzt eine andere Welt, durch die man fährt. Es ist ja nicht einmal der Flickenteppich der Felder geblieben mit dem Weidengestrüpp und den Haselnußhecken, die die Gemarkungen markierten; mitunter waren es nur Pflugfurchen, die die Äcker trennten.

Jetzt ist alles Agrarwirtschaft auf ehemaligem Bauernland, die Felderwirtschaft abgelöst durch Produktionskombinate, sozialistisches Bauernlegen, das aber der Ideologie folgt, nicht der Ökonomie. Selbst die unschuldigen Kühe geben nun weniger Milch als diesseits der Barriere, jedes Handbuch nennt die Zahlen für die Minderproduktion auf kollektiviertem Boden.

Wandert man über den Boden, der einmal die Grafschaft Ruppin oder das Ländchen Friesack hieß, so sieht man gegen den weiten Himmel noch die einsamen Baumgruppen, vielhundertjährige Linden oder Buchen, durchlaubte Kronen, bemooste Wurzeln. Dann steigt die Erinnerung auf, daß sich so Gutsland früher schon von weitem zu erkennen gab; kein Bauer hätte ja auf die Einnahmen aus dem Verkauf von ein paar tausend Klaftern härtesten Holzes verzichtet. Nur wäßrige Stämme ließ man am Bachbett stehen, Weiden und Pappeln, die brachten ohnehin nicht viel.

Aber wo sind die Gutshäuser, die im Schatten der alten Riesen standen, denn noch das bescheidenste Haus hatte ja seine baumumstandene Wiese? Nichts ist mehr da, Wildnis wird von den alten Bäumen umstanden, fast überall hat man die Häuser abgetragen: im Elb-Havel-Winkel die drei Häuser der Kattes, aus dem Geschlecht des Enthaupteten, in Reitwein im Oderbruch das Haus der Burgdorffs, das in der Mitte des vorigen Jahrhunderts die Finckensteins gekauft hatten, als deren Besitz in Ostpreußen an die Dohnas gegangen war.

Erst hatte man ein Altersheim daraus gemacht, aber dann störte der alte Kasten, in dem das berühmte Bild Friedrichs als Kind hing, von Pesne. Da hat man es dann eben niedergerissen, sogar ganz ohne Vorwand. Kein sozialistisches Baumaterial, die dreihundertjährigen Steine ließen sich nicht vermauern. Als alles beseitigt war, füllte der Schutt eine Senkung unweit des Dorfangers. Das alte Schloß, nun Bruch geworden, verstopft ein Loch im hohen Norden.

Also die Schlösser mußten weg, soweit kann man ja noch folgen, Ideologie fragt nie nach Wirklichkeit. Aber warum gibt es in den Dörfern keine Wirtshäuser mehr, die doch in den alten Wanderführern verzeichnet sind, oft drei oder vier selbst im kleinsten Flecken? In Werder gab es fünf Wasserlokale nebeneinander, sozial gegliedert für Ruderboote oder Kanus, Jollen und Jachten, und dann natürlich die Gartenrestaurants für die Ausflügler, die zur Obstbaumblüte aus Potsdam kamen oder aus Berlin, mit dem Dampfer Havel, Spree und Hohenzollernkanal entlang. Von all dem blieb ein einziges HO-Restaurant. Auch die »Rutsche« fehlt, die einst von der Höhe hinunter fast bis zu den Gleisen der »Blütenzüge« führte, der alten Bahn mit den Abteilwaggons, wo einige Abteile Stroh für die Betrunkenen hatten. Nach dem Erdbeer- und Johannisbeerwein trugen ja so manchen die Füße nicht mehr in die steil abfallende Tiefe, wo unten die Züge nach Berlin gingen.

Nun ist Werder Produktionsgenossenschaft, keine Kremser kommen mehr wie zu Fontanes Zeiten, kein Tanz zur Feuerwehrkapelle im Festsaal. Selbst Havelfischer sieht man kaum noch, vielleicht, weil sie in den sozialistischen Arbeitsprozeß nicht passen, vielleicht der Wasserverschmutzung wegen – doch das ist gesamtdeutsches Schicksal.

Aber das Land. Wie einst nehmen den Besucher die baumlosen Ortschaften gefangen, durch die zumeist Kopfsteinpflaster führt, nur hier und da sind allzu tiefe Schlaglöcher mit Teer ausgegossen. Immer noch liegen die alten Kähne im Schilf, das man hier meist Binsen nennt. Das Wasser schwappt darin, denn immer ist da ein Leck, die Schute muß leergeschöpft werden wie in Kinderzeiten.

Tiefer Ernst liegt über dem Wasser, Einsamkeit und Stille an seinen Ufern. Dies sind melancholische Seen, was wohl von den Kiefern kommt, die sie schwarz umstehen. Selten spiegelt sich Helles darin, Tegernsee und Chiemsee sind weit. Aber überall Fernsichten, keine Berge verstellen den Horizont, malerisch ist gerade die Abwesenheit des Pittoresken. Kein Zwiebelturm, der heiter in die Ferne winkt, karge Feldsteinmauern aus Prämonstratenser- oder Zisterzienserzeit, die Glockentürme meist von später, deshalb aus Backstein oder aus Holz.

Pathetische Landschaften gibt es und heroische, San Gimignano und Carcassonne halten dafür Beispiele bereit. Wo sind die Urbilder der klassischen Gefilde, wie sie Lorrain malte und dann die Deutschen, Philipp Hackert und Joseph Anton Koch? Die Ideallandschaft der Klassik, zum Beispiel von Goethes geliebtem Tischbein, nahm sich ihre Elemente von überall her, aber das Extreme vermied sie, die schroffen Felsenstürze ebenso wie das Konturlose zwischen Balaton und Camargue. Alles mußte Maß haben, die Berge nicht bedrohlich, die Wasser nicht stürzend, das Dickicht nicht unergründlich.

Ist das so ganz weit von dem, was das Land zu bieten hat, das einmal die Mitte Deutschlands war? Jenseits der Oder ging es ja in die Weite des Ostens über, und nahe der Elbe begann schon bald das alte Karolingerland. Auch die Mark hat ihre Lieblichkeit, hier und da könnte man sie sogar idyllisch nennen. Eiszeitliche Ablagerungen wellen das Land, milde Hügel, eigentlich Dünen, umstehen fast jeden See, vom Scharmützelsee beim Barnim bis zum Schwielow im Havelländischen Luch. Überall aber Kiefern, Birken, Weiden, die Zweige hängen ins Wasser, das mehr Pfuhl ist als See. Es ist die Rahmung, die dem doch eher Unauffälligen einen Gemäldecharakter gibt – die Mauern der Propstei hier, die Baumgruppe dort, dazwischen das stille Wasser. Begreiflich ist schon, daß man sich aus der Ferne hierher zurücksehnte, Wilhelm von Humboldt wie Rauch, die Familie des einen aus Königsberg in der Neumark, die des anderen aus der Prignitz, aber beide in Berlin geboren. Merkwürdig spielt das Königshaus stets in die Kunst hinein. Kammerfrau bei der Königin Luise war die Schwester Schadows, Kammerdiener der Königin Rauch selber. Damals saßen beide zusammen mit Canova und Thorvaldsen in der Via Sistina, nicht weit von der Piazza di Spagna.

Den Neckar des Nordens nannte Fontane die Havel und hatte wohl das Südliche im Auge, das auch Stendhal vor diesen Ufern an den Lago Maggiore denken ließ. Hackert, Goethes anderer Idealmaler, verbrachte zwar ein halbes Leben im Süden und zeichnete Küsten, Pinien und Säulen; aber er kam von hier, aus Prenzlau in der Mark, und das Land der Seele mischte sich ihm mit dem Boden des Herkommens.

Kolonistenland ist das alte Brandenburg, den Heiden und der Wildnis abgewonnen, das Römerland hinter dem Limes liegt weit. Aber so ganz von gestern ist es auch nicht. Überall schimmert das dreizehnte und vierzehnte Jahrhundert durch das Preußische hindurch, und hinter Askanier-Steinen und Hohenzollern-Mauern wird sogar die Epoche Ottos des Großen sichtbar. Wo die Mark am preußischsten ist, fällt es am meisten in die Augen: Der Klassizismus ist die Tünche auf dem alten Land, auch hier ist immer schon etwas vorausgegangen. Man muß nur zu sehen verstehen, auch mit der Erinnerung, nicht nur mit den Augen.

In Paretz zum Beispiel, dem Lieblingssitz Friedrich Wilhelms und Luises, die Havel schimmert durch die Bäume herauf, wird ein barockes Gutshaus in ein klassizistisches Landhaus von einer so biederen Nüchternheit verwandelt, daß es selbst Fontane zu weit ging. Die Feldsteinkirche aus der Ordenszeit gleich nebenan brachte der ältere Gilly mit ein paar Handgriffen aus dem Mittelalterlichen ins Neugotische, wenn auch im Spielzeugformat. Die Königsloge, »Königsstuhl« genannt, mißt drei mal vier Meter, das Maß einer Leutestube. An der Westwand hängt noch heute Schadows Relief für die tote Königin mit der ungelenken Trauer des Spruchs »Den 19. Juli 1810 vertauschte sie die irdische Krone mit der himmlischen«. Natürlich ist die Tafel aus Ton, für Marmor oder Bronze hatte man nach Jena und Auerstedt keine Mittel.

So geht es allerorten in der Mark zu, überall ist das Klassische aufgepfropft aufs Märkische wie das Preußische aufs Brandenburgische, nicht nur in Neuhardenberg, wo das klassizistische Schloß des Fürstkanzlers auf die barocken Grundmauern des friderizianischen Gutshauses gestellt wurde. Sein altes Gutshaus Glienicke hatte Hardenberg dafür an Prinz Carl, einen Sohn des Königs, verkauft. Schinkel machte aus dem alten Gemäuer das Juwel des Klassizismus, das neue Klein-Glienicke.

Ist es irgendwo anders? Erinnern bei Humboldts Tegel die dummen Ecktürme nicht an den alten Renaissance-Kasten, der hier zur Residenz des Humanismus umgebaut wurde? Das Königshaus spart am meisten, selbst nach der Wiederherstellung des Staates durch Leipzig und Waterloo. Als Friedrich Wilhelm III. 1825 seinem ältesten Sohn im Park von Sanssouci ein Gelände schenkt, läßt sich der Kronprinz ein altes Bauernhaus zu einer italienischen Villa umbauen, das Miniaturschlößchen Charlottenhof von der halben Größe eines Dithmarscher Bauernhofes.

Aber man soll auch nicht immer nur an Gilly, Schinkel, Persius und Stüler denken und in der Mark nichts als das Humanistische suchen. Das Klassisch-Ästhetische ist ja überall dem Christlich-Poetischen aufgepfropft, und durchwandert man die stillen Landstädte und die alten Kirchhöfe, so triumphiert für das Gefühl nicht selten die alte Welt über die neue. Der geheimnisvolle Zauber des Schwermütigen trägt dann den Sieg davon über die Schinkel-Chose, die überall Tempel aus Thessalien in die Uckermark verpflanzt und selbst dem Molkenhaus im Oderbruch die Gestalt einer Basilika gibt.

Man sitzt in Weimars »Elephanten«, wird von der Menge durch Friedrichs »Neues Palais« geschoben, trinkt einen klebrigen Saft im Restaurant »Witebsk« in Frankfurt, ißt die obligate Soljanka, die überall zwischen Oder und Elbe die alte Erbsen- und Linsensuppe verdrängt hat, wie ja auch der Wodka den Steinhäger ersetzt. Kulturen sinken, andere steigen auf. An den Abrechnungsbüchern der Klosterküchen im späten Merowingerreich läßt sich ablesen, wie in wenigen Jahrzehnten die römische Zivilisation durch die fränkische abgelöst wird; plötzlich verschwinden die Positionen für Wein und Oliven, an deren Stelle Ausgaben für Met und Honig treten. Merkwürdige Gedanken kommen einen an, wenn man im Restaurant »Puschkin« in Dresden seine Pirogge ißt.

Soll man so auch auf das Land schauen, das eben noch das eigene war? Damals, als unsere Kultur anhob, gab sich der tiefe Einschnitt in allem Bestehenden auch im Bagatellhaften zu erkennen. Europas Kerzenindustrie verdankt ihre Entstehung der Sperrung des östlichen Mittelmeeres durch die neuen islamischen Staaten im Mittleren Osten. In die westlichen Teile des Römischen Reiches kommt im achten und neunten Jahrhundert kein Öl mehr von den orientalischen Oliven, mit dem man seit Jahrhunderten die Öllämpchen in den Kirchen der Christenheit speist. So erfindet man sich die Wachskerze, und in Zukunft wird in der Hagia Sophia in Konstantinopel die Öllampe brennen und in der Peterskirche in Rom die Kerze.

Sind es solche Zeichen, auf die man achten muß, wenn man

den fremden Herrschaftsbereich betritt, der vor unserer Haustür beginnt?

Am Nebentisch die Bürger des Arbeiter- und Bauernstaates. Was ist es, das jede Begegnung mit den anderen Deutschen zu einer so bewegenden Sache macht? Kommt das Gefühl daraus, daß sie soviel mehr Deutsche als wir sind, oder rührt ganz im Gegenteil die Betroffenheit daher, daß jenes andere Frankfurt an der Oder dem polnischen Kalisch schon näher ist als der Zwillingsstadt am Main? Trifft man Freunde oder begegnet man Fremden, so fühlt man sich ihnen nahe verwandt. Aber spielt da nicht auch ein wenig die Empfindung hinein, die jene Amerikaner deutscher Herkunft hatten, als sie nach dem Untergang der Gewaltherrschaft in das Land der Vorväter kamen? Ja, wir sind ihr, und ihr gleicht uns, aber doch in einer Manier, wo es die Nähe ist, die die Fremdheit offenbar macht.

Alles Zufälle, solche der Politik und solche der Geographie. Drei alte Männer sitzen in Jalta und Teheran und zeichnen auf einem Schulatlas Linien. Ein halbes Jahrhundert später bewegt die Enkel die Frage, wie es wohl gekommen wäre, wenn damals der rote Strich drei Zentimeter weiter nach Osten gezogen worden und Erfurt plötzlich ununterscheidbar von Passau wäre, und Leipzig gliche Hannover. So weit war es doch gar nicht, daß es dahin gekommen wäre. Ganz zum Schluß, als er alle Fehler gemacht hatte, wollte es Churchill so; da war es zu spät.

Ja, die anderen Menschen. Ist es Bescheidenheit, ist es Unbeholfenheit, wie sie sich in den Restaurants bewegen, fast um Entschuldigung bittend, wenn sie nach Plätzen und Speisekarten fragen? Oder fehlt ihnen nur die Allerweltssicherheit der Reisegruppen zwischen Ischia und Sri Lanka? Oder ist auch das verkürzt gedacht, gibt sich der Greifswalder in Warna wie der Bochumer in Rimini? Alles nur Perspektivenwechsel, Frage der Optik, nur daß die einen tatsächlich keine Grenzen kennen zwischen Seychellen und Spitzbergen und die anderen, die Sache beim Namen genannt, auf den Bereich angewiesen bleiben, wo die Rote Armee zu Hause ist.

Immer wieder tastet man sich in die Vergangenheit. Damals, als man mit den Großeltern nach Krummhübel oder Thale fuhr, wie sah es aus? Und als die Schulklasse einen Winterausflug nach Freiberg machte, die Schneeschuhe an die Schnürstiefel schnallte? Den Stollen des mittelalterlichen Silberbergwerks hatte die Reise eigentlich gegolten und der Bergakademie, an der einst Alexander von Humboldt, Novalis und Theodor Körner studiert hatten. Aber wichtiger war dem Lehrer der Dom von 1220 gewesen, vor der Goldenen Pforte war er ins Sehnsüchtige geraten; hoch über das gleichzeitige Fürstenportal von Bamberg gehe das hinaus in der vollkommenen Harmonie von Architektur, Plastik und Ornament.

Kindheit, das ist nicht so sehr das Friderizianische, das mehr eine Sache der Lesebücher war, als das Staufische. Wie beflügelte es damals Empfinden und Verlangen der Deutschen. Dreißiger Jahre, das sind nicht nur Aufmärsche der Zwölf- oder Vierzehnjährigen im Poststadion und Zeltlager in der Schorfheide, das sind auch Bamberger Reiter, Uta von Naumburg und natürlich der Cornett, Bilder von Herrscherlichkeit, Traum, Liebe und Tod.

Alles unerinnerbar, unkenntlich im Nebel der versunkenen Zeit. Jetzt läuft man in den Bergen nicht weit von Freiberg wohl Ski wie anderswo auch, trainiert die Mannschaft, die für den Sozialismus Medaillen holen soll.

Nur den Dom, das langweilende Wunderwerk der Jugendtage, hat niemand mehr gesehen, will keiner mehr sehen, nirgendwo Busse, die die Schulklassen herbeifahren. Die mittelalterliche Kathedrale steht noch, der Krieg ist besser an ihr vorübergegangen als an dem Münster von Ulm, aber sie ist aus der Welt gekommen. Die aus Sachsen wollen auf die Krim, die aus Westfalen nach Mallorca. Lange ist es her, daß der eigene Boden das Ziel der Sehnsucht war, nun treibt es einen von jenseits und diesseits in die Fremde – nur, daß die drüben nicht so können, wie sie wohl wollten. Sonderbar zu denken, wie die Vorväter gestern noch vor diesen Hügeln und Tälern von Rührung überkommen wurden: »Land, dem viel Verheißung innewohnt.« Sagte das Wolfskehl, Hofmannsthal oder George? Vokabel aus der Vorzeit, auch der des Gefühls. Nun staunt man vor dem Tadsch Mahal.

# Das Land zwischen Elbe und Oder ist alles, was von Preußen geblieben ist

> Dächer von Ziegel, Dächer von Schiefer,
> Dann und wann eine Krüppelkiefer,
> Ein stiller Graben die Wasserscheide,
> Birken hier und da eine Weide,
> Zuletzt eine Pappel am Horizont,
> Im Abendstrahl sie sich sonnt.
> Auf den Gräbern Blumen und Aschenkrüge,
> Vorüber in Ferne rasseln die Züge,
> Still bleibt das Grab und der Schläfer drin –
> der Wind, der Wind geht darüber hin.
> *Theodor Fontane*

Brandenburg ist alles, was von Preußen geblieben ist. Preußen war der Staat und seine Idee. Preußen waren die Provinzen im Osten, das eintönige Land der Kiefern und Birken: Ostelbien. In der Ebene hinter der Oder, in der Neumark, in Westpreußen und in der Provinz Posen, wo Bromberg, Thorn und Graudenz lagen, verband sich das Deutsche allmählich mit dem Polnischen.

Eine Zeitlang, als unter dem Nachfolger Friedrichs des Großen, dem liederlichen und frommen König Friedrich Wilhelm II., die Dynastie noch Neu-Ostpreußen und Südpreußen gewann, sah es sogar so aus, als würde Preußen wie Österreich ein Staat über den Nationen werden, nicht weniger Polen als Deutsche in seinen Grenzen vereinigend. Der polnische Adel saß im preußischen Herrenhaus in Berlin, und den Fürsten

Radziwill machte der König zum Gouverneur der preußischen Provinz Posen. »Preußen hätten wir werden können«, sagte dessen Vetter Raczinsky nach der Gründung des Reiches, »Deutsche niemals.«

Preußen war schließlich auch und vor allem jenes Ostpreußen von der Weichsel und über den Pregel hinaus bis zur Memel. Die Hauptstadt Königsberg hatte ihren Namen ja nicht von den Herrschern Brandenburgs, die damals noch Markgrafen, dann Kurfürsten waren und erst Jahrhunderte später Könige wurden, sondern Ottokar von Böhmen zu Ehren, weil der hier im Samland an einer Kreuzfahrt teilgenommen hatte. Von dieser Welt weit im Osten erhielt schließlich das ganze Land seinen Namen, auch die Stammlande der Hohenzollern, die lange Zeit die Kur- und die Altmark gewesen waren, ehe sich die beiden Linien des Geschlechts auf dem Wege der Erbfolge vereinigten.

Aber noch immer fühlte man sich zwischen Havel und Spree nicht als Preuße, sondern als Brandenburger. Als Friedrich die Geschichte seines Hauses schrieb, redete er natürlich vom »Hause Brandenburg«, und auch Kleists »Prinz von Homburg« endet ganz selbstverständlich mit dem gegen Napoleon gerichteten Ruf: »In Staub mit allen Feinden Brandenburgs!« Was jetzt wiedergegründet wurde, das Land Brandenburg mit seiner neuen Hauptstadt Potsdam – denn lange war Berlin die Hauptstadt Brandenburgs gewesen –, ist also sehr alt, ja eigentlich uralt und, wenn man es genau betrachtet, viel älter als das so glanzvolle Preußen.

Die Natur, die jenseits der Geschichte steht, ist selber historisch. Der Baumbestand schon signalisierte einst die Besitzverhältnisse. Nur die Gutsherrschaft ließ ja die alten Bäume stehen; kein Bauer hätte stehen lassen, was mehrere hundert Mark pro Klafter brachte. Fuhr man über Land, so gaben schon von fern hochragende Baumgruppen zu erkennen, daß dort ein Gutshaus war, meist mit einer dazugehörigen Kirche.

Da war dann die Gutsloge, wie heute noch in Paretz, wo Friedrich Wilhelm III. und seine Luise die Feldsteinkirche durch den älteren Gilly ins Neugotisch-Klassizistische wenden ließen. Nun aber stehen die alten Riesen, meist Linden und Buchen, verloren zwischen den Äckern, denn man hat die Häuser abgerissen, denen sie einst Würde gaben. Nun ist dies kein Gutsland mehr, aber auch kein Bauernland.»Landwirtschaftliche Produktions-Genossenschaft« heißt, was an die Stelle der bäuerlichen Welt getreten ist; die Bauern haben keine Rinder mehr im Stall, sondern die »LPG« betreibt »Pflanzen- und Tierproduktion«. Sind das die Agrarfabriken, die die Volkskommissare nach der Revolution im fernen Rußland erfanden? Heute mutet die Welt zwischen der Uckermark und dem Barnim merkwürdig geschichtslos an; alles fehlt, was ihr so lange Bedeutung gegeben hat, Bürger und Bauer und Edelmann.

Der Sozialismus war nicht nur eine Absage an die überlieferten Herrschaftsverhältnisse, sondern an die Geschichte selber. Nicht nur die Welt da oben hat man zerstört, sondern auch was darunter lag. Wie in der Stadt Ansammlungen aus Großplatten an die Stelle der alten Viertel traten, so ging auf dem Land das dörfliche Leben seinem Ende entgegen, und wären dem Sozialismus noch zwei oder drei Jahrzehnte mehr gegeben gewesen, so wäre Lenins Vision der Industrialisierung des Landes Wirklichkeit geworden. In zwei der preußischen Orte Brandenburgs, in Paretz und in Neuhardenberg, kann man an Mietshäusern auf den Äckern schon sehen, in welche Richtung die Träume der geschichtslosen Utopie gingen.

Man redet immer nur von der Entstalinisierung, die dem Osten nottue; aber was sowohl der östlichen Wirklichkeit wie dem westlichen Denken tatsächlich nottut, ist die Befreiung von der Utopie Lenins, und insofern ist die Umbenennung der Stadt an der Neva ein Signal erster Ordnung. Stalin ist wie Hitler nicht mehr als ein Monster; weniger er selber ist interessant als die Macht, die er über die europäischen Intellektuellen ausübte.

Doch nicht allein die Häuser sucht man vergebens, sondern auch die, die früher hier lebten. Geht man durch die kleinen Landstädte wie Jerichow oder Jüterbog, macht man sich allmählich erst klar, was es heißt, daß Millionen Menschen das Land verlassen haben. Jetzt zählt Brandenburg zu den bevölkerungsärmsten Teilen Deutschlands. Soll man jedoch leugnen, daß die Leere des Landes zum eigentümlichen Reiz dieser Welt beiträgt, vor allem, wenn man aus Westdeutschland kommt, aus der Gegend um Frankfurt und Darmstadt, Heidelberg und Mannheim zum Beispiel, wo weder Stadt ist noch Land?

Aus dem Land getrieben oder geflohen sind die Menschen, die ihm einst seine unverwechselbare Farbe gaben. Zuerst gingen die Juden, die nicht nur aus der fernen Residenz, sondern auch hier aus den Ackerbürgerstädten vertrieben wurden und denen man, von den Mendelssohns über die Ephraims bis zu den Rathenaus, viel verdankte. Dann, als die Rote Armee das Land besetzte, ging der Adel, doch die alten Herrensitze – der der Marwitz' in Friedersdorf wie der der Finkensteins in Reitwein – wurden oft erst zehn, ja zwanzig Jahre nach dem Krieg abgerissen. Für die deutschen Kommunisten waren die meist überaus bescheidenen Gutshäuser »Zwingburgen der Junker«, wie Wilhelm Pieck, der erste und einzige Präsident des Arbeiter- und Bauernstaates, in einer Rede sagte.

Schließlich gingen auch die Bürger der märkischen Kleinstädte, aus denen sich Berlin jahrhundertelang gespeist hatte. Anders als Frankreich hatte Preußen seine Kraft ja nicht aus der Hauptstadt, sondern aus dem flachen Land gezogen. Berlin wie Potsdam waren lange kaum mehr als Fischerorte und Ackerbürgerstädte, wenn man sie mit Wien, Köln, Hamburg oder Danzig verglich. Draußen aber, in Brandenburg und in den anderen Provinzen, saßen sie alle, zwischen Rübenäckern und Weizenfeldern, die Schloßgeborenen wie die Bürger, denen das Land seinen Aufstieg verdankte. Ganz zum Schluß verließen auch die Bauern ihr Land und flohen zu Hunderttausenden in den Westen, als man ihnen von Bauernbefreiung sprach und sie in Agrarkommunen zusammenfaßte. Steht man auf den Seelower Höhen und sieht auf das Oderbruch hinunter, einst Preußens reichstes Bauernland, so erzählen einem die alten Leute, daß hier nicht eines der alten Geschlechter mehr ansässig ist, die Friedrich bei der Urbarmachung des Bruchs in dieser Gegend ansiedelte. Ehemalige Gespannführer saßen im »Rat der Gemeinde«, wie man nach sowjetischem Vorbild die früheren Bürgermeistereien nannte.

Und es fehlt selbst die Handwerkerschaft, die das Land seit Jahrhunderten prägte und aus der so viele kamen, Goethes römischer Reisegefährte Hackert aus Prenzlau, Schadow aus Saalow, Schinkel aus Neuruppin und ganz zuletzt noch Theodor Fontane. Nicht nur die Städte, das Wasser, die Luft und den Boden hat der Sozialismus verwüstet, sondern auch, was den eigentlichen Reichtum Brandenburgs ausmachte, die Menschen.

Dies war ja das eigentlich Staunenswerte: daß in dieser Welt zwischen Elbe und Oder, auf diesem unscheinbaren Boden, der nicht viel Aufhebens von sich macht, eigentlich alles angefangen hat, was Preußen sein Großes nennt. Die Berge waren geheimnisvoller im Riesengebirge, die Wälder undurchdringlicher in Masuren und das Land malerischer an der pommerschen Küste, wo die Seestege weit ins Meer gingen. Aber von hier, aus dem alten Brandenburg, stammten die meisten von ihnen, die Fichtes und die Humboldts, die Kleists und die Arnims, die Schadows und die Schinkels und all die anderen, die diese Welt zu einem Salon im Bruch machten. Es ist kaum zu begreifen, wie aus dieser Rübenwelt abseits der Geschichte eine der großen geistigen Landschaften Europas wurde.

Fast an jeden Ort in Baden knüpfen sich Erinnerungen, in jedem zweiten Dorf glaubt man zu wissen, daß Gottfried von Straßburg hier geboren wurde. In Thüringen sind viele Berge mit großen Namen verbunden, nicht nur mit Ludwig dem Springer, der die Wartburg erbaute, auf der der Sängerstreit stattfand. Es ist schon verständlich, daß man von Franken milde auf die Streusandbüchse des Reiches sah. Dort, zwischen der Grafschaft Ruppin und dem Ländchen Friesack, schien die Zeit stillzustehen, in den Schlaf der Geschichte versunken, und es war ganz gleich, ob man Parchim im 14. oder im 17. Jahrhundert aufsuchte.

Dann aber änderte sich plötzlich alles, und das Merkwürdige ist, daß eine einzige Generation Brandenburg genügt, um in die wirkliche Geschichte zu treten. Mit dem Großen Kurfürsten soll man es nicht allzu ernst nehmen; dergleichen große Kriegsherren hat es in Sachsen oder in Franken auch gegeben. Was ist der Brandenburger Landesherr schon gegen jenen Schweden, der bei Poltawa beinahe die Landkarte Europas umgestürzt hätte? Wäre Friedrich Wilhelm, der Soldatenkönig, in Erinnerung geblieben, wenn es nicht seinen Sohn gegeben hätte, der Europa in Erstaunen versetzte? Andere Herrscher machten anderswo ebenfalls von sich reden, aber sie sind aus dem Gedächtnis gekommen, weil sie nur eine Episode waren.

Mit Friedrich aber begann es erst, und zwar auf jedem Felde, dem der Schlachten wie dem der Künste. Oft hört es nach einem solchen Ausbund von Genie wie Friedrich gleich wieder auf, und das Land versinkt erneut in Bedeutungslosigkeit. Friedrich dagegen ist in vielem Betracht nur der Auftakt, und nach ihm kommt das Land keineswegs zur Ruhe, legt eigentlich erst richtig los.

Denn trotz allem ist es mit dem, was unter dem großen König gedacht und geschrieben wurde, bei Lichte besehen so weit nicht her, oder will man Ewald von Kleist so über die Maßen schätzen? Dann jedoch ist der andere Kleist schon da, und mit einem Male tritt Preußen, das bislang vor allem durch die Gestalt des Königs und dessen Bravourtaten von sich reden gemacht hatte, auch im Geistigen nach vorn. Fast alle Künste wachsen plötzlich auf diesem Boden, der mit Blechen, Menzel und Liebermann ganz zum Schluß selbst noch in der Malerei die anderen Regionen Deutschlands in den Schatten stellt. Was ist die Münchener Malerschule gegen die Berliner? Die Düsseldorfer sind eigentlich schon vergessen, als sie den Pinsel aus der Hand legen.

Und doch dauert es nur ein Jahrhundert, dann wird Preußen schon wieder unscheinbar. Wer ist in Orten wie Havelberg oder Schwedt um 1850 oder 1900 geboren? Es ist, als ob die Hauptstadt, wie in Frankreich Paris oder in England London, das Land ausgesogen hat.

Ein merkwürdig punktueller Staat ist dieses Preußen, das erst Deutschland und dann Europa auf den Kopf stellt; dergleichen grandiose Kurzlebigkeit hatte es zuvor kaum gegeben. Fünfhundert Jahre lang sprach man im Alten Reich von Brandenburg fast überhaupt nicht, kannte die Markgrafschaft kaum, deren Städte ja auch wirklich neben Regensburg oder Augsburg gar nicht zählten. Und nun, ein Lebensalter nach dem Untergang des Staates – bedeuten da die preußischen Namen und Daten den Nachkommen noch etwas? Das Land ist im Qualm der Geschichte unkenntlich geworden. Eine lange Geschichtslosigkeit, ein heftiges Dasein, dann ein Sinken ins Vergessen; bald wird Preußen nur noch in der Erinnerung weiterleben. Aber Brandenburg blieb. Es war früher da, und es dauerte länger. Großes hatte es zutage gefördert, um sich selber fast vergessen zu machen, denn wer sprach von Brandenburg, als Preußen Napoleon bestehen mußte?

Die Mark hat alles hervorgebracht, erst das Kurfürstentum Brandenburg, dann das Königreich Preußen, schließlich das kurzlebige Deutsche Reich. Es ist, als ob sie sich dabei verzehrt habe. Nun ist alles von ihr abgefallen, was ihr Bedeutung,

Glanz und wohl auch Unheimlichkeit gab. Nun ist die alte Mark wieder auf sich selber zurückgeworfen; Brandenburg ist alles, was von Preußen geblieben ist.

Legt man die Karte des heutigen Deutschland neben eine Karte aus staufischer Zeit, so hält man wieder da, wo man vor einem Dreivierteljahrtausend stand, bevor man über die Oder ging und den Heiden und der Wildnis Land abgewann. Damals gab es das Königreich Polen noch nicht, slawische, wendische oder sorbische Völkerschaften saßen dort, wenn man über die sumpfigen Niederungen blickte, die den Weg des Stromes säumten.

Eine lange Geschichte und ein kurzer Glanz. Wieder einmal muß man sich nun am eigenen Schopf aus der Kargheit seiner Rüben- und Kartoffelwelt ziehen. Hat man das aber nicht immer tun müssen? Erst machte man sich die brandenburgische Aristokratie dienstbar, domestizierte sie zu preußischem Adel, dann führte man in Theologie, Philosophie, Kunst und Poesie eine neue Epoche herauf, und ganz zum Schluß schufen die Borsigs, die Siemens' und die Rathenaus aus dem Nichts das größte Industriezentrum zwischen Atlantik und Ural, auf einem Boden, den nichts dazu prädestinierte, weder Kohle noch Erz noch Wasserkraft.

Das Ingenium des Ortes und seiner Menschen mußte ersetzen, was die Natur verweigerte. Die Lage ist so neu nicht, vor der sich Brandenburg heute sieht.

# Brandenburg tanzte nur einen Sommer

Erst in der Rückschau wird deutlich, wie überraschend das Erscheinen Brandenburgs auf der Bühne auch der Kunst gewesen ist. Jahrhundertelang hatte das Land zwischen Elbe und Oder als kulturelle Provinz ernsthaft nicht gezählt. Natürlich gibt es unverächtliche Kirchen, Rathäuser und Klöster auch in Tangermünde, Stendal und Frankfurt an der Oder, die zuweilen über die Gotik hinaus in die Romanik zurückragen. Vor dem mächtigen Backsteindom von Havelberg wird noch nach einem Dreivierteljahrtausend anschaulich, daß sich hier in der großen Stromniederung, die so anders als die schroffen Einschnitte von Rhein und Donau das Land und die Menschen prägt, große deutsche, sogar europäische Geschichte begeben hat.

In dem heute fast vergessenen Elb-Havel-Winkel, wo das Geschlecht der Kattes seit Jahrhunderten saß, bis die deutschen Kommunisten es aus dem Land trieben, hatte der böhmische König und deutsche Kaiser Karl IV. seine Nebenresidenz, und nicht weit von hier, in Tangermünde und in Caputh, trafen sich die skandinavischen und polnischen Herrscher mit dem Landesherrn von Brandenburg; in Havelberg beredete Peter der Große mit Friedrich Wilhelm I. mehrere Tage die gemeinsamen Interessen. Hatte San Gimignano um 1200 wirklich viel mehr Ansehnlichkeit?

Aber dann griffen erst die Markgrafen, dann die Kurfürsten von Brandenburg weiter nach Osten aus und verlegten ihre Residenz schließlich über Brandenburg an der Havel nach

Berlin an der Spree. Jerichow und Stendal gerieten in den Windschatten der Geschichte, während die Toskana erneut eine der Regionen wurde, wo die Zeit schneller läuft. Landschaften kommen in die Geschichte und verabschieden sich daraus, und ein paar Jahrhunderte später wirkt es fast unglaubwürdig, daß sich hier links und rechts der Elbe einst Kaiser, Könige und Zaren trafen.

Allerdings muß man sehen, daß die Backsteingotik in den Hansestädten zwischen Wismar und Stralsund nicht nur früher, sondern auch eindrucksvoller zu jenem unverwechselbaren Stil fand, der nicht gleicher Art, aber gleichen Ranges neben der Hausteingotik des Westens und Südens steht. Eher staunt man beim Anblick der Klostermauern von Lehnin, Chorin und Zinna, daß die Zisterzienser in dem eben erst den Slawen und der Wildnis abgewonnenen Land solche Bauwerke hinterließen. Aber es waren fast ausnahmslos landfremde Baumeister und Künstler, die von Dynastien oder Orden ins Land gerufen wurden; kaum einer der Architekten, wenn deren Namen überhaupt überliefert sind, ist im Land selber geboren. Noch als sich Preußens erster König daran machte, in seiner Residenzstadt Berlin ein wirkliches Schloß anstelle des ursprünglichen wehrhaften Hauses zu errichten, hatte er die Architekten von weither holen müssen.

Selbst Andreas Schlüter, Berlins Schloßbaumeister, der das bis dahin eher ländlich Renaissancehafte der Adelssitze ins höfische Barock des Hohenzollernschlosses wendet, kommt nicht aus Brandenburg. Geboren in dem der polnischen Krone unterstehenden Danzig, verliert sich am Ende seine Spur in dem fernen St. Petersburg. Die Bildhauer und Komponisten, die für die nötige Festlichkeit sorgen, kommen erstens häufig aus dem außerdeutschen Bereich, und außerdem zählen sie im europäischen Maßstab wenig. Eher nimmt es wunder, daß es hier in der sandigen Mark überhaupt gelang, die Künste heimisch zu machen und das Repräsentationsbedürfnis der Herrscher und Äbte halbwegs zu befriedigen.

Aber dann, in der Mitte des 18. Jahrhunderts, wird ein eigener Ton überall deutlich. Mit dem jungen Offizier Wenzeslaus von Knobelsdorff, dem Gefährten Friedrichs aus den Rheinsberger Tagen, macht sich zum ersten Mal ein geborener Märker aus einem Gutshaus bei Crossen in der Architektur bemerkbar. Natürlich, man soll es mit der Liebe auch nicht übertreiben. Das späte Barock und das frühe Rokoko kommen in Dresden, Würzburg und vor allem in Wien eher zu ihrem Recht, und Matthäus Pöppelmann, Balthasar Neumann oder Fischer von Erlach sind wohl doch anderen Ranges als der brandenburgische Baumeister, der ohne seinen Bauherrn das Epochenmaß kaum überschritten hätte. Sieht man die Dinge genau, schließt Potsdam eher zur gemeineuropäischen Entwicklung auf, als daß das friderizianische Preußen ein Vorläufer wäre. Aber nun mit einem Male steht Brandenburg doch neben den alten Kulturlandschaften Europas.

In der nächsten Generation gibt das alte Brandenburg, aus dem unmerklich für das Bewußtsein Europas und seiner eigenen Bewohner das neue Preußen wird, für Jahrzehnte den Ton an. Der Klassizismus, der von 1790 bis 1840 ein halbes Jahrhundert den Stil der Architektur und Skulptur in ganz Europa bestimmt, geht von diesem bis dahin eher geringschätzig angesehenen Landstrich aus, der noch im Jahre 1817, aus dem statistisches Material erhalten ist, wenig mehr als eine Million Einwohner zählt. Vor allem: die Architekten und Bildhauer leben nun nicht mehr nur vorübergehend in Brandenburg, wie das zu Zeiten des ersten preußischen Königs Friedrich I. und dessen Enkel Friedrich des Großen gewesen ist, als Sophie Charlotte Leibniz nach Charlottenburg holte, wo er die Akademie der Wissenschaften gründete, und Friedrich für Jahre Voltaire an seinen Potsdamer Hof band.

Haben die Zeitgenossen empfunden, wie überraschend es war, daß die Welt zwischen Schönhausen an der Elbe und Neuhardenberg an der Oder sich plötzlich künstlerisch zu Wort meldet? Dabei sind es auffälligerweise zwei ganz verschiedene soziale Bereiche, aus denen die Kunst und die Literatur kommen, worin sich aber gemeineuropäische Züge zeigen. Die Architekten und die Bildhauer sind fast ausnahmslos bürgerlicher Herkunft, kommen aus der alten Welt der Zünfte. Gilly und Schinkel stammen wie Schadow und Rauch aus der Sphäre der märkischen Handwerker, ihre Ahnen sind Maurer, Schlosser oder Schneider, wenn auch natürlich Handwerksmeister, also der bescheidenen Honoratiorenwelt der märkischen Kleinstädte zugehörig. Die Schreibenden aber sind, fast ebenso ausnahmslos, Aristokraten und bleiben dieser Welt verbunden, auch als sie Verse machen und Geschichten erzählen – Heinrich von Kleist, die Schwerins aus dem Gutshaus Tamsel wie die Arnims aus Wiepersdorf und einem halben Dutzend weiterer Gutshäuser und Friedrich de la Motte Fouqué ursprünglich aus Sakrow, dann aus Nennhausen. Selbst der französische Flüchtling Adelbert von Chamisso schreibt auf dem Landsitz der Itzenplitz in Kunersdorf seinen »Schlemihl«.

Alle aber sind wirkliche Brandenburger, sind fast ausnahmslos hier geboren – Gilly, der Ältere, in Schwedt an der Oder, sein Sohn in Berlin, Schinkel in Neuruppin, die Familie Schadows kommt aus Saalow und Rauch aus der Residenzstadt selber, wo er Kammerdiener der Königin Luise gewesen ist; doch auch seine Familie kommt aus der Handwerkerelite der Prignitz. Selbst die Philosophen und Juristen zwischen Reform und Revolution kommen jetzt aus Brandenburg, die Humboldts beispielsweise aus dem anderen Königsberg in der Neumark. Das hatte damals durchaus nicht jenen abschätzigen Klang, den es in der ersten Hälfte des 20. Jahrhunderts gewinnen wird. Vielmehr wurde Preußen von vielen deutschen Höfen seiner Reformenergie und seiner Verwaltungseffizienz wegen mit Mißtrauen angesehen; man trieb es mit der Erneuerung, der des Staates und der der Armee, für das überlieferte Standesgefühl bedenklich weit. Metternich und Gentz suchten Berlin oft genug zu zügeln.

Aber Ostelbien war ja nicht nur Berlin und Potsdam, sondern auch Danzig, über Jahrhunderte nach Köln und Hamburg die drittgrößte deutsche Stadt, es war auch Königsberg, Riga, Reval und Dorpat, Kaufmannsstädte, die im späten Mittelalter kaum unterscheidbar neben Lübeck und Rostock stehen. Natürlich wurde auch im Baltikum deutsch gesprochen, das Deutsche war ja die Koine jener Zeit im östlichen Europa. »Ostelbien« war auch große deutsche Geschichte.

Dann aber, nach der Wende zum 19. Jahrhundert, reitet die Mark, die jahrhundertelang tatsächlich Kolonialboden gewesen war, tatsächlich an der Spitze der Modernität, erst in der Philosophie, dann in der Kunst, ganz zum Schluß auch in der Wissenschaft. Die scheinbaren Wegbereiter, der englische Palladianismus und der Régencestil Frankreichs, sind nur modernisierende Rückgriffe des 18. Jahrhunderts, wie es sie seit der Renaissance immer wieder gegeben hatte. Außerdem war ihre letzte Erscheinungsform, die Revolutionsarchitektur von Boullée und Ledoux, weniger eine Sache des Bauens als des Zeichnens, darin manchen Phantasien der italienischen Renaissance gleichend. Die Wirklichkeit der Architektur in Frankreich ging andere Wege, und schon das Wort »Empire« zeigt, daß sie vom imperialen Glanzverlangen des korsischen Welteroberers nicht zu trennen ist. Das zeigt am deutlichsten neben der Pariser Madeleine der Arc de Triomphe, den Percier und Fontaine schon 1806 gleich nach der Gründung des Kaiserreichs zeichnen, auch wenn er erst Jahrzehnte nach dem Sturz Napoleons zu Ende gebaut wird.

Dann erst bricht das wirklich Neue herein, und das ist die Sache des nachrevolutionären Brandenburg. Alle großen Bauten Berlins sind in den beiden Jahrzehnten nach Napoleon zwischen 1820 und 1840 entstanden, die Neue Wache unter den »Linden« 1817, das Schauspielhaus auf dem Gendarmenmarkt 1818 und das Alte Museum am Lustgarten 1827. Die revolutionäre Architektur des Neuruppiners Schinkel, die den Bauwillen des Ancien régime endgültig abschließt, verdankt sich einem antirevolutionären Impuls, der mit dem Vaterländischen und Frommen auf sonderbare Weise verbunden ist. Die Revolutionsarchitektur der Franzosen hatte »Tempel der Vernunft« entworfen; wann immer Schinkel in diesen Jahren seine Träume zeichnet, wird ein Dom am Strom oder in der Waldeseinsamkeit daraus. Das ist das Paradox des brandenburgisch-preußischen Klassizismus, der auch darin ein Produkt der Restaurationsepoche ist.

Es muß für die alten Städte des Reiches, die Krönungsstadt Frankfurt am Main und die Stadt des immerwährenden Reichstags Regensburg, schwer zu begreifen gewesen sein, daß nun plötzlich Landstriche zählten, die man gestern noch auf der Landkarte suchen mußte. Was waren denn Luckenwalde, Kyritz und Jüterbog neben Passau und Augsburg? Kannte jemand am Rhein und an der Donau überhaupt Prenzlau, wo Hackert geboren wurde, Goethes Reisebegleiter in Pompeji und Herculaneum?

Brandenburgs Auftritt auf der kulturellen Bühne ist ein unvorhergesehener Vorgang, schwer zu erklären. Die städtischen Regionen am Rhein und die alten oberdeutschen Städte treten zurück, und die Mark mit ihren wenigen hunderttausend Einwohnern zwischen der Prignitz und der Uckermark gewinnt eine intellektuelle Dynamik, die aus stillen Gutshäusern oder unauffälligen Ackerbürgerstädten kommt. Gerade heute, wo das Land zwischen Elbe und Oder wieder in seiner Belanglosigkeit zu versinken scheint, wird begreiflich, welche Verblüffung es für ganz Europa gewesen sein muß, wie sich diese Rüben- und Kartoffelwelt über Nacht künstlerisch und geistig zu Wort meldet. Die glanzvollen Kulturprovinzen an der Loire oder am Arno zählen um 1800 dagegen ernsthaft kaum noch.

Um die Mitte des 19. Jahrhunderts triumphieren die Berliner Architektur- und Skulpturschulen sogar in ganz Deutschland. Der preußische Klassizismus beherrscht mit Klenze das Bauen in München, mit Weinbrenner das in Karlsruhe, und so geht es von Moller in Darmstadt bis zu Hansen in Hamburg, die alle von Schinkel oder dessen Schülern Stüler und Persius kommen. Was die Bildhauerei anlangt, so wirken die Franzosen, Italiener und Skandinavier – der Rokoko-Klassizismus Houdons und Canovas und die akademische Lehrhaftigkeit Carstens oder Thorvaldsens – entweder noch höfisch oder schon akademisch, sieht man sie neben den Märkern Schadow und Rauch. Die Berliner Bildhauerschule gibt nun fast ein Jahrhundert lang bis Begas und Tuaillon den Ton in ganz Deutschland an, bald auch in der Neuen Welt, wo ihre Enkel viele der Denkmäler für die neuen Staaten in Südamerika bilden.

Es stimmt nicht, daß Preußen nur durch seine militärischen Bravourtaten sich der Geschichte eingeprägt hat. Es macht gerade staunen, wie schnell sich dieser Nachzügler auf der Bühne Europas auch in der Philosophie, den Künsten und der Wissenschaft zur Geltung bringt. In der Mitte des 19. Jahrhunderts liegt die intellektuelle Modernität Berlins vor aller Augen; mit Schelling und Hegel ist seine Herrschaft etabliert. Mit ihnen, aber auch mit Mommsen und Ranke sind es jetzt jedoch Zugewanderte, nicht mehr Brandenburger, die die Produktivität Preußens ausmachen. Aber das ist natürlich die Anziehungskraft aller Metropolen; sie sind Magneten und ziehen das Genie einer Epoche an sich und zehren eben damit ihre Umgebung aus, Ile-de-France, Campagna oder Brandenburg. Zu den bedenklichen Zeichen des Bedeutungsverlusts Berlins zählt es, daß die Stadt seit einiger Zeit auch in der geistigen Produktivität auf sich selbst angewiesen ist.

In den Jahrzehnten nach dem Wiener Kongreß aber wurde die Residenz ein Gravitationszentrum, das die Kräfte aus dem ganzen Land anzieht, was nun nicht mehr mit einem Herrscher, Friedrich II. oder Friedrich Wilhelm IV., zu tun hat. Die Attraktivität Berlins, das an Einwohnerzahl noch immer hinter den alten Zentren Europas zurücksteht, kommt auch durchaus nicht aus materiellen Privilegien. Die neue

Friedrich-Wilhelms-Universität zahlt weit schlechter als die älteren Universitäten im Westen des Reiches. Man muß Opfer auf sich nehmen, wenn man in die Stadt zieht, die jahrhundertelang keine Universität gehabt hat und auch in diesem Betracht ein Nachzügler der Wissenschaftswelt zwischen Prag, Bologna und Heidelberg war. Zudem ist Berlin damals eine okkupierte Stadt mit starker französischer Garnison und hat sehr wenig zu bieten. Und doch ist kaum ein Name bekannt, der eine Berufung des Rektors Fichte oder des Ministers Humboldt an die Spree abgelehnt hätte.

Was ist es, das der Universität in dem alten Palais des Prinzen Heinrich zu seiner Anziehungskraft verhalf? Der Hof war es sicherlich nicht, auch die Macht des Staates nicht, von dem es lange ganz unsicher schien, ob er die Stürme des napoleonischen Zeitalters überleben würde. Es war wohl jene geistige Verlockung eines völligen Neuanfangs, die aus dem Satz sprach, Preußen müsse nach seiner Amputation durch die Abtrennung der westlichen Provinzen durch geistige Kraft ersetzen, was ihm an äußerer Macht verlorengegangen sei. Hinterher hat man sich gestritten, wer dieses Wort in die königliche Proklamation geschrieben habe, der Kabinettsminister Humboldt, einer der Reformgenerale aus dem Umkreis Scharnhorsts – oder kam der Satz aus der Nähe des Monarchen, der selber aber nur an einer neuen Montur und an den jüngsten Singspielen interessiert war? In seiner Entourage fanden sich in diesen Jahren jedoch viele bemerkenswerte Köpfe, auch wenn sie nicht in die Geschichte eingegangen sind.

Im Grunde ist das gleichgültig, wichtig ist nur, daß die alte Hauptstadt Brandenburgs jetzt eine geistige Bedeutung gewinnt, die sie zuvor nur in der Persönlichkeit seiner Herrscher gehabt hatte. Damals kam das Wort vom »Spree-Athen« auf, das zwischen 1800 und 1830 den Ruhm Weimars verblassen ließ. Selbst Schiller scheint kurz vor seinem Tode mit dem Gedanken umgegangen zu sein, sein thüringisches Weimar gegen das preußische Berlin einzutauschen.

Diese Produktivität der stillen Landstädte der Mark ist auch im 20. Jahrhundert noch nicht ganz erloschen, wie zum Schluß noch Gottfried Benn aus der Prignitz und Peter Huchel aus einem Dorf in der Nähe Potsdams zeigen. Aber niemand wird mehr behaupten, daß Brandenburg noch Motor des Neuen sei; das Land scheint unergiebig geworden, aus dem einhundert Jahre zuvor die Modernität kam. Die geistigen Bewegungen des Jahrhundertbeginns und der Zwischenkriegszeit kommen wenig noch aus Berlin, geschweige denn aus Brandenburg, das nun wieder wird, was es zuvor gewesen war – mäßig ergiebiges Ackerland.

Weder das Neue Bauen und die neue Kunst oder die neue Psychologie kommen noch aus dem Hauptort Brandenburgs, der inzwischen Reichshauptstadt geworden war. Das »Bauhaus« wurde in Weimar gegründet und baute sich dann in Dessau sein Zentrum, von wo es in die Welt wirkte, bevor es ganz zum Schluß Unterschlupf vor dem Nationalsozialismus in Berlin fand. »Brücke« und »Blauer Reiter« flohen die städtische Welt ganz und suchten an den Elbwiesen oder im Voralpenland die Zurückgezogenheit. Und die Psychoanalyse blieb ebenso wie die neue Musik Mahlers oder Schönbergs eine Sache des untergehenden Habsburg. Am Ende führen noch die Existenzphilosophie und der Existenzialismus vor, daß es mit der geistigen Herrschaft Berlins zu Ende geht. Jaspers wie Heidegger spielen zwar gelegentlich mit dem Gedanken, eine Berufung nach Berlin anzunehmen, aber sie sind dann eben doch in Heidelberg oder in Freiburg geblieben. Weit ist die Zeit, da von Kant über Fichte bis zu Hegel sich alles neue Denken in Brandenburg-Preußen zusammenzog.

Wie wenig das heutige Berlin von sich selber weiß, zeigte das »Europäische Kulturjahr«, als die Stadt sich ahnungslos als »Ort des Neuen« in der Kunst präsentierte, was es längst nicht mehr war. Berlin bleibt wichtig, aber es ist nun nur noch eines der Zentren Deutschlands – gemindert während des Dritten

Reiches, kurz belebt in der Blockade-Zeit und versandet in den Jahrzehnten seither. Hängt dieser Bedeutungsverlust Brandenburgs damit zusammen, daß die Menschen, die es wichtig machten, aus dem Land gegangen sind oder getrieben wurden, Bauer, Bürger, Edelmann? Geht man durch die alten Landstädte Neuruppin und Rheinsberg, so lehrt der Augenschein, daß die Welt tatsächlich versunken ist, die so lange perhorresziert wurde; beim Gang durch Potsdam ergreift einen nur noch Melancholie. Am 20. Juli meldete sich diese Welt noch einmal zurück, als sich die Ribbecks, Tresckows, Hardenbergs und Kleists unter den Rebellen fanden. Nicht einmal zurückkehren dürfen sie heute, weil sie von der »Landreform« der Sieger zu Recht oder doch wenigstens rechtens enteignet worden seien. Und die Brandenburger applaudieren ahnungslos, wie sie ja auch geschichtsvergessen gegen den Zusammenschluß mit jener Stadt stimmten, auf die sie immer bezogen gewesen sind.

Oder hängt diese Minderung der Mark damit zusammen, daß die alte deutsche Welt im Osten versunken ist? Ging mit der staatsbildenden Dynamik auch die intellektuelle Vitalität verloren, so daß mit dem Umbruch von 1945 sich das geistige Schwergewicht Deutschlands tatsächlich verlagert hätte? Das gäbe der Wendung Churchills von der »Westverschiebung« Deutschlands einen ganz anderen Sinn. Ist der Verlust der russisch oder polnisch gewordenen Provinzen eine Ursache, eine Folge oder ein Symptom?

Auf jeden Fall steht neben dem geistigen Bedeutungsverlust Brandenburgs eine Bevölkerungsentleerung, die immer schneller voranschreitet. Im Jahr nach dem Untergang des ostdeutschen Satellitenstaates verließen 50 000 Brandenburger ihre Heimat, seitdem waren es Jahr für Jahr Zehntausende. Brandenburg, ohnehin schon eine der am dünnsten besiedelten Regionen Deutschlands, wird am Ende des sechsten Jahres seit dem großen Umbruch einige hunderttausend Einwohner verloren haben. Man muß solche Zahlen mit der deutschen Gesamtbevölkerung zusammensehen; dann ist in den letzten fünf Jahren von den heute gerade noch zweieinhalb Millionen Brandenburgern jeder achte aus dem Land gegangen. Dreihundertfünfzigtausend Menschen haben Brandenburg verlassen; viele Millionen müßten die Bundesrepublik verlassen, damit das Land einen vergleichbaren Aderlaß erlitte. Immer hatten die brandenburgischen Landesherren die Mark zu »peuplieren« gesucht, wovon früher in Ostpreußen die Einwanderer aus Salzburg, in Berlin noch heute der Französische Dom und in Potsdam das Holländische Viertel zeugen. Jetzt findet weithin unbemerkt der entgegengesetzte Prozeß statt. Seit dem Fall der Mauer hat Brandenburg mehr Menschen verloren, als es zur Zeit der Französischen Revolution gehabt hat. Wie malte sich die Welt für jene Literaten um Grass, Gaus und Jens, die nach dem Zusammenbruch des Sozialismus vor einer Kolonisation aus dem Westen warnten? Jetzt werde sich eine Masseninvasion neuer Ostlandritter in Bewegung setzen, die das Land im Osten in Besitz nehmen würden. Ach, wenn sie doch kämen.

In Wirklichkeit tut ja den weithin entvölkerten Landstrichen kaum etwas so not wie Zuwanderung – Land ohne Bodenschätze, ohne fruchtbare Äcker und selbst ohne Wasserkraft. Die Menschen haben den Reichtum Brandenburgs ausgemacht, und an der Rückkehr der aus dem Lande Getriebenen und der Zuwanderung neuer Menschen ist alles gelegen. Statt dessen rechnen die langfristigen Prognosen mit weiteren Hunderttausenden von Auswanderern. Schon fühlt man sich an Irlands großen Exitus erinnert, als *The great fame* die Insel ausblutete.

Die Ahnungslosigkeit der öffentlichen Diskussion – die der Politiker und die der Intellektuellen – zeigt sich auch darin, daß während der Bonner Hauptstadtdebatte gewarnt wurde, mit der Verlagerung des Regierungssitzes vom Rhein an die Spree werde der preußische und protestantische Geist ein bedenkliches Übergewicht über die Bundesrepublik gewinnen. Hatte man im Bundestag so gar keine Ahnung, was in der

Mitte Deutschlands wirklich vorgeht? Weder Preußentum noch Protestantismus spielen im Osten noch eine Rolle. Bürgertum, Kirche und Adel sind Außenseiter in dieser Welt, und gerade das trägt vielleicht zur Misere Brandenburgs bei. Was zur Zeit in Brandenburg stattfindet, ist – aus Ignoranz nicht gesehen oder aus Behutsamkeit nicht ausgesprochen – ein wirklicher Exitus. Endet Brandenburg so, wie es begonnen hat – ein langes Schlafen in der Geschichte, dann ein kurzes, heftiges Dasein, und nun ein allmähliches Verdämmern? So wäre Brandenburg eine Rakete, in den Nachthimmel geschossen, nach deren Verlöschen das Dunkel um so tiefer ist.

*Quellenhinweis*

Die Beiträge dieses Bandes umspannen ein Jahrzehnt, die Epoche des Umsturzes aller Verhältnisse. Der früheste Essay wurde 1986 publiziert, der jüngste erschien im Sommer 1996. Meist sind die einzelnen Beiträge in gestraffter Form veröffentlicht worden, so daß sie hier oft zum ersten Mal vollständig erscheinen.

Die Aufsätze erschienen im Vorabdruck in der »Frankfurter Allgemeinen«, in der »Zeit«, in der »Neuen Zürcher Zeitung«, in der »Welt«, in der »Süddeutschen Zeitung«, im »Tagesspiegel«, im »Spiegel« und im »Focus«. Da kein wissenschaftlicher Anspruch erhoben wird, ist der genaue Erscheinungsort und -zeitpunkt unerheblich. Die Aufsätze dokumentieren eine Denkbewegung mehr als ein Resultat des Denkens.